# ¡Terremoto en la Iglesia!

C. PETER WAGNER

Un Sello de Editorial Caribe

Betania es un sello de Editorial Caribe,
Una división de Thomas Nelson.


P.O. Box 141000
Nashville, TN 37214-1000, EE.UU.
www.editorialcaribe.com

Título del original en inglés:
*Churchquake!*

Publicado por Regal Books

ISBN 0-88113-552-6



Impreso en EE. UU.
Printed in the U.S.A.

# Contenido

Capítulo Uno

# El «por qué» de los nuevos odres

El cambio más grande en la Iglesia desde la Reforma Protestante está teniendo lugar ante nuestros ojos.

He llegado a rotular este fenómeno como la «Nueva Reforma Apostólica» por razones que detallaré en el siguiente capítulo. Sin embargo, pienso que sería bueno presentar una definición de la Nueva Reforma Apostólica tan concisa como se pueda al principio. De esa manera los lectores sabrán desde el comienzo de qué estamos tratando exactamente en el resto del libro.

> La Nueva Reforma Apostólica es una obra extraordinaria de Dios al final del siglo veinte, que está, hasta un punto significativo, cambiando la forma del cristianismo protestante en el mundo entero. Por casi 500 años las iglesias cristianas han funcionado mayormente dentro de las estructuras denominacionales de un tipo u otro. Particularmente en el siglo veinte, pero con raíces que se remontan por casi un siglo, nuevas formas y procedimientos de operación han empezado a emerger en aspectos tales como el gobierno de la iglesia local, relaciones entre iglesias, finanzas, evangelización, misiones, oración, selección y preparación del liderazgo, el papel del poder sobrenatural, adoración y otros aspectos importantes de la vida de la Iglesia. Algunos de estos cambios se están viendo dentro de las mismas denominaciones, pero en la mayor parte están tomando la forma de redes apostólicas estructu-

radas informalmente. Virtualmente en toda región del mundo estas nuevas iglesias apostólicas constituyen el segmento de más rápido crecimiento del Cristianismo.

## DISFUNCIONALISMO EN EL PASADO

Los expertos en conducta social consideran como disfuncional a toda actividad o estructura social que empieza a socavar el mismo sistema social en que emergió. Libros sobre la antropología cultural están repletos de casos de estudio de cómo la introducción de implementos tales como hachas de hierro ha causado trastornos en sociedades enteras. Para ponerlo en términos más conocidos, todavía están por escribirse libros sobre cómo la introducción de la Internet con toda seguridad cambiará la trama de nuestra sociedad contemporánea.

Lo mismo ha estado ocurriendo en las estructuras de la Iglesia. Estructuras que originalmente se desarrollaron para facilitar la evangelización, el crecimiento cristiano, la adoración, el servicio social y el ministerio en general, hoy algunos las consideran como las *causas* de mucha de la ineficiencia y la ineficacia de esos mismos aspectos. El disfuncionalismo ha empezado a enquistarse.

Entre los primeros líderes denominacionales en los Estados Unidos que observaron y analizaron este fenómeno está William M. Easum, cuyo ministerio como pastor principal de la Iglesia Metodista Unida Colonial Hills en San Antonio, Texas, atrajo la atención nacional por su extraordinario crecimiento en membresía y alcance a la comunidad. Easum ahora dirige una firma consultora llamada 21st Century Strategies [Estrategias para el Siglo XXI], que regularmente lo pone en contacto con un gran número de iglesias tradicionales de toda clase. Dos de sus libros, escritos para despertar a los líderes de iglesias tradicionales al disfuncionalismo de muchas de sus estructuras y actividades, tienen títulos llamativos: *Dancing with Dinosaurs* [Bailando con dinosaurios] y *Sacred Cows Make Gourmet Burguers* [Las vacas sagradas dan hamburguesas gastronómicas].

La dedicatoria del libro *Dancing with Dinosaurs* de William Easum no es solo perceptiva, sino que también es más bien conmovedora. Dedica su libro así:

*A los muchos cristianos fieles*
*que se preguntan por qué sus ministerios*
*que en un tiempo discipulaban a la gente*
*ya no resultan.*

Digo que esto es «conmovedor» porque muchas emociones fuertes están entretejidas en lo que está pasando en este cambio contemporáneo en las maneras de hacer iglesia. Las formas en que nos relacionábamos con Dios y en las que nos animábamos unos a otros para relacionarnos con Dios penetran profundamente en nuestro ser interior. La mayoría de líderes cristianos que conozco son en verdad «fieles» en el sentido de que aman a Dios y desean agradarle y obedecerle de la mejor manera posible. Aquellos para quienes Easum escribe, sin embargo, se sienten cada vez más frustrados e incómodos porque se están dando cuenta de que lo que se les enseñó a hacer obviamente no es la mejor manera posible de alcanzar y ministrar a la gente de nuestros días y época. Tristemente, solo un pequeño porcentaje de ellos tienen la capacidad para hacer los cambios que Easum y otros están sugiriendo. El resto, con toda probabilidad, no terminará tan bien como en un tiempo esperaban hacerlo.

## CRECIMIENTO EXPLOSIVO DE LA IGLESIA

Por casi 30 años he ostentado el título de «profesor de crecimiento de la iglesia». Por consiguiente, me interesé mucho cuando empecé a percatarme de que las nuevas iglesias apostólicas eran el grupo de iglesias de más rápido crecimiento en seis continentes. Al decir esto no estoy afirmando que sean el grupo *más grande* de iglesias, aun cuando en algunas partes del mundo, tales como África, indudablemente lo son.

El hecho es que es difícil contar a estas iglesias, porque no tienen una sede denominacional a la cual enviar informes estadísticos anuales. De este modo, no se envían informes estadísticos a publicaciones tales como *The Yearbook of American and Canadian Churches* [Anuario de iglesias estadounidenses y canadienses]. Hace algunos años emprendí el proyecto de tratar de estudiar el crecimiento de las iglesias carismáticas independientes en los Estados Unidos, y pronto descubrí que las pistas según la información que corría de boca en boca eran interminables. John Vaughan del International MegaChurch Research Center [Centro internacional de investigación de grandes iglesias] intentó un conteo de las iglesias independientes en general para *Churches and Church Membership in the United States: 1990* [Iglesias y membresía en las iglesias de los Estados Unidos: 1990], y descubrió que se calculaba como 2 millones de seguidores. Comentando sobre esto, Kirk Hadaway y David Roozen evalúan la magnitud de lo que consideran como *subestimación* de Vaughan, y calculan que debe haber entre tres y tres y medio millones de seguidores en los Estados Unidos.[1] Repito, sin embargo, que nadie lo sabe con seguridad.

Mis propias observaciones me han llevado a conjeturar que tenemos por lo menos tantas iglesias apostólicas nuevas en los Estados Unidos como iglesias bautistas del sur; alrededor de 40 mil. No me sorprendería si en verdad descubriéramos el doble, si se conocieran todos los datos. Por consiguiente, pienso que no estamos lejos si calculamos entre 8 a 10 millones de seguidores, más del doble de lo que Hadaway y Roozen calcularon hace algunos años, tomando en consideración la alta tasa de crecimiento del nuevo movimiento apostólico.

El nuevo crecimiento apostólico también se refleja en la matrícula en el Seminario Teológico Fuller, institución interdenominacional de enseñanza superior en donde he enseñado por más de un cuarto de siglo. Por años la denominación con más estudiantes asistiendo al Seminario Fuller era la Iglesia Presbiteriana (U.S.A.). En 1994, sin embargo, los estudiantes procedentes de nuevas iglesias apostólicas sobrepasaron a esa denominación. Entre el año lectivo 1994-1995 y el de 1995-1996 la matrícula de presbiterianos declinó el diez por ciento, mientras que la matrícula de los nuevos apostólicos aumentó el diez por ciento.

## ¿DÓNDE ESTÁ LA BENDICIÓN DE DIOS?

Estudié primero el crecimiento de la iglesia con Donald McGavran, el padre del movimiento del crecimiento de la iglesia, en 1967. Nos enseñó que la mejor manera de hallar por qué algunas iglesias crecen y por qué otras no, es estudiar a las iglesias que crecen. Al empezar a hacer eso, descubrí que la metodología esencial de la investigación del crecimiento de la iglesia puede reducirse a contestar cuatro preguntas cruciales.

1. ¿Por qué la bendición de Dios cae donde cae?
2. Ya que es obvio que no todas las iglesias son iguales, ¿por qué es que en cierto tiempo y en ciertos lugares algunas iglesias parecen ser más bendecidas que otras?
3. ¿Puede discernirse algún patrón de bendición divina sobre las iglesias?
4. Si es así, ¿cuáles son las características sobresalientes de las iglesias bendecidas en forma nada usual?

Escribo este libro intentando dirigir estas preguntas en nuestro mundo de hoy.

Cuando empecé a aplicar esta metodología hace 20 años, era obvio que en América Latina, en donde trabajaba como misionero de campo, las iglesias que estaban recibiendo las bendiciones divinas nada usuales eran las iglesias pentecostales. Esto fue algo bochornoso para mí porque me había declarado abiertamente como antipentecostal. No obstante, me tragué el orgullo y empecé a visitar y a investigar las iglesias pentecostales. Me asombró lo que hallé, y así lo informé en mi libro *Avance del pentecostalismo* (Editorial Vida, 1987). Los pentecostales encabezaron mundialmente el crecimiento de la iglesia en las décadas del sesenta, setenta y ochenta.

## TRES FENÓMEMOS SIGNIFICATIVOS

Para fines de los años ochenta los misionólogos empezaron a observar por lo menos tres fenómenos interesantes mundiales.

El primero era el extraordinario crecimiento de las iglesias africanas independientes. Este movimiento empezó realmente poco después del comienzo del siglo, cuando prominentes líderes eclesiásticos africanos empezaron a reaccionar fuertemente a lo que percibían ser irrelevancia cultural de muchas de las formas y actividades de las iglesias y misiones tradicionales. Empezaron un proceso de contextualización radical, y el crecimiento de las iglesias africanas independientes ha sobrepasado con mucho el de las iglesias tradicionales en nuestro siglo. Concedo que algunas de estas iglesias son sincretistas de manera inaceptable, pero muchas no.

Se calcula que actualmente hay como 16.000 *denominaciones* independientes, solo en África del Sur, y muchas nuevas denominaciones surgen todos los días en todo el continente. Esto se debe mayormente a las iglesias independientes de África al sur del Sahara que son considerablemente más del 50 por ciento cristianas.

El segundo fenómeno misionológico es el sorpresivo surgimiento de las iglesias hogareñas en China, particulamente desde el fin de la tristemente célebre Revolución Cultural en la década del setenta. A pesar de la frecuentemente fuerte opresión del gobierno marxista, que abiertamente habla desfavorablemente contra el cristianismo, China ha presenciado el número masivo más elevado de no cristianos convirtiéndose voluntariamente a la fe cristiana que jamás se ha registrado en la historia. Los cálculos arrojan que hay de 25 a 35 mil al día. Decir que hay 100 millones de cristianos activos hoy en China probablemente es quedarse corto.

El tercer fenómeno es el brote vertiginoso de lo que Mike Berg y Paul Pretiz llaman «iglesias latinoamericanas autóctonas».[2] Visite virtualmente cualquier área metropolitana en América Latina hoy y pregunte por los nombres de la tres iglesias más grandes de la ciudad. Por lo general hallará que por lo menos dos de ellas están pastoreadas por individuos que no han estado bajo la influencia de un misionero extranjero, o que no se ha educado en instituciones misioneras en su propio país o en seminarios o institutos bíblicos en el extranjero.

Hace años, cuando visitaba una ciudad en América Latina, me recibían y me alojaban misioneros extranjeros. Pero no ha sido así en los últimos 15 años. El liderazgo cristiano eficaz en todo el continente está ahora en manos de latinoamericanos culturalmente auténticos que están dirigiendo las iglesias y denominaciones más significativas.

Como misionólogo profesional, estaba consciente de estos hechos desde hacía algún tiempo, pero todavía no me había formado un modelo en mi mente. También estaba haciendo una investigación de iglesias pentecostales y carismáticas en los Estados Unidos para el *Dictionary of Pentecostal and Charismatic Movements* [Diccionario de movimientos pentecostales y carismáticos], y en el proceso descubrí que en nuestro país las iglesias carismáticas independientes eran el segmento de más rápido crecimiento en el cristianismo.

En 1993 empezó a ser aparente para mí un modelo de la bendición divina (véase la pregunta 3, en la lista previa). Allí fue cuando empecé mi investigación sobre la pregunta 4, tratando de identificar y describir las características destacadas de lo que empecé a llamar la Nueva Reforma Apostólica.

## DENOMINACIONES TRADICIONALES EN CRISIS

Al mismo tiempo, las denominaciones tradicionales en los Estados Unidos se hallaban en medio de un período de crisis. Casi como si fuera respuesta a una señal invisible, metodistas, luteranos, episcopales, presbiterianos y otras denominaciones «de la vieja guardia» (excepto la mayoría de los bautistas) empezaron a perder miembros. La Iglesia Episcopal, por ejemplo, cayó de 3,4 millones en 1968 a 2,5 millones en 1994. Durante el mismo período, los metodistas unidos decrecieron de 11 millones a 8,6 millones; la Iglesia Presbiteriana (U.S.A.) de 4,2 millones a 3,7 millones; y la Iglesia Unida de Cristo de 2 millones a 1,5 millones, tan solo para nombrar una pocas.

Una encuesta Gallup mostró que en 1974 las denominaciones de la vieja guardia incluían el 51 por ciento de estadounidenses adultos, pero que este número se había reducido en un 35 por ciento para 1994. Al mismo tiempo los «otros protestantes» aumentaron del 9 por ciento en 1974 al 24 por ciento en 1994.

Los «otros protestantes» incluyen a los pentecostales, pero en los años noventa la tasa de crecimiento de los pentecostales también disminuyó, aun cuando las *pérdidas* anuales todavía no han empezado a aparecer como en las denominaciones de la vieja guardia. Los pentecostales encabezaban las tablas entre 1950 y 1990, pero ya no. Por ejemplo, en el Informe Bienal de las Asambleas de Dios, el secretario general George Woods dice: «Las cifras indican poco crecimiento en todas nuestras estadísticas vitales».[3] Las siguientes son las tasas de crecimiento de membresía de las Asambleas de Dios en los EE. UU. en décadas recientes:

- Década de 1970: 65%
- Década de 1980: 29%
- Década de 1990: Proyectada hasta 1996 como menos del 5%[4]

Aunque los Bautistas del Sur continúan creciendo, la tasa no es lo que fue en los años sesenta y setenta. El investigador Mark Shibley informa: «Hay creciente evidencia de que los evangélicos de la vieja guardia, como los Bautistas del Sur, aun cuando sobrepasando a los protestantes liberales en términos de membresía acumulativa, no son ya la fuerza impulsora detrás de la resurgencia del cristianismo renacido».[5] Él ve a las iglesias de más rápido crecimiento dentro de lo que llama el «evangelicalismo de nuevo estilo», del cual menciona a la Vineyard como ejemplo.

La Asociación Nacional de Evangélicos, que subió a una posición de considerable influencia después de la administración de Jimmy Carter, representa a las Asambleas de Dios tanto como a muchas de las otras denominaciones más nuevas. Esa influencia, según algunos observadores, ha llegado a su clímax y están surgiendo conflictos internos.

Menciono estos datos porque bien podría ser que, en resumen, las denominaciones de la vieja guardia están perdiendo su porción en el mercado del público estadounidense, por así decirlo. Las denominaciones más nuevas, incluyendo a los pentecostales, se han estancado; y una porción cada vez mayor está siendo servida, por lo menos en parte, por la de aquí en adelante semi invisible Nueva Reforma Apostólica.

## ¿QUÉ DE LA CALIDAD?

Los que estudian y analizan el crecimiento de la iglesia han sostenido un prolongado debate respecto a la relación entre la cantidad y la calidad. Es legítimo hacer una distinción entre las dos, a mi parecer. El rápido crecimiento en las iglesias puede tener lugar, desde luego, sin estándares ideales de piedad entre los miembros. Es irreal, sin embargo, separar las dos cosas como si no marcharan ordinariamente mano a mano. Algunas de las iglesias que más vigorosamente crecen ha sido precisamente porque están llenas de miembros de alta calidad. Un estudio hecho por Win Arn cuantificó el nivel de amor e interés en cada una de una muestra significativa de iglesias de varias denominaciones, y halló que, en su gran mayoría, mientras más rápido crece una iglesia más amor e interés exhibe.[6]

Casi invariablemente cuando alguien intenta polarizar la cantidad y la calidad, arguyendo que las iglesias grandes no pueden ser también iglesias de calidad, resulta ser un tenuemente disfrazado grito de agonía. Por ejemplo, en 1995 Pedro Jennings de la cadena de televisión ABC presentó un reportaje especial sobre las megaiglesias de los Estados Unidos, titulado: «En el nombre de Dios». Una de las iglesias de la muestra fue la Iglesia Willow Creek Community de South Barrington, Illinois, pastoreada por Bill Hybels. Una revista de una denominación de la vieja guardia, que no necesita que se la identifique, publicó un editorial criticando la producción.

El editor decía: «Siendo uno de los que todavía martillean lo tradicional, confieso cierta incomodidad no solo respecto a Willow Creek, sino con la manera en que el fenómeno de las megaiglesias ha sido abordado por periodistas seculares como Jennings, quien dice que las iglesias que examina son la nueva "corriente principal" del cristianismo estadounidense. Francamente, me siento no solo incómodo sino más bien con un poco de celos. Willow Creek recibe mucha tinta y tiempo en el aire, mientras que las iglesias de corriente principal al estilo antiguo siguen trabajando mayormente sin que los medios de comunicación masiva las examinen».

El editorial pasa a contrastar el ministerio de Bill Hybells y el de Juan Wesley. «Wesley», arguye, «no les dio a sus seguidores lo que querían; les dio lo que sentía que se le ordenaba predicar». La implicación: Wesley era mucho más fiel a Dios que Bill Hybells, y sus iglesias fueron, por lo tanto, de mejor calidad.

Este intento de polarizar a Wesley y Hybells dice más en cuanto al escritor del editorial que en cuanto a alguno de esos dos líderes. Es el gruñido de un perdedor; la agonía de la derrota. En realidad, Wesley y Hybells fueron cortados de la misma tela. Juan Wesley fue el Bill Hybells de su día. Los mineros de Inglaterra encontraron lo que querían; es decir, una respuesta al significado de la vida. Eso es exactamente lo que encuentran los miembros de Willow Creek, y es la razón principal por la que regresan semana tras semana. En ambos casos, el significado de la vida se descubre en una relación personal con Jesucristo, que cambia la vida.

## DESPUÉS DE REUNIRLO TODO

A través de los años mi investigación más creativa ha surgido en temporadas. La década del setenta se concentró en el lado *técnico* del crecimiento de la iglesia. Organicé cursos y escribí libros sobre asuntos tales como las señales vitales de iglesias saludables, patología de la iglesia, factores institucionales, factores contextuales, siembra de iglesias, el ministerio del Cuerpo por medio de los dones espirituales y liderazgo pastoral.

Durante los años ochenta mi enfoque pasó al lado *espiritual* del crecimiento de la iglesia, enseñando cursos y escribiendo libros sobre la evangelización de poder, sanidad divina, liberación de demonios y cosas parecidas. Recientemente, la oración y la guerra espiritual han encabezado la agenda de mi investigación, incluyendo algunos aspectos nuevos tales como la guerra espiritual a nivel estratégico, cartografía espiritual, arrepentimiento «identificativo» y evangelización por la oración.

No hace mucho, después de haber cumplido 15 años enseñando el libro de los Hechos, escribí un comentario de tres volúmenes sobre Hechos. Lo escribí porque creía que los comentarios clásicos sobre Hechos eran deficientes en su comprensión de los ministerios de poder y de la misionología. Esto era serio a la luz del consenso de que Hechos 1.8 provee el bosquejo del libro entero: «Pero recibiréis poder, cuando haya venido sobre vosotros el Espíritu Santo, y me seréis testigos en Jerusalén, en toda Judea, en Samaria, y hasta lo último de la tierra». Los dos componentes de este versículo, y el libro entero son los ministerios de poder y la misionología, llevar el evangelio cruzando culturas. Mi comentario destaca estos dos factores más que los demás comentarios.

He mencionado este trasfondo para decir que al haber estado estudiando con todo cuidado las iglesias de la Nueva Reforma Apostólica, debo confesar que para mí son las que más parecen aplicar los principios del libro de los Hechos de todos los grupos que he visto. Globalmente comprenden y aplican tanto los aspectos técnicos del crecimiento de la iglesia, y los aspectos espirituales del mismo en una manera asombrosa. Llegar a conocer estas iglesias en varias partes del mundo me ha entusiasmado más que cualquier otra cosa desde que empecé mi investigación sobre los pentecostales hace más de 30 años.

## NECESIDAD CONSTANTE DE ODRES NUEVOS

Por 2 000 años Jesús ha estado edificando su Iglesia, tal como anunció que lo haría cuando estaba en la tierra (véase Mateo 16.18). A través de los siglos, la Iglesia ha crecido y se ha expandido a través de los continentes. Siglo tras siglo, sin embargo, la Iglesia ha crecido en toda una variedad de maneras. Creció de una manera en tiempos del Nuevo Testamento, y de otra en el Imperio Romano antes de Constantino. Creció de otra manera en el Imperio Romano después de Constantino, de otra manera en la Edad Media, y de otra manera en tiempos de la Reforma Protestante. Creció de otra manera durante la era de la colonización europea, de otra después de la Segunda Guerra Mundial, y de otra en nuestros tiempos.

La historia de la Iglesia se puede dividir incluso de manera más detallada, y se podrían enumerar las variables de crecimiento para cada período. Una de las constantes, sin embargo, fue que conforme cada cambio aparecía en el horizonte de la historia, se requería de un odre nuevo para contener el vino nuevo del Espíritu Santo.

Jesús habló del tema de los odres nuevos cuando Juan el Bautista tenía problemas para comprender la transición de lo viejo, que él representaba, a lo nuevo, que representaba Jesús. Jesús dijo: «Ni echan vino nuevo en odres viejos; de otra manera los odres se rompen, y el vino se derrama, y los odres se pierden; pero echan el vino nuevo en odres nuevos, y lo uno y lo otro se conservan juntamente» (Mateo 9.17).

Este libro trata de uno de esos odres nuevos que Dios está proveyendo para otro gozne crucial en la historia de la Iglesia.

## EL VIEJO ODRE WAGNER

Me he dado cuenta de este odre nuevo solo en estos últimos cinco años. No obstante, durante mis casi 45 años como ministro ordenado he aprendido a darme cuenta y a involucrarme considerablemente en el odre viejo. Serví como misionero en Bolivia por 16 años bajo dos agencias misioneras que pertenecen a la Asociación de Misiones Foráneas Interdenominacionales (IFMA, por sus siglas en inglés). Es una asociación abiertamente no carismática de misiones orientadas tradicionalmente. Mi ordenación tuvo lugar en la Conferencia Cristiana Congregacional Conservadora. ¡Los Congregacionalistas vinimos en el *Mayflower!*

La iglesia a la que pertenecí por más de un cuarto de siglo fue la Iglesia Congregacional Lake Avenue en Pasadena, California. Es una iglesia impresionante; es la única iglesia local que conozco que ha celebrado su centésimo aniversario y ¡que ha crecido durante cada una de sus diez décadas de historia! Enorgulleciéndose de tener 5 000 miembros, es una de las iglesias más grandes de la nación, pero ha sido y todavía es muy tradicional. Incluso los que han estado asistiendo a su culto contemporáneo por más de cinco años parecen renuentes a alzar sus manos por sobre sus hombros durante los cultos.

El odre Wagner, por así decirlo, fue formado, más que por cualquier otra cosa, por el Seminario Teológico Fuller. Recibí un título allí en los años cincuenta, otro más en los años sesenta, y enseñé como catedrático durante los setenta, ochenta y noventa. El Seminario Fuller es muy tradicional. Fue fundado en 1947 con el propósito explícito de servir a las denominaciones de línea tradicional de los Estados Unidos, y ha operado dentro de ese contexto en toda su historia.

Digo todo esto para aclarar que al destacar estas iglesias no denominacionales en este libro, en ocasiones sin ocultar mi entusiasmo, no estoy promoviendo mi propia causa. Como muchos que leen este libro, soy novicio en las cosas de la Nueva Reforma Apostólica, y deseo aprender todo lo que pueda de este obvio mover contemporáneo de la mano de Dios.

## VIVIMOS EN EL UMBRAL

Vivimos en un umbral de la historia. Como ya dije, este es el día de cambio más radical en la manera de hacer iglesia desde la Reforma Protestante. El argentino Pablo Deiros, uno de los más destacados historiadores latinoamericanos de la iglesia, trata de este nuevo fenómeno apostólico y dice: «Estas iglesias, tomadas en su conjunto, manifiestan (especialmente en lo que va de nuestra década) un cambio sumamente radical dentro del espectro evangélico del cristianismo latinoamericano. En algunos casos, los cambios son tan significativos en la manera que expresan la vida y el ministerio de la iglesia cristiana, que no se les encuentra parangón desde los días de la Reforma Protestante».[7]

Esto no es solo un cambio radical, sino que el cambio está sucediéndose mucho más rápido de lo que muchos piensan. Vivimos en un tiempo cuando tanto el *grado* de cambios culturales, como el *ritmo* de cambios culturales están acelerándose alarmantemente. George Barna dice: «Hay un gran desacuerdo entre los sociólogos, pero concuerdan que el cambio está ocurriendo más rápido hoy que nunca antes. Nuestra cultura se está redescubriendo a sí misma cada tres a cinco años. Estamos teniendo nuevos modelos de conducta dos o tres veces por década. Debemos ser innovadores en la iglesia».[8]

Esta es una pregunta importante: ¿Cuántos líderes de iglesias hoy están preparados para cruzar este umbral? ¿Están listos para oír lo que el Espíritu está diciendo hoy? La Biblia dice: «El que tiene oído, oiga lo que el Espíritu dice a las iglesias» (Apocalipsis 2.11).

## QUÉ CONSERVAR Y QUÉ CAMBIAR

Muchas de las características del cristianismo tradicional no están cambiando. Por un lado, la teología fundamental de la Reforma Protestante no está en revisión. Los líderes apostólicos nuevos no ponen en tela de duda la justificación por la fe, ni el sacerdocio de todos los creyentes, ni la autoridad de las Escrituras. El Credo Apostólico mantiene su elevado perfil como sumario aceptable de los fundamentos doctrinales de la fe cristiana. Las nuevas iglesias apostólicas continúan celebrando la Navidad y la Resurrección. En su mayoría, se reúnen los domingos. Construyen templos y celebran bodas en ellos. Las iglesias tienen pastores, programas para niños, departamento de jóvenes, ujieres, Santa Cena, ministerios para mujeres, cenas en la iglesia y cuidado de niños.

---

*Donald Miller dice:*
*«Para que el cristianismo sobreviva, debe reinventarse continuamente a sí mismo».*

---

Muchas otras cosas están cambiando, sin embargo. A decir verdad, se pudiera argüir que muchas cosas *deben* cambiarse. Donald Miller, autor de *Reinventing American Protestantism* [Reinventemos el protestantismo estadounidense] dice: «Para que el cristianismo sobreviva, debe reinventarse continuamente a sí mismo, adaptando su mensaje a los miembros de cada generación, junto con su cultura y medio ambiente geográfico».[9]

Predeciblemente, las dinámicas bien conocidas de la difusión de la teoría de la innovación operarán y cernirán quién aceptará los odres nuevos de la Nueva Reforma Apostólica, y quien preferirá quedarse con los viejos. Los innovadores introducirán nuevas ideas y redes sociales. A los que las acepten primero se les llamará «primeros adoptadores». Otros llegarán como «adoptadores del medio», otros más a la larga serán «adoptadores tardíos», y los que nunca aceptarán la innovación serán los «no adoptadores». Hubo gran controversia, por ejemplo, cuando el «coche sin caballos» se introdujo por primera vez en la sociedad estadounidense. No todos al principio estaban listos para el cambio, pero a la larga la mayoría de los estadounidenses lo aceptaron, y ahora casi todo el mundo usa automóviles. Los Amish, sin embargo, son un ejemplo de los no adoptadores.

Mientras escribo esto nos hallamos ya en la fase temprana de adopción de la Nueva Reforma Apostólica, en la cual podemos esperar objeciones relativamente fuertes de parte de los tradicionalistas que se sienten amenazados por estos cambios.

La mayor oposición, sin duda alguna, vendrá de los ejecutivos denominacionales, pero no durará para siempre.

## EL APRIETO DE LAS DENOMINACIONES

Por 400 años las denominaciones han constituido el modelo tradicional principal del cristianismo protestante. Las estructuras de la iglesias en las que la mayoría de nosotros crecimos, dan por sentado la validez de las denominaciones sin ponerlas en duda.

Concedo que nuestras denominaciones no siempre se han llamado denominaciones. La mayoría de las tradiciones de la iglesia protestante se remontan a la Reforma europea, caracterizada por iglesias estatales, tales como los luteranos, reformados, anglicanos o presbiterianos. Las llamadas «iglesias libres» emergieron en efecto, pero eran políticamente inferiores y no recibieron el apoyo estatal. No obstante, cuando las iglesias estatales europeas enviaron misioneros al extranjero, fuera de las fronteras del «estado», tarde o temprano se hallaron en una de las muchas clases de iglesias protestantes en la nación a que fueron, y empezaron a tomar las características de denominaciones. La colonización y cristianización de los Estados Unidos es un ejemplo sobresaliente.

Como ya mencioné anteriormente, 1965 fue un año cuando las principales denominaciones de las Estados Unidos entraron en crisis. Por primera vez en su historia se hallaron enfrentando la seria y continuada declinación de su membresía. Entonces, veinticinco o treinta años más tarde, incluyendo las denominaciones más nuevas han empezado a confrontar obstáculos al crecimiento que nunca antes habían experimentado.

Los líderes denominacionales empezaron a preguntarse: «¿Por qué?» La mejor explicación que las estructuras de poder pudieron concebir hace un par de décadas, fue que el declinar debía atribuirse a *factores contextuales*. La razón para esto era obvia. No querían que les echaran la culpa. La próxima generación de líderes, sin embargo, empezaron a sugerir que la crisis podría atribuirse más acertadamente a *factores institucionales* por razones igualmente obvias. Querían echarle la culpa de las decisiones erradas a la pasada generación de líderes.

Permítame explicar la diferencia entre factores contextuales e institucionales.

## FACTORES CONTEXTUALES *VERSUS* FACTORES INSTITUCIONALES

Los investigadores del crecimiento de la Iglesia concuerdan que los análisis del crecimiento o declinación de estas deben tomar en cuenta tanto los factores contextuales como los institucionales. *Factores contextuales* son los factores sociológicos que la iglesia no puede controlar. En el ambiente social, político, educativo, económico, cultural, internacional y científico ocurren ciertos cambios que bien pueden promover o retardar el crecimiento de la iglesia. El liderazgo de la iglesia no puede hacer nada al respecto. Por otro lado, los *factores institucionales* puede preservarse o cambiarse por las decisiones que el liderazgo de la iglesia toma tanto a nivel de la iglesia local como a nivel denominacional.

Los factores contextuales e institucionales se pueden desdoblar en la esfera local o nacional, así que veamos cuatro conjuntos de factores: contextual local, contextual nacional, institucional local e institucional nacional.

Esta terminología fue acuñada por un consorcio de treinta ejecutivos denominacionales, otros que compilan estadísticas de la iglesia, y consultores que se reunieron gracias a un donativo de la Fundación Lily en 1976, 1977 y 1978, con el mandato de considerar el alarmante declinar de las iglesias de línea tradicional desde 1965. Tuve el privilegio de ser uno de ellos. El principal producto de este consorcio fue un libro titulado *Understanding Church Growth and Decline 1950-1978* [Comprendiendo el crecimiento y declinación de las iglesias,

1950-1978]. De los treinta que integraron el consorcio, veintiocho atribuyeron la declinación a *factores contextuales.* Solo dos, Dean Kelley y yo, pensamos que la causa principal pudieran ser los factores *institucionales.*

Dean Hoge y David Roozen, editores generales del libro que surgió del consorcio, dicen: «Debemos notar que las personas sostienen diferentes puntos de vista en cuanto a la importancia relativa de los cuatro conjuntos de factores. Por ejemplo, Wagner afirmó en el capítulo 12 que los factores institucionales locales son más importantes que los factores contextuales locales, basando su opinión en su experiencia. También las teorías influyentes de Kelley sobre el crecimiento y declinación de la Iglesia se basan casi por entero en el escrutinio de factores institucionales (tanto nacional como locales), con la implicación de que los factores contextuales son mucho menos importantes. Nos parece que los *consultores y analistas de iglesias orientados a la acción* tienden a estimar el peso de factores institucionales locales mucho más arriba de lo que la mejor investigación pudiera garantizar» (énfasis mío).[10]

En su reciente libro que trata del «suicidio del cristianismo liberal», Thomas Reeves arroja algo de luz sobre el deseo subyacente de los líderes denominacionales de atribuir la declinación en la membresía a factores contextuales. Dice: «Los observadores ven a las iglesias de corriente principal como meras víctimas, bajas de fenómenos modernos tales como la urbanización, industrialización, niveles de educación más elevados, prosperidad, mobilidad social, el cambio de la naturaleza de la familia, y cosas por el estilo».[11] En otras palabras, ¡no es su culpa!

El consorcio terminó su trabajo en 1978, cuando la declinación había estado sucediéndose por trece años. No obstante, no hizo nada por cambiar la tendencia. Ahora las conclusiones de los investigadores están empezando a cambiar.

Dieciséis años más tarde, John Ellas comenta: «*Understanding Church Growth and Decline 1950-1978* dejó en la mente de la gente la sensación de un determinismo contextual flotando en el aire. Su conclusión parecía descontar fácilmente la tesis de Kelley, minimizar la validez de la investigación del movimiento de crecimiento de la Iglesia, y quitar toda culpa potencial de las iglesias y denominaciones que no crecían. Sus conclusiones, desafortunadamente, dejaron a muchos lectores con la sensación de vacío de un peón impotente. En otras palabras, las iglesias están a merced de la sociedad y sus comunidades, y no hay mucho que alguien pueda hacer al respecto».[12]

## VUELVEN A ECHAR OTRO VISTAZO

Interesantemente, algunos de los principales defensores de los factores contextuales en los años setenta están ahora, en los años noventa, echando otro vistazo a la importancia de los factores institucionales. Recientemente, David Roozen se unió con Kirk Hadaway, otro miembro del consorcio, para producir un libro titulado *Church and Denominational Growth* [El crecimiento de iglesias y denominaciones]. En él, Michael Donahue y Peter Beson explican la investigación que les lleva a concluir: «Los resultados . . . indicaron varias cosas. Lo principal entre ellas es que el crecimiento está en su mayor parte en manos de la congregación».[13] En otras palabras, los factores *institucionales* son determinantes.

En el mismo libro Daniel Olson, profesor de sociología en la Universidad de Indiana, concluye: «Las iglesias que quieren crecer pueden crecer o por lo menos reducir su declinación. Este es el hallazgo más importante de entre las variables de programa, y uno de los más importantes hallazgo de este estudio. Esta afirmación largamente sostenida por los que abogan por el crecimiento de la Iglesia (p.ej., el libro de Wagner, *Your Church Can Grow: Seven Vital Signs of a Healthy Church* [Su iglesia puede crecer: Siente señales vitales de una iglesia saludable]) parecen recibir fuerte confirmación incluso entre las congregaciones de iglesias tradicionales que más están declinando».[14] Sobra decir que esta fue una afirmación muy alentadora.

Si se reconoce que los factores institucionales son cruciales, ¿cuáles son algunos de los factores institucionales más significativos que han producido la necesidad de odres nuevos en los años noventa?

## SIETE FACTORES INSTITUCIONALES QUE HAN CAUSADO Y PERPETUADO LA DECLINACIÓN DENOMINACIONAL

### 1. NEGACIÓN

Muchos líderes denominacionales han rehusado admitir que tienen un problema. La forma más suave de esta negación es la indiferencia, pero la forma extrema es la contención de que la declinación de la iglesia es una bendición de Dios. Nadie lo ha expresado más claramente que Richard Hudnut, pastor presbiteriano, en su libro *Church Growth Is Not the Point* [El crecimiento de la iglesia no es la cuestión].

En su libro Hudnut dice: «Es un tiempo duro para la iglesia estadounidense. En muchos sectores la membresía está reduciéndose. La asistencia está bajando. Pero el crecimiento de la iglesia no es la cuestión. El punto es si la iglesia está siendo fiel al evangelio. Y, ciudad tras ciudad y población tras población, lo es. A decir verdad, *debido* a que está siendo fiel con frecuencia está *perdiendo* miembros. La "madera muerta" se está yendo. El "remanente fiel" se queda. La iglesia está más magra y sin impedimento para la acción de los años setenta ... La gente está dejando la iglesia. No podría haber mejor señal».[15]

Hudnut pensó que la iglesia estaba «sin impedimento para la acción» en los años setenta. Sin embargo, la iglesia presbiteriana (U.S.A.) ha continuado perdiendo miembros anualmente desde entonces. Esto no habría sido necesario si los ejecutivos denominacionales hubieran tomado la acción apropiada. Este problema ha sido descrito vívidamente por Thomas Reeves, desde adentro. Dice: «Por un lado, como hemos visto, muchos protestantes liberales, especialmente a nivel de liderazgo de las iglesias de corriente principal, están complacidos con la situación actual. Se enorgullecen de su conducta, se ven a sí mismos en la vanguardia de un cambio incluso más nuevo y progresivo, y están convencidos de que la declinación en membresía está cediendo e incluso hasta puede ser beneficiosa».[16]

## 2. LIBERALISMO

Los estudios del crecimiento de la iglesia en su mayoría han pasado por alto el tema de la teología liberal *versus* teología evangélica. En razón de que virtualmente todos los defensores del crecimiento de la iglesia han sostenido una teología evangélica fuertemente conservadora, la curiosa ausencia de este debate puede atribuirse sin duda más a la indiferencia que a la convicción.

La convicción teológica ha sido muy vocal, sin embargo, entre los Bautistas del Sur, la principal excepción entre las denominaciones de corriente tradicional a la declinación experimentada desde 1965. Temerosos de empezar a perder miembros, como observaban en las otras denominaciones estadounidenses de corriente tradicional, los evangélicos Bautistas del Sur lanzaron una persistente lucha por el poder contra los liberales (que se llamaban a sí mismos «moderados»). Después de 15 años ganaron el control de sus instituciones principales. Sería difícil negar que la teología conservadora, bíblica, ha jugado un papel significativo en el crecimiento de la denominación más grande de los Estados Unidos.

Dean Hoge, Benton Johnson y Donald Luidens, investigadores de las raíces en las denominaciones tradicionales, cuidadosamente estudiaron los hábitos religiosos de la generación de la posguerra. Su conclusión es significativa, a mi juicio: «Nuestros hallazgos muestran que la creencia es el mejor pronosticador singular de la participación en la iglesia, pero es la creencia cristiana ortodoxa, y no las afirmaciones del liberalismo laico, lo que impele a la gente a involucrarse en la iglesia».[17] Los Bautistas del Sur pudieran habérselo dicho hace mucho tiempo.

## 3. TOLERANCIA INFLADA

Las presuposiciones teológicas liberales conducen a la noción de que no hay cosa tal como la verdad absoluta. Todas las creencias sinceras tienen su propia validez, integridad y verdad. Por consiguiente, uno podría no vivir o morir por la verdad. La corrección política es valor supremo, y la exactitud en cuanto a asuntos de verdad con frecuencia se perciben como en conflicto con amar a nuestro prójimo como debiéramos. Si hay que escoger entre la verdad y la tolerancia, un gran número de líderes denominacionales tradicionales optarían por la tolerancia.

Kirk Hadaway y David Roozen hicieron hace poco un análisis de las tendencias, mercados, influencias denominacionales y direcciones para el futuro en las denominaciones de corriente tradicional. Una de sus observaciones es esta: «El temor a la intolerancia e imposición es tan grande que los estadounidenses rara vez hablan entre sí respecto a asuntos religiosos, creencias y preguntas. Este temor se extiende al discurso en las iglesias de corriente tradicional ... Los valores de la tolerancia religiosa y apertura teológica son de primordial importancia dentro de la corriente principal. Se hace mayor esfuerzo para comunicar nuestra aceptación de diversas opiniones que en comunicar lo que creemos, en verdad, en cuanto a Dios».[18] La tolerancia es una virtud, pero la tolerancia *inflada* puede diluir la verdad y debilitar a las iglesias.

---

*La tolerancia es una virtud, pero la tolerancia inflada puede diluir la verdad y debilitar a las iglesias.*

---

## 4. PRIORIDADES DESUBICADAS

Desde el Congreso de Lausana sobre la Evangelización Mundial en Suiza, en 1974, ha habido un consenso entre los evangélicos de que nuestra misión al mundo incluye dos mandatos: el *mandato cultural* (ministerios sociales) y el *mandato evangelizador* (ministerios para ganar almas). El Pacto de Lausana también afirma: «En la misión de servicio sacrificial de la iglesia la evangelización es primordial» (Artículo 6). Esto pone en prioridad la evangelización sin descuidar los ministerios de misericordia y compasión.

En los años sesenta las denominaciones de corriente tradicional empezaron a cambiar sus prioridades. Esto se debió a su respuesta a los grandes trastornos sociales en nuestra nación destacados por las revueltas sobre los derechos civiles, la guerra de Vietnam, el movimiento «jipi» y la erosión de las normas morales judeo cristianas. En ese tiempo las denominaciones de corriente tradicional, por medio del Concilio Nacional de Iglesias, eran la voz religiosa más influyente en los Estados Unidos.

En poco tiempo, el mandato cultural se convirtió en supremo y las iglesias de corriente tradicional creyeron que era más importante mejorar la sociedad que ganar a los perdidos para Cristo. Parcialmente como resultado de este cambio de prioridades (a pesar de las enérgicas negativas de parte del liderazgo denominacional), las denominaciones de corriente tradicional empezaron a declinar en 1965. De nuevo, los Bautistas del Sur fueron la excepción. Ellos continuaron recalcando como prioridad el mandato evangelizador, y continuaron creciendo vigorosamente.

El estudio hecho por Hadaway y Roozen, que cité en el punto anterior, consideró también este asunto. Concluyen: «La gente espera que las iglesias sean instituciones *religiosas*, no organizaciones de servicio social o clubes sociales».[19]

En contraste, Hadaway y Roozen hallaron que las iglesias evangélicas, que todavía estaban creciendo, también hacían obra social, pero sin cambiar prioridades. Dicen: «Muchas denominaciones evangélicas aumentaron el énfasis en las preocupaciones de justicia social. No obstante, estas denominaciones nunca han tenido una reorientación completa de sus prioridades. La evangelización tradicional y los nuevos esfuerzos de desarrollo de la iglesia continuaron recibiendo la parte primordial de los fondos misioneros denominacionales».[20]

## 5. Aversión a la evangelización

Durante los años setenta con frecuencia dirigí seminarios sobre crecimiento de la iglesia para grupos denominacionales de corriente tradicional. En muchas ocasiones mis anfitriones me hablaban antes que yo empezara y decían palabras al efecto: «Sería bueno que no usara la palabra "evangelización" al enseñar. En nuestra denominación eso es contraproducente».

Después de que esto me ocurrió algunas veces, se me ocurrió que sin que importara lo que yo enseñara, lo más probable era que esas iglesias nunca crecerían. Mi preocupación se aumentó cuando descubrí que algunas estaban considerando mi posición como «conversionista», que para ellos era un término peyorativo. Consideraban predicar el evangelio como proselitismo, lo cual ciertamente ofendería la dignidad personal de los no creyentes. No han vuelto a invitarme a uno de esos seminarios ya por algún tiempo.

Pensé que tal vez me hacía falta algo. No fue sorpresa, entonces, que las conclusiones a que llegaron Hadaway y Roozen me animaron personalmente. Dicen: «Debemos darnos cuenta de que pocas iglesias de corriente tradicional fueron agresivamente evangelizadoras a la manera en que se estimula en la mayoría de libros sobre el crecimiento de la iglesia. Basados en las encuestas, los miembros de corriente tradicional y los miembros marginales, aun cuando pueden desear intimidad con un Dios inmanente, por lo general no creen que el individuo debe "aceptar a Cristo como Salvador personal" para no ir al infierno ... Los cristianos de corriente tradicional pueden invitar a sus amigos a la iglesia, visitar a simpatizantes, e incluso hablarles a otros de su fe, pero no hacer evangelización. En otras palabras, no tratarán de *convertir* a nadie».[21]

### 6. SUSPICACIA DEL CRECIMIENTO

Los líderes denominacionales parecen dar por sentado, sin confersarlo, que se espera que las iglesias de alta calidad no crezcan. Por consiguiente, si las iglesias muestran un crecimiento inusitado, algo debe andar mal allí.

Nunca olvidaré que en los días cuando las denominaciones me invitaban para dirigir seminarios sobre el crecimiento de la iglesia, ministré a los líderes de la Iglesia Reformada de los Estados Unidos en el estado de Nueva York. En ese tiempo también estaba enseñando tres o cuatro veces al año en la facultad del Instituto Robert Schuller para el Liderazo de la Iglesia en Garden Grove, California. Los institutos atraían gran número de pastores de toda la nación debido a la iglesia de Schuller, llamada ahora la Catedral de Cristal, era una de las más grandes en los Estados Unidos y ciertamente la más grande en su denominación, la Iglesia Reformada de los Estados Unidos. Me quedé perplejo cuando en las instrucciones que me dieron antes del seminario en Nueva York, los que me habían invitado me aconsejaron que haría bien en no mencionar el nombre de Robert Schuller durante mis conferencias.

Querían que enseñara sobre el crecimiento de la iglesia, pero no debía usar como modelo la iglesia de su denominación que más rápido estaba creciendo en toda la historia de esa denominación. ¿Por qué? Debido a la profundamente asentada suspicacia respecto al crecimiento que albergaban los ejecutivos denominacionales.

## 7. Desconfianza del liderazgo carismático

Entre muchos ejecutivos denominacionales, tanto como entre profesores de seminario que conozco, la palabra «emprendedor» se usa casi como palabra soez. El empuje recae esencialmente sobre el liderazgo de grupos de consenso antes que en los individuos. Se supone que el pastor no debe ser el líder de la iglesia local, sino más bien el ejecutor del liderazgo de la junta administrativa o de la congregación. Las decisiones denominacionales, sea a nivel regional o nacional, son tomadas por comités constituidos oficialmente, y se espera que los ejecutivos denominacionales cumplan los deseos del grupo que establece la política.[22]

Hadaway y Roozen dicen: «Los líderes de las iglesias de corriente tradicional no son figuras carismáticas, en su gran mayoría. Son personas con integridad, pero se sienten más cómodos promoviendo un consenso que ejerciendo liderazgo visionario».[23] Esto está tan dramáticamente en el polo opuesto de la Nueva Reforma Apostólica que lo trataré en detalle en un capítulo sobre los pastores y en otro capítulo sobre los apóstoles.

## EL FUTURO DE LAS DENOMINACIONES

En agosto de 1994 la Leadership Network [Red de Liderazgo] realizó una reunión cimera titulada «El futuro de las denominaciones». Una figura prominente en esa reunión cimera fue Lyle Schaller, altamente considerado como el decano de los consultores estadounidenses de la iglesia y quien se caracteriza a sí mismo como un denominacionalista leal (metodista unido).

---

*¿Hay futuro para las denominaciones? Lyle Schaller ha dicho que deben estar «dispuestas y ser capaces de adaptarse a una nueva era».*

---

En el informe de la sesión, Schaller dijo: «¿Hay futuro para las denominaciones? Eso será determinado casi por entero por las *denominaciones.* La clave para ello, añade Schaller, es que deben estar «dispuestas y ser capaces de adaptarse a una nueva era».[24] Para decirlo en otros términos, lo que Lyle Schaller está diciendo es que los factores *institucionales* serán cruciales para la influencia y supervivencia denominacional. Por extensión, hoy es más que obvio que los factores institucionales fueron también la causa principal de su declinación.

¿Cuáles son las características de la «nueva era» a la que Schaller se refiere? Para empezar, las denominaciones por cierto tendrán que aprender cómo atraer a la generación de posguerra. Para hacerlo necesitarán cambios radicales. La investigación de Donald Miller reveló que, «[a la generación de posguerra] no les gusta la estructura burocrática, y las iglesias de corriente tradicional son monumentos de ritos y reglas organizacionales».[25]

En su libro *The New Reformation* [La nueva reforma] Lyle Schaller considera estos asuntos y dice: «*No estoy proponiendo que se cambie la substancia del evangelio. Estoy proponiendo que necesitamos cambiar radicalmente la manera en que empa-*

*camos y proclamamos la substancia del evangelio.* Hacer unos pocos ajustes aquí y allá no servirá. Si sencillamente hacemos mejor lo que al presente estamos haciendo en nuestras viejas vasijas de vino, continuaremos siendo irrelevantes y, con el tiempo, extintos».[26]

Schaller también aborda el tema de los odres nuevos *versus* los viejos, y pregunta: «¿Deberían limpiarse y remendarse los odres viejos para llevar el evangelio de Jesucristo a las nuevas generaciones en un nuevo contexto social? O, ¿debería invertirse ese tiempo, consagración y energía en hacer nuevos odres?»[27] Más adelante responde a su pregunta, al decir: «Si está en marcha una nueva reforma, sería más productivo invertir en nuevos odres, antes que remendar los viejos. Esto es un asunto urgente, y tal vez incluso de vida o muerte, para varios sistemas denominacionales».[28]

## ¿QUIÉN LLENARÁ LOS NUEVOS ODRES?

Odres nuevos son inevitables para el siglo veintiuno; pero ¿quién los llenará con vino nuevo? Pienso que podemos esperar que se los llene por lo menos de tres fuentes:

1. Las iglesias que ya están haciéndolo continuarán llenando los nuevos odres. Son las nuevas iglesias apostólicas. El subtítulo del libro de Lyle Schaller *The New Reformation* [La nueva reforma] es: *El mañana llegó ayer.* Schaller admite que lo encegueció lo que yo llamo la Nueva Reforma Apostólica, pero que claramente se da cuenta de que está moldeando la forma de nuestro futuro eclesiástico.

2. Virtualmente toda denominación de corriente tradicional tiene algunas congregaciones innovadoras que yo considero congregaciones apostólicas nuevas. Los burócratas denominacionales no siempre las admiran ni afirman, ni tampoco otros pastores más tradicionales. Pudiera resultar que algunas denominaciones enteras volverán a reestructurarse y adoptar características apostólicas. Se informa que las Asambleas de Dios en Australia han hecho precisamente esto, explicaré los

detalles en el capítulo 6. Nuevos odres denominacionales son, por consiguiente, una posibilidad muy clara.

3. Nuevos paradigmas de redes de iglesias están surgiendo que cumplirán muchas de las funciones que por lo general hemos atribuido a las denominaciones. Esto ocurrirá en tres niveles:

A. REDES INTRADENOMINACIONALES. Hadaway y Roozen dicen: «Por lo que vemos, los pastores, los líderes de las iglesias locales, y los seminaristas que formarán el núcleo de liderazgo de un movimiento de revitalización denominacional empezarán como una colección informal de individuos que compartirán una comprensión común de las fallas del sistema actual, pero una profunda consagración a la herencia que representa».[29] Los jugadores clave en este proceso son con frecuencia los pastores de megaiglesias de la denominación. Predeciblemente, actividades de esta naturaleza usualmente no son endosadas por los líderes atrincherados.

B. REDES INTERDENOMINACIONALES. Lyle Schaller dice: «Desde la perspectiva del siglo veintiuno, tal vez el punto central de este capítulo es el cambio en la identificación de los socios para la cooperación entre iglesias. En las primeras cinco o seis décadas del siglo veinte los iniciadores y jugadores clave fueron las denominaciones y los dirigentes denominacionales. Durante las últimas dos décadas del siglo eso ha cambiado a los pastores y líderes congregacionales, con un papel altamente visible para el pastor principal de congregaciones grandes».[30]

C. REDES EXTRADENOMINACIONALES. Estos grupos de iglesias se están formando en base territorial, particularmente en las ciudades. Algunos están identificando las «iglesias ancla» de una ciudad, y buscando maneras y medios para que los pastores de esas iglesias formen una red para beneficio de la ciudad entera. En muchos casos la relación personal, la responsabilidad

> mutua y la camaradería entre pastores de una ciudad, cruzando linderos denominacionales, sobrepasa su sentido de lealtad a los colegas pastores de su propia denominación que viven en otros lugares.

Kent Hunter del Centro de Crecimiento de la Iglesia en Corunna, Indiana, ha identificado un buen grupo de pastores a quienes llama «aspirantes a postdenominacionales». Algunos de ellos siguen en sus denominaciones, pero han divorciado a sus propias iglesias y ministerios de toda participación significativa en los programas denominacionales sancionados oficialmente, a menos que cierto programa les presente algún atractivo. Otros están buscando activamente una manera de salirse de su denominación y buscando nuevas maneras de afiliar a su iglesia con otras que piensen de manera similar. Estos son los candidatos más probables para crear nuevas redes y asociaciones, o unirse a las ya existentes.[31]

Capítulo dos

# El nuevo aspecto del protestantismo

Este es claramente un día que pide odres nuevos. Los odres viejos pueden durar por generaciones, pero no estarán en la arista cortante de la expansión del Reino de Dios. El vino nuevo del Espíritu Santo requiere recipientes fabricados de nuevo.

Regresemos a la lista de preguntas de investigación del crecimiento de la Iglesia. Sí, en los años noventa ha llegado a ser muy evidente un modelo distintivo de bendición de Dios en ciertas iglesias. ¿Cuáles, entonces, son las características que distinguen a estas iglesias? Antes de que veamos estas características específicas haremos bien primeramente en comprender, tan completamente como sea posible, los nombres genéricos y específicos del movimiento, así como en captar un cuadro general de la dimensión y alcance de estos odres nuevos.

## El nombre genérico: La Nueva Reforma Apostólica.

Cuando empecé a investigar el movimiento pentecostal, hacia fines de los años sesenta, las iglesias que estaba estudiando tenían un nombre genérico. Tanto los de dentro como los de fuera habían abrazado la denominación «pentecostal», y no se necesitaba más debate. Cuando titulé mi libro *Look Out! The*

*Pentecostals Are Coming*[1] todo el mundo sabía de qué estaba hablando.

Hoy enfrentamos una situación diferente. La forma del movimiento presente había llegado a ser clara para muchos observadores. Algunos la vieron mucho antes que yo. Me llevó hasta 1993 percatarme de que había un modelo inusitado de bendición en ciertas iglesias en nuestros días. Sin embargo, el movimiento no tenía un nombre general. Yo había notado que cuando les pedía a mis alumnos en el Seminario Fuller que se presentaran al principio de cada curso, los bautistas, luteranos, presbiterianos, nazarenos y los miembros de las Asambleas de Dios expresaban sin reservas su identidad, pero no así los estudiantes de los nuevos grupos. Típicamente vacilaban y titubeaban en ese punto, a veces intentando usar algo de humor para cubrir su inseguridad en cuanto a su identidad.

Algunas de estas subdivisiones tenían nombres, que ya he mencionado en el capítulo anterior, tales como las Iglesias Africanas Independientes, iglesias hogareñas en China, iglesias autóctonas independientes estadounidenses y latinoamericanas, pero no se usó ningún nombre para identificar el movimiento global como un todo. Obviamente, se necesitaba un término, no un neologismo.

¿Dónde se originan tales términos? Algunas veces se originan desde adentro, tales como «Iglesia del Nazareno», «Iglesia Congregacional», «Discípulos de Cristo», o «Ejército de Salvación». Algunas veces, sin embargo, los términos generados por los de afuera son los que pegan, tal como el nombre «cristianos» en tiempos del Nuevo Testamento. Ejemplos más recientes incluyen a los «metodistas», «luteranos» y «cuáqueros».

Probablemente por cada nombre que pegan, 10 no resisten. «Volteadores santos», por ejemplo, nunca pegó como término para los pentecostales. ¿Quién constituye el jurado para tomar la decisión? Solo la historia. Si el nombre resulta, se usa. Si no, se lo descarta y se echa al olvido.

Como expliqué en el capítulo anterior, llegué a este movimiento como uno distintivamente de afuera. Sin embargo, necesitaba un término para describirlo porque estaba organizando un nuevo curso sobre la materia en el Seminario Fuller, y los cursos necesitan nombres. El nombre que finalmente escogí es la «Nueva Reforma Apostólica». ¿Pegará? La historia lo dirá. Mientras tanto, yo había empezado a enseñar el curso.

## ¿POR QUÉ «APOSTÓLICA»?

La primera vez que vi el término «apostólico» usado en este contexto fue en un número de *NetFax* publicado por la Leadership Network [Red de liderazgo] de Tyler, Texas, el 4 de septiembre de 1995. Hablaba del «nuevo paradigma apostólico». Lo archivé solo porque en ese entonces yo estaba experimentando con otro nombre. Casi por el mismo tiempo, había establecido contacto con Ed Delph de Phoenix, Arizona, quien era pastor de la Hosanna Christian Fellowship y había empezado una organización llamada N.A.T.I.O.N.S. [Conectando en red el impulso apostólico internacional y nacionalmente, por sus siglas en inglés]. Oí a Ed llamar «iglesias apostólicas» a las iglesias con las cuales tenía contacto.

Una de las razones por las que vacilé usar el término de Ed fue que uno de los matices de «apostólico» era que el del don y oficio de apóstol del Nuevo Testamento pudiera estar activo en algunas iglesias actuales. Un buen número de esas nuevas iglesias afirmarían con gusto eso. Pensé, sin embargo, que al mismo tiempo pudiera excluir iglesias significativas de esa naturaleza, tal como la Iglesia Willow Creek Community de Bill Hybels, la Iglesia Saddleback Community de Rick Warren, la Iglesia Community of Joy de Walt Kallestad, la Iglesia Metodista Unida Memorial Frazier de Ed Mathison, y muchas otras.

Continúe creyendo que no debía usar el término «apostólico» hasta el día, a principios de 1996, en que recibí una copia previa a su publicación del libro de George Hunter *Church for the Unchurched* [Iglesia para los que no asisten a la iglesia] (Abingdon). En ese libro Hunter, para mi gran regocijo, ha escrito sobre estas mismas iglesias y las ha rotulado «congregaciones apostólicas». Llamé a mi buen amigo George por teléfono, y le agradecí por hacer este excelente estudio, y le dije que ahora que ya tenía el *imprimatur* del decano de la Escuela E. Stanley Jones de Misión y Evangelización Mundial del Seminario Teológico Ausbury, había decidido usar ese mismo término.

## ¿POR QUÉ «REFORMA»?

Un mes o algo así antes de recibir el libro de Hunter, había leído el libro de Lyle Schaller *The New Reformation* [La nueva reforma] (Abingdon). En él, Schaller describe lo que piensa que fueron los cuatro principales fracasos de su carrera como consultor eclesiástico que de otra manera hubiera sido brillante y distinguida.

El más serio de los cuatro fracasos, dice Schaller, pudiera atribuirse a «una combinación de (a) edad, (b) treinta y cinco años invertidos en consultas con congregaciones, (c) escrúpulos personales como denominacionalista, (d) excesivo optimismo en cuanto a la utilidad de los odres viejos, y (e) una tendencia natural a estudiar el árbol en lugar de ver el bosque». ¿Cuál fue el fracaso? Schaller confiesa: «Me concentraba en la renovación de lo viejo, y no vi que una reforma nueva del cristianismo estadounidense estaba en plena marcha».[2]

Como ya mencioné, el llamativo subtítulo del libro de Lyle Schaller es: *¡El mañana llegó ayer!*

Más que cualquiera otra cosa, esto me ayudó a decidir usar la palabra «reforma». Recibí confirmación adicional cuando Donald Miller dijo en otro libro posterior: «Creo que estamos presenciando una segunda reforma que está transformando la manera en que se experimentará el cristianismo en el nuevo milenio».[3] Se considera que la primera reforma fue la Reforma Protestante del siglo XVI. Como ya he mencionado previamente, ahora estamos presenciando el cambio más radical en el cristianismo mundial desde entonces, y no me sorprendería si el grado de cambios actuales resultaran ser por lo menos tan radicales como los de la Reforma Protestante.

*La reforma actual no es tanto una reforma de la* fe, *sino una reforma de la* práctica.

El cambio radical del siglo XVI fue mayormente teológico. La reforma actual no es tanto una reforma de la *fe* (los principios teológicos esenciales de la Reforma quedan intactos), sino una reforma de la *práctica*. Una diferencia principal fue que la reforma del siglo XVI vino en reacción a una iglesia corrupta y apóstata.

La reforma actual no es tanto en contra de la corrupción y apostasía como contra la irrelevancia. Es cierto que cambios importantes en la práctica tuvieron lugar en los siglos después de Martín Lutero y Juan Calvino, pero en su mayor parte tuvieron lugar en forma lenta porque en esos días la cultura cambiaba gradualmente. Dado el ritmo acelerado del cambio cultural que vemos en nuestra generación, sería de esperarse que los cambios en la vida de la iglesia también serán más rápidos y, en consecuencia, más radicales.

## ¿POR QUÉ «NUEVA»?

«Nueva» modifica tanto a «apostólica» como a «reforma». Ya he explicado por qué se ve a la reforma como «nueva». ¿Qué tal en cuanto a «apostólica»?

Se pudiera argüir, aun cuando no se debería recalcar demasiado, de que lo que está teniendo lugar hoy es un nuevo reflejo de la naturaleza apostólica de los primeros tres siglos de la iglesia. La publicación *NetFax* del 4 de septiembre de 1995 a la cual me referí anteriormente, sugiere que tal pudiera ser el caso porque divide el alcance de la historia de la iglesia en «el paradigma apostólico» (del primero al tercer siglo), «el paradigma de la cristiandad» (siglos cuarto a mediados del veinte) y «el nuevo paradigma apostólico» (fines del siglo veinte y siglo veintiuno).

Durante la era del paradigma de la cristiandad, sin embargo, varias iglesias adoptaron la designación de «apostólicas». Más adelante daré más detalles sobre esto, pero por el momento la Iglesia Católico Romana y la Iglesia de Inglaterra (Episcopal) son ejemplos familiares. El adjetivo «nuevo» también tiene la intención de distinguir lo que está ocurriendo hoy en movimientos más viejos, que pudieran ser vistos como movimientos apostólicos «viejos».

Quiero aclarar que no es mi papel dictarles a otros qué nombre deben usar para sus movimientos. Estoy usando «Nueva Reforma Apostólica» para mis cursos y mis libros, pero queda por verse cuál será el nombre permanente. Mientras tanto, veamos algunas otras alternativas.

## NOMBRES ALTERNOS

Desde que empecé esta investigación he examinado y rechazado más de 60 nombres posibles. Para la mayoría de ellos, tales como «iglesias en brote», «iglesias en botón», o «iglesias florecientes», la decisión para no usar el nombre sugerido fue fácil. Otros definitivamente tenían algún mérito y eran dignos de consideración. Voy a nombrar y hacer breves comentarios sobre ocho de ellos, porque cada comentario revelará importantes nociones sobre la naturaleza de estas nuevas iglesias apostólicas.

### 1. IGLESIAS POSDENOMINACIONALES

Menciono este en primer lugar porque en realidad lo usé y promoví en 1994 y 1995. Mi primer intento de escribir un artículo sobre el tema fue publicado en *Ministries Today* [Ministerios hoy] (julio/agosto de 1994) bajo el título: «Esas asombrosas iglesias posdenominacionales». El nombre tenía varias cualidades buenas, la menos importante de las cuales no es que es históricamente acertado. Es más, los dos historiadores de la facultad de nuestra Escuela de Misión Mundial Fuller, Paul Pierson y Pablo Deiros, insisten en que debemos continuar usándolo. Veo su punto, y por algunos meses lo defendí fuertemente; pero a la larga perdí la batalla por el término debido a dos razones.

Primera, el término no abarca (sin largas y engorrosas explicaciones) a las nuevas congregaciones apostólicas *dentro* de las denominaciones. En una reunión durante un almuerzo Jack Hayford, pastor de la iglesia cuadrangular de 9 000 miembros «The Church on the Way, en Vay Nuys, California, discutió ardorosamente cuando le describí mi selección de la expresión iglesia «posdenominacional». Me lanzó un reto directo, en presencia de otra media docena de líderes. Pensaba que el término *excluía* a pastores como él. Aun cuando defendí mi punto, él no pudo comprender cómo a su iglesia, leal a su denominación, podía catalogársela de tal manera.

Segunda, la palabra «postdenominacional» en realidad sonaba *peyorativa* a oídos de la mayoría de mis amigos ejecutivos denominacionales. Al principio pensé que podíamos acordar discrepar, pero resultó ser mucho más serio que eso. Después de recibir cartas con palabras fuertes de dos amigos (ambos ex-alumnos de Fuller), George Wood, secretario general de las Asambleas de Dios, y David Rambo, presidente de la Alianza Cristiana y Misionera, empecé a percatarme del peligro de introducir un término divisivo en el Cuerpo de Cristo, lo que no tenía intención de hacer. Así que descarté el término, y les envié disculpas a George Wood, David Rambo, Jack Hayford y otros.

## 2. IGLESIAS INDEPENDIENTES

A muchos ejecutivos denominacionales les encantaría llamar «independientes» a estas iglesias. Son, a decir verdad, más independientes que muchas otras iglesias, particularmente las nuevas iglesias apostólicas dentro de las denominaciones. Ya he mencionado cómo los ejecutivos de la Iglesia Reformada en los Estados Unidos casi ni podían aguantar a la Catedral de Cristal en los años setenta.

Irónicamente, los nuevos líderes apostólicos consideran peyorativo el término «independientes». No se consideran «llaneros solitarios» funcionalmente desconectados del Cuerpo de Cristo. Se consideran más bien *interdependientes.* Oí esto por primera vez en boca de Ed Delph en 1995, cuando dijo en una reunión: «Las iglesias deben abandonar su "declaración de la independencia" y hacer una "declaración de interdependencia"». Ningún nuevo líder apostólico que he encontrado discreparía.

Una notable excepción para esta preocupación por la nomenclatura son las Iglesias Africanas Independientes (AIC, por sus siglas en inglés). Son interdependientes igualmente, pero la AIC ha llegado a ser ahora un término técnico para distinguir a estas iglesias de las iglesias y misiones tradicionales, y la mayoría de líderes de iglesias y eruditos en ambos lados continúan hallando útil esta distinción.

## 3. IGLESIAS CARISMÁTICAS

Es una realidad que la mayoría de las iglesias apostólicas son lo que a los tradicionalistas les gustaría oírme caracterizar como «carismáticas». En algunas partes del mundo esto podría ser casi el cien por ciento. No tengo cifras empíricas para los Estados Unidos, pero mi observación es que alrededor del ochenta por ciento de las congregaciones apostólicas nuevas en esta nación son carismáticas y algo así como el veinte por ciento no lo son. Notables ejemplos de estas últimas son la Catedral de Cristal, la Iglesia Willow Creek Community y la Iglesia Community of Joy.

Pocos de los nuevos pastores denominacionales apostólicos, sin embargo, se catalogarían como «cesacionistas», arguyendo que algunos de los dones espirituales quedaron fuera de uso en la iglesia después de la conclusión de la era apostólica. Al mismo tiempo, no abrazarían el término «carismático».

Todavía más, soy de la opinión de que el adjetivo «carismático» tiene una vida promedio de unos tres a cinco años. Fue un término importante en los años setenta cuando los carismáticos tenían un complejo de inferioridad y luchaban por identidad. Este no es ya más el caso. Ciertos aspectos del estilo de vida carismático se están filtrando a las iglesias tradicionales de una manera cada vez más impresionante. La barreras están cayendo.

En respuesta a esto, por ejemplo, la Hermandad Carismática de Asia, dirigida por nuevos líderes apostólicos prominentes tales como Joseph Wongsak de Tailandia, Eddie Villanueva de las Filipinas y Dexter Low de Malasia, ha cambiando su nombre a «Cristo para Asia». El anuncio oficial del cambio indica: «CFA espera promover la unidad en el Cuerpo de Cristo por medio de líderes significativos que se unen en una manera relacional. Ha resultado bien para el grupo inicial de líderes de creencia carismática/pentecostal, pero el concilio ahora procura abarcar al Cuerpo de Cristo mayor, viendo los delineamientos carismáticos/pentecostales meramente como de utilidad pasada».[4]

Debe notarse también que en ciertas partes del mundo el término «carismático» es especialmente problemático. En América Latina, por ejemplo, el adjetivo «carismático» se ha aplicado mayormente a los católicos, y solo rara vez a los protestantes. Esto está cambiando, pero todavía confunde a muchos. En Australia la palabra «carismáticos» puede referirse a algunos que hablan en lenguas, pero que no necesariamente sostienen nociones evangélicas de la autoridad bíblica, la deidad de Cristo, el nacimiento virginal, la resurrección y otras doctrinas bíblicas. Por consiguiente, muchos evangélicos australianos prefieren el término «pentecostal» en lugar de «carismático».

## 4. IGLESIAS DE RESTAURACIÓN

Algunos nuevos líderes apostólicos, que tienen sus raíces en el Movimiento de la Lluvia Tardía, que emergieron después de la Segunda Guerra mundial, gustan de referirse a sus iglesias como iglesias de «restauración». La implicación es que están restaurando el verdadero cristianismo bíblico por primera vez desde los días del Nuevo Testamento.

En una escala más amplia, sin embargo, la mayoría de líderes de las iglesias actuales asociarían el término «movimiento de restauración» con las innovaciones iniciadas en el presbiterianismo fronterizo por Barton Stone en la campaña de Cane Ridge y Alejandro Campbell en Pensilvania occidental a principios del siglo XIX. Denominaciones actuales tales como los Discípulos de Cristo, Iglesias Cristianas y las Iglesias de Cristo pueden trazar sus orígenes a este movimiento de restauración, y los historiadores del cristianismo los considerarían los dueños originales de esa marca, por así decirlo.

### 5. IGLESIAS AUTÓCTONAS

Este es un buen término acuñado por Mike Berg y Paul Pretiz en su libro *Spontaneous Combustion: Grass-Roots Christianity, Latin America Style* [Combustión espontánea: Cristianismo autóctono, estilo latinoamericano] (William Carey Library). Sería particularmente útil para las iglesias nativas del Tercer Mundo que lo han hecho brotar en lo que solía llamarse el «campo misionero». Tal vez no sería tan útil, sin embargo, para las nuevas iglesias apostólicas en las naciones occidentales que tradicionalmente envían misioneros. Irónicamente, es casi imposible traducir el término al español o al portugués.

### 6. IGLESIAS NEODENOMINACIONALES

Dan Simpson de la oficina de educación continua del Seminario Fuller sostiene tesoneramente la idea de llamar a estas iglesias «neodenominacionales». Afirma: «¿Qué tal si definiéramos una denominación como un *movimiento, compañerismo, asociación, red,* o *familia de iglesias de pensamiento similar* o *de fe parecida?* Entonces podríamos comprender este movimiento nuevo, no como un rechazo a las denominaciones, ¡sino como un endoso de ellas! El neodenominacionalismo es un abrazar de los conceptos que han hecho de las denominaciones una parte central del Cristianismo por siglos: fuerza en números, poder en la cooperación, edificación en compañerismo, seguridad para rendir cuentas, eficacia en colaboración, y fruto en la relación».[5] ¡Buen punto!

### 7. IGLESIAS DE NUEVO PARADIGMA

Donald Miller de la Universidad del Sur de California condujo durante tres años un proyecto intensivo de investigación de nuevas iglesias apostólicas selectas. Su libro *Reinventing American Protestantism* (University of California Press) es el primer libro que estudia profundamente tales iglesias. El término que seleccionó es «iglesias de nuevo paradigma». Miller dice: «Una revolución sutil está transformando el rostro del protestantismo. Mientras muchas iglesias denominacionales de corriente tradicional están perdiendo miembros, la asistencia global a la iglesia en Norte América no está declinando. Un nuevo estilo de Cristianismo está amaneciendo en los Estados Unidos, y hasta cierto punto en todo el mundo. Estas "iglesias de nuevo paradigma" como yo las llamo, están cambiando la manera en que se ve el Cristianismo y se lo practica».[6]

### 8. LA PRÓXIMA IGLESIA

En 1996 *Atlantic Monthly* publicó un artículo fascinante de Charles Trueheart, titulado «La próxima iglesia». Fue significativo que esa respetada publicación secular, altamente considerada por su periodismo responsable, mostrara también interés en este nuevo fenómeno. Así es como Trueheart empieza:

> No pináculos. No cruces. No hábitos. No cuellos de clérigos. No bancas duras. No reclinatorios. No verbosidad bíblica. No rutina de rezos. No fuego ni azufre. No órganos de tubos. No aburridos himnos del siglo dieciocho. No solemnidad forzada. No aristocracia dominical. No platos para colectas.
>
> La lista tiene asteriscos y excepciones, pero su significado es claro. Siglos de tradición europea y hábito cristiano están siendo abandonados deliberadamente, despejando el camino para formas nuevas y contemporáneas de adoración y de pertenencia. La próxima iglesia, como se podría llamar a las congregaciones independientes y emprendedoras que están adoptando estas nuevas formas, está atrayendo a mucha gente.[7]

## «APOSTÓLICA» NO ES UNA ETIQUETA NUEVA

Como ya he dicho, una de las razones por las que uso «nueva» para modificar a «apostólica» es distinguir a estas iglesias de otras que han usado el término «apostólica» a través de los años. Algunos teólogos en realidad definen a la verdadera iglesia como «una, santa, católica y apostólica». El nombre oficial de la Iglesia Católica, por ejemplo, es «la Santa Iglesia Católica Apostólica Romana».

A principios del siglo XIX empezó en Inglaterra un movimiento llamado «la Nueva Iglesia Apostólica», encabezada por Edward Irving y otros, pero que subsecuentemente creció más en Alemania que en el Reino Unido. Frederick Burklin dice: «A la larga, a doce hombres se les declaró apóstoles y se les ordenó solemnemente para ese ministerio el 14 de julio de 1835, en Londres. El propósito de estos profetas y apóstoles era unir a la iglesia dividida según el modelo establecido por Pablo en el Nuevo Testamento».[8] La iglesia observa una doctrina más bien ortodoxa, pero tiende a mantener su distancia del resto del Cuerpo de Cristo. El grupo tiene alrededor de 500 000 afiliados, mayormente en Alemania.

Una fuerte denominación en Australia y Nueva Zelandia es la Iglesia Apostólica, que empezó hace casi 100 años como producto del avivamiento galés. Amigos tales como Don Lake y Rex Meehan me dicen que la Iglesia Apostólica Neozelandeza ha estado entre las denominaciones que más rápido crecen en Nueva Zelandia desde hace algún tiempo.

El Avivamiento de la calle Azuza empezó en 1906 en la Misión de la calle Azuza en Los Ángeles, cuyo nombre real era «Misión Evangélica de la Fe Apostólica». Este se derivó del movimiento empezado por Charles Parham en Topeka, Kansas, en 1901, al que llamó el Movimiento de la Fe Apostólica.

Entre las Iglesias Africanas Independientes, la palabra «apostólica» aparece muchas veces en los nombres de varios grupos. Con toda probabilidad a la mayoría de estas iglesias africanas se les podría considerar una parte de la reforma apostólica *nueva*, antes que iglesias apostólicas *viejas*. Después de describirlas, Harvey Cox dice: «Al presente ritmo de crecimiento, para el año 2000 estas iglesias incluirán más miembros en África que la Iglesia Católico Romana y todas las denominaciones protestantes unidas».[9]

*The Yearbook of American and Canadian Churches* [Anuario de iglesias estadounidenses y canadienses] (Abingdon) incluye en su lista nueve denominaciones actuales que usan la palabra «apostólica» en su título oficial. Una muestra de estos nombres: Santa Iglesia de Dios Apostólica Vencedora, Inc.; Organización Nacional de la Nueva iglesia Apostólica de Norte América; Iglesias Cristianas Apostólicas de los Estados Unidos; Iglesia de Nuestro Señor Jesucristso de la Fe Apostólica, Inc.; Iglesia Apostólica Católica Asiria.

## TRES MATICES IMPORTANTES DE «APOSTÓLICO»

Una de las preguntas que se me hacen con mayor frecuencia es el significado que le doy al término «apostólico». A mi modo de ver, hay tres importante matices del término, todos los cuales se aplican a la Nueva Reforma Apostólica.

### 1. CRISTIANISMO DEL NUEVO TESTAMENTO

Hablar del «cristianismo apostólico» trae a nuestras mentes los días de los doce apóstoles. Por ejemplo, los reformadores del siglo XVI usaron «apostólico» para distanciarse de la Iglesia Católico Romana y para afirmar su doctrina de la *sola scriptura,* queriendo decir que la Biblia, escrita o autorizada por los doce apóstoles, era nuestra única y final autoridad de fe y práctica.

Los primeros pentecostales usaron «apostólico» para describir lo que consideraban era una restauración de la fe apostólica después de que el cristianismo presumiblemente la había abandonado por 1 800 años. Algunos de ellos tal vez hayan ido demasiado lejos y se les ha criticado por eso. Charles Nienkirchen dice: «Los pentecostales que se interesaron por restaurar los poderes sobrenaturales de sus predecesores apostólicos del primer siglo tendían a reducir la historia a una edad apostólica entonces, y su plena restauración ahora. Esto resultó en ahistoricismo, exclusivismo y sectarismo».[10]

He notado algo de este restauracionismo ahistórico entre actuales nuevos líderes apostólicos, pero no en lo que yo juzgaría una cantidad significativa. Incluso así, mi observación es que colectivamente estas nuevas iglesias apostólicas reflejan más de cerca el estilo del Nuevo Testamento de lo que lo reflejan las iglesias más tradicionales. En su mayor parte los principios del Nuevo Testamento se contextualizan hábilmente en la cultura contemporánea.

---

*Las iglesias apostólicas, por naturaleza, dan alta prioridad a alcanzar eficazmente a los que no asisten a la iglesia.*

---

## 2. PRIORIDAD PARA ALCANZAR A LA POBLACIÓN PRECRISTIANA

El significado de la raíz del vocablo griego *apóstolos* es uno enviado con una comisión. Las iglesias apostólicas, por naturaleza, dan alta prioridad a alcanzar eficazmente a los que no asisten a la iglesia. Esto es lo que George Hunter tenía en mente cuando escogió rotular a ciertas iglesias como «iglesias apostólicas».

Hunter elabora esto diciendo lo siguiente:

> Enmarco lo distintivo de las «congregaciones apostólicas» dentro de estos lineamientos: (1) Su principal interés, casi hasta la obsesión, es alcanzar y discipular a los perdidos. (2) Como los antiguos apóstoles y las iglesias que sembraron, estudian, hacen un perfil y enfocan una población distinta, mayormente no discipulada, y no meramente a individuos perdidos. (3) Para alcanzar a esa población adaptan su música, lenguaje, liturgia, estilo de liderazgo, etc., para que encaje con la cultura de la población. (4) Tienen una visión distinta (apostólica) de lo que la gente, como discípulos, puede llegar a ser. (5) Se les impulsa a experimentar, y experimentan, crecimiento substancial de conversión del mundo.[11]

### 3. EL DON Y OFICIO DE APÓSTOL

Reconocer el oficio neotestamentario de apóstol como vivo y coleando en las iglesias de hoy es el salto más grande con que se enfrentarán muchos de los lectores de este libro. De todas las diferencias entre las nuevas iglesias apostólicas y las iglesias protestantes tradicionales, esta, me parece, es la más radical. No diré mucho más aquí, pero trataré del tema en detalle en el capítulo 5: «Cinco preguntas cruciales sobre el ministerio apostólico».

## CREATIVIDAD INFINITA: NOMBRES DE IGLESIAS Y REDES

La regla para poner nombre a las iglesias locales y redes apostólicas ¡parece ser *una creatividad infinita!* Me hallaba en las Filipinas en 1994 para una conferencia sobre la guerra espiritual, auspiciada por la Iglesia Jesús es el Señor. Asistieron alrededor de 1 000 líderes, representando a 63 iglesias o denominaciones. Cuando me dieron una copia de la lista con los 63 nombres, me asombré. Solo 4 de ellos eran nombres que reconocerían el evangélico promedio.

Esta es una pequeña muestra de otros nombres: Caridad y Fe, Cristo la Piedra Viva, Rebaño de Dios, Casa de Alabanza y Adoración, Jesús Conquista, Jesús el Pan de Vida, Señor de Gloria, Salmos de Dios, Sal y Luz, Voz del Señor. Cuando comenté sobre esto, se me dijo que otra iglesia filipina que no estaba presente se llamaba Iglesia del Cuerpo Caliente de Jesús.

Observe algunos de los nombres en los Estados Unidos: Viña de Compañerismo Cristiano (fundado por John Wimber), Catedral de Fe (Kenny Foremann), Compañerismo Fuentes de Cosecha (Dutch Sheets), Tabernáculo Brooklyn (Jim Cymbala), Iglesia Comunidad de Alegría (Walt Kallestad y Catedral de Cristal (Robert Schuller).

En Inglaterra usted encontrará Ictus (Roger Forster), Pionera (Gerald Coates), Iglesia de Fe del Reino (Colin Urquhart).

En Alemania encontrará la Iglesia Cristiana de Colonia (Terry Jones); en Kenya, Cueva de Oración (Thomas Muthee); en Nigeria, Iglesia Bíblica de la Vida Más Profunda (William Kumuyi) y Capilla El Vive (Austin Ukachi). En Tailandia encontrará Esperanza de Bangkok (Joseh Wongsak); en Malasia, Iglesia de la Lluvia Tardía (Dexter Low). En Brasil, Iglesia del Nuevo Nacimiento (Esteban Hernández); en Guatemala, Iglesia El Shaddai (Harold Caballeros); y en Colombia, Misión Carismática Internacional (César Castellanos).

## ¿CUÁL ES EL TAMAÑO DE ESTE MOVIMIENTO?

En el capítulo anterior expliqué lo difícil que es hacer un conteo exacto de la Nueva Reforma Apostólica. Al momento es solamente semivisible. Lo que podemos observar puede ser tan solo la punta del témpano. En 1996 David Barrett, editor de *World Christian Encyclopedia* [Enciclopedia cristiana mundial] me dijo que tenía 1 000 redes apostólicas en su banco de datos, y que calcularía en ese momento considerablemente más de 100 millones de nuevos seguidores apostólicos en todo el mundo. Más adelante me escribió, y dijo: «Cada vez que hago un conteo estadístico aproximado de este movimiento parece ser más y más grande. ¡Estamos seguros que quedaremos sorprendidos sin saber qué hacer en los próximos meses!»

En Brasil, la iglesia que más rápido creció durante los últimos años ha sido la Iglesia Universal del Reino de Dios, dirigida por Edir Macedo. Su número asciende a más de 3 millones. En Europa, las tres iglesias más grandes son las que siguen:

1. Iglesia Manna en Lisboa, Portugal, dirigida por Jorge Tadeu. La iglesia central, de 25 000 miembros, ha sembrado 22 nuevas iglesias en Portugal desde que empezó en 1985, y ahora tiene una membresía total de 75 000 personas.
2. Templo Kensington en Londres, pastoreada por Co-

lin Dye. Personas de 110 grupos étnicos conforman su membresía de 6 000 en total.

3. Iglesia Fe en Budapest, Hungría, pastoreada por Sandor Nemeth. Tiene 4 500 miembros, pero una congregación total de 15 000 personas.

El pastor E. A. Adeboye, exprofesor de hidrodinámica dirige la red Iglesia Redimida de Dios en Nigeria. En el kilómetro 46 de la autopista Lagos-Ibadán, Adeboye ha edificado un edificio de pilares y techo, con paredes abiertas, que mide un kilómetro de largo por medio kilómetro de ancho. Cada primer viernes del mes, una multitud de 500 000 se reúne para una «¡Noche del Espíritu Santo!» desde el anochecer hasta el amanecer.

La Iglesia Ondas de Amor y Paz de Buenos Aires, que calcula que tiene alrededor de 150 000 miembros, compró un teatro de 2 500 asientos como edificio para su iglesia, y cinco días a la semana celebra cultos 18 horas al día. Los fines de semana celebran cultos 23 horas al día, cerrando solo desde las 12 de la medianoche hasta la 1 de la mañana, para hacer la limpieza. Poco antes de cada culto las multitudes que esperan afuera llenan las veredas e interrumpen parcialmente el tráfico en la calle.

La Misión Carismática Internacional de César Castellanos en Bogotá, Colombia, terminó en 1996 teniendo 10 000 grupos células hogareñas. Su meta para fines de 1997 era tener 30 000 grupos. Sin embargo, a principios de 1997 César y su esposa Claudia, fueron ametrallados por terroristas que querían matar al pastor de la iglesia más grande de la nación. César recibió cuatro balas y Claudia tres, y tuvieron que pasar varios meses en Houston recibiendo tratamiento. ¿Qué, de los grupos de células hogareñas? La infraestructura había sido colocada con tanto cuidado que alcanzaron las 30 000 células proyectadas.

Podría seguir y seguir, pero solo quería dejar anotadas unas pocas de estas cantidades porque en el pasado no podíamos citar cifras de esta magnitud al informar sobre el crecimiento tradicional de la iglesia. David Martin, sociólogo, escribió un artículo interesante en *The National Review*, titulado «Revolución del mundo de Wesley». Dice lo siguiente:

> Por los pasados treinta años o algo así el mapa religioso del mundo ha cambiado dramáticamente. En el Oeste desarrollado el establecimiento religioso liberal ha visto su feligresía reducirse en relación a los evangélicos conservadores. En el Tercer Mundo, la porción del Concilio Mundial de Iglesias en cuanto a membresía se ha reducido, y un cristianismo proteico nativo ha emergido indiferente a la intelectualidad teológica occidental. Con mayor frecuencia de lo que parece, este es un cambio hacia la fe pentecostal en los dones del Espíritu Santo: sanidad, lenguas, exorcismo, profecía, santidad. Globalmente tal vez unos 250 millones de personas están involucradas.[12]

## EL CUADRO COMPLETO

La investigación sobre la Nueva Reforma Apostólica apenas está empezando. Muchos líderes cristianos todavía no tienen ni siquiera idea de que este movimiento existe. Algunos tienen estereotipos que lo relegan a los límites lunáticos del cristianismo. Es incluso amenazador para algunos debido a las diferencias radicales en estilo, que contrastan con los de las iglesias tradicionales que la mayoría de nosotros hemos conocido.

Un erudito tradicional, Wilbert Shenk, misionólogo menonita, se halla entre los primeros en emitir un llamado a despertarse para los que todavía tal vez estén durmiendo durante esta revolución. Dice que debemos tener ahora nuestras mentes abiertas a lo que está ocurriendo realmente. «Debemos ir más allá del marco del trabajo convencional, que está gobernado por la presuposición de que lo que ocurrió en el curso del cristianismo occidental es universalmente normativo para la historia cristiana».[13]

Parte de nuestra arrogancia occidental innata tiende a evaluar cualquier cosa que ocurra usando nuestro propio conjunto de experiencias y nuestra propia escala de valores como criterio. Esto debe cambiar, y cambiará. Yo quiero estar entre los que aplauden cualquier cosa que el Espíritu Santo hace, aun cuando sea radicalmente diferente de lo que pienso que debe hacerse.

El resto de este libro es esencialmente una descripción y análisis de las características de la Nueva Reforma Apostólica. Cada capítulo detallará algunas. Antes de que entremos en esas descripciones, sin embargo, quiero proyectar el cuadro completo y mostrar algunas conclusiones globales de personas bien conocidas que han estado investigando el movimiento. Una cosa que será obvia es cuánta superposición hay en las varias listas de características. Esto es reconfortante, porque mediante eso sabemos que estamos observando muchas de las mismas cosas y que incluso en esta etapa temprana está surgiendo un consenso.

Donald Miller de la Universidad del Sur de California en Los Ángeles realizó un estudio de la Iglesia Vineyard, Capilla Calvario y Capilla Esperanza, informando sus hallazgos en *Reinventing American Protestantism*. En ese libro menciona doce características de lo que llama «iglesias de nuevo paradigma»:

1. Se iniciaron después de mediados de los años sesenta.
2. La mayoría de los miembros de la congregación nacieron después de 1945.
3. La preparación en el seminario para el clero es opcional.
4. La adoración es contemporánea.
5. El liderazgo laico es altamente valorado.
6. Tienen extensos grupos pequeños de ministerios.
7. El clero y los feligreses por lo general visten informalmente.
8. Se valora mucho la tolerancia en los diferentes estilos personales.

9. Los pastores tienden a restarse importancia, ser humildes y descubrirse.
10. La participación corporal en la adoración, antes que meramente cognoscitiva, es la norma.
11. Se afirman los «dones del Espíritu Santo».
12. La enseñanza centrada en la Biblia predomina por sobre el sermonear sobre temas.

Miller sigue diciendo: «Abarcando todas estas características hay un espíritu de gozo y celebración que contrasta fuertemente con la tradición protestante más severa (especialmente puritana)».[14]

George G. Hunter III del Seminario Teológico Ausbury en Wilmore, Kentucky, establece lo que llama «diez rasgos de las congregaciones apostólicas»:

1. Fuerte contenido bíblico.
2. Fervor en la oración.
3. Compasión por los perdidos.
4. Obedientes a la Gran Comisión.
5. Visión por lo que las personas pueden llegar a ser.
6. Adaptación cultural acorde a la población.
7. Grupos pequeños.
8. Ministerios laicos fuertes.
9. Cada miembro y cada simpatizante recibe atención pastoral regular, de un laico.
10. Muchos ministerios para los que no asisten a la iglesia.[15]

Elmer L. Towns de la Universidad Liberty en Lynchburg, Virginia, considera las siguientes ocho características como significativas en las nuevas iglesias apostólicas:

1. Tamaño grande.
2. Sentimiento familiar, pero no exclusivo.
3. Cruce de clases socioeconómicas.
4. Dirigidas por pastores-líderes «carismáticos».

5. Congregación tanto independiente como interdependiente.
6. Refleja una inclinación teológica al Nuevo Testamento.
7. Pasión por el derramamiento del Espíritu de Dios.
8. Vinculada por la metodología, no por teología.[16]

C. Peter Wagner del Seminario Teológico Fuller en Pasadena, California. Esta es mi lista de las nueve características destacadas de la Nueva Reforma Apostólica:

1. Nuevo nombre.
2. Nueva estructura de autoridad.
3. Nueva preparación de liderazgo.
4. Nuevo enfoque del ministerio.
5. Nuevo estilo de adoración.
6. Nuevas formas de oración.
7. Nuevas finanzas.
8. Nuevo alcance.
9. Nuevas prioridades de poder.[17]

## DE LO VIEJO A LO NUEVO

Para la mayoría de los lectores, incluyéndome a mí, nuestro punto de referencia para el enfoque de este libro es el cristianismo tradicional. He hecho una lista de veinte de nuestros énfasis tradicionales, y he contrastado cada uno con la contraparte que estamos observando en la Nueva Reforma Apostólica. Es verdad que estas son solo palabras y frases, pero unos pocos momentos de meditación en cuanto a las implicaciones de cada una podría ser tiempo bien invertido para prepararse para el resto del libro;

- De *Cristo como Salvador* a *Jesús como Señor.*
- De *Jesús el Cordero* a *Jesús el León.*

- De la *cruz* a la *corona.*
- De la *justificación* a la *santificación.*
- De salvo *de la muerte* a salvo *para la vida.*
- Del bautismo *en agua* al bautismo *en el Espíritu.*
- De *vivir en el desierto* a *cruzar el Jordán.*
- De *decir oraciones* a *orar en el Espíritu.*
- De *negar o temer el mal* a *hacer la guerra espiritual.*
- De *asesorar* a *liberar.*
- De *preparación* a *unción.*
- De *culpa por los pecados* a *victoria sobre los pecados.*
- De *liturgia* a *espontaneidad.*
- De cantar *en el coro* a cantar *en el Espíritu.*
- De *órgano de tubos* a *teclado.*
- De *himnos* a *cantos de alabanza y adoración.*
- De *personal del ministerio* a *ministerio del cuerpo.*
- De *predecir* a *profetizar.*
- De *contar* a *mostrar.*
- De *ver y oír* a *discernir.*[18]

CAPÍTULO TRES

# Iglesias impulsadas por visión y valores

Los nuevos líderes apostólicos viven en el futuro.

Recuerdo claramente una conversación que sostuve en 1996 con un nuevo pastor apostólico. En cierto punto le pregunté: «¿Cuántos grupos de células en hogares tienen ustedes?»

¿Su respuesta? «¡En el año 2000 tendremos 600!»

Pareció que para él no hacía ninguna diferencia el no responder a mi pregunta. El número de grupos de células que tenía en 1996 no tenía ninguna consecuencia para él. Consideraba esos 600 grupos o células, cuatro años en el futuro, como reales. ¡Existían! Para él era la realidad más significativa del momento.

Un poco después, al pensar de nuevo en la conversación, me quedé perplejo y un poco abochornado al darme cuenta de que nunca supe cuántos grupos de células en hogares tenía en ese tiempo. Fue una buena lección respecto a la fuerza impulsora del futuro en el nuevo pensamiento apostólico. Mirémoslo más de cerca.

## LA FUERZA IMPULSORA DEL FUTURO

Mi amigo John Maxwell me dijo hace un tiempo que debería leer el libro *Go for the Magic* [Persigue lo mágico] escrito por Pat Williams, gerente general del equipo profesional de baloncesto Orlando Magic. Me alegro de haberlo leído. La filosofía de Williams me ayudó a comprender por qué el número de grupos de células en el futuro es más impulsor para mi amigo pastor que el número presente de células.

Pat Williams dice: «Todos tenemos tres bloques de tiempo en nuestras vidas: *Ayer, hoy* y *mañana.* Estos tres bloques de tiempo están allí para que todos nosotros los tomemos y usemos como nos parezca ... Todo el mundo recibe sesenta segundos por minuto, sesenta minutos por hora, veinticuatro horas al día, ni más ni menos. Estoy convencido de que el secreto que les permite a algunas personas sobresalir de la manada es *la manera en que escogen tratar con esos tres bloques de tiempo*».[1]

El pensamiento de Williams nivela el terreno. No sé a cuántos perdedores les he oído decir: «Ojalá tuviera tiempo para hacer lo que Fulano de Tal hace». Siempre quiero responderles que la verdad del asunto es que: Usted *tiene* el tiempo. Usted sencillamente prefiere usarlo de una manera diferente.

Escuche lo que Williams dice en cuanto al pasado: «Debemos echar un vistazo realista al ayer. Ayer es un cheque cancelado. No podemos recuperarlo. Como lo dijo el gran humorista Will Rogers: "No dejes que el ayer tome demasiado del hoy". No queremos olvidar el pasado, porque allí es donde hallamos las lecciones para hoy. Pero tampoco queremos quedarnos atascados en el pasado».[2] No podría concordar más.

## CÓMO LOS NUEVOS LÍDERES APOSTÓLICOS ENFOCAN SU MENTE

Los líderes de las iglesias tradicionales empiezan con el presente y entonces miran el pasado. Los nuevos líderes apostólicos empiezan con el futuro y entonces miran el presente. La mayoría de las denominaciones están *impulsadas por la herencia.* La mayoría de las redes apostólicas están *impulsadas por la visión.* La diferencia es enorme.

Los líderes tradicionales suspiran por el pasado, viven en el presente, y temen el futuro. Los nuevos líderes apostólicos aprecian el pasado, viven en el presente y anhelan el futuro. Pat Williams dice: «El ayer moldea lo que somos hoy, así como lo que hacemos hoy moldea lo que seremos mañana. Mírelo de esta manera: La vida es como conducir un coche. Es sabio mirar el espejo retrovisor de vez en cuando, pero el espejo retrovisor está allí solo para que le echemos un vistazo, no para que fijemos nuestra vista en él. Fijar la vista en el punto en donde ha estado le conducirá tan solo al barranco».[3]

La manera en que los pastores y otros líderes de la iglesia deciden enfocar su mente afectará profundamente sus actitudes personales, lo que a su vez afectará las decisiones diarias y las prioridades del ministerio. Por ejemplo, los que escogen concentrarse en el pasado son en su en su mayoría *reactivos,* rápidamente ven obstáculos y tienen baja tolerancia al riesgo. Los que escogen enfocar el futuro son con mayor probabilidad *proactivos*, viendo rápidamente las oportunidades y con una alta tolerancia al riesgo.

## LOS QUE MANTIENEN LA ZONA DE COMODIDAD

Por más de un cuarto de siglo he estado enseñando a pastores. Mi base es un seminario teológico de buen prestigio, aun cuando enseño a igual número o a más pastores en conferencias y seminarios en toda la nación y en varias partes del mundo. La vasta mayoría de pastores en todos los estados, y en muchos otros países se han establecido en una zona de comodidad. El presente y el pasado moldea sus vidas diarias. El futuro es vago, nebuloso e inseguro.

Cuando estuve hace poco en Inglaterra conocí a un pastor anglicano, Kerry Thorpe, pastor principal en Holy Trinity, Margate. Me dio un ejemplar de su libro *Doing Thing Differently* [Haciendo las cosas en forma diferente], en el cual hace un sumario, mejor que cualquier otro que yo haya visto, de los valores distintivos de los devotos de la zona de comodidad. Al mirarlos me di cuenta de que estos valores son exactamente lo que muchos pastores han aprendido en el seminario, incluyendo el mío.

Las siguientes son algunas de las cosas que hemos estado enseñando a los pastores como principales directrices para el ministerio:

1. EL MEDIO MODERADO. Thorpe dice: «El camino medio tiene un atractivo que sugiere evitar los extremos».[4] Al pensar en esto usted tiene que preguntarse a dónde habría ido el cristianismo del primer siglo si Jesús y los apóstoles habrían determinado evitar los extremos y quedarse en el medio confortable. Allí es donde no solo están la mayoría de los pastores y ejecutivos denominacionales que conozco, sino que es también donde *quieren estar*.
2. EVITAR LA OFENSA. Muchos líderes de iglesias harán todo lo que puedan por evitar la crítica. Kerry Thorpe dice: «Muchos de nosotros, por razones sicológicas, hemos invertido profundamente en que otros gusten de nosotros. Nos importa recibir aprobación. Creamos una atmósfera en la cual se considera de mal gusto hablar de asuntos que pudieran ser controversiales».[5]
3. PRESERVAR LA UNIDAD. La unidad llega a ser un fin en sí misma, y empezamos a esforzarnos por la unidad por amor a la unidad. Cuando el deseo de tener a todo el mundo contento moldea nuestro planeamiento y prioridades, tendemos a deslizarnos en una situación del menor común denominador sencillo y claro, que preserva con eficacia el status quo y sofoca el potencial para el crecimiento.
4. VALORAR LO NORMAL. Es mejor ser normal que anormal. ¿Qué es lo normal? La manera en que hemos hecho las cosas en el pasado. El cambio es una amenaza a la estabilidad de la zona de comodidad, por consiguiente, es algo de lo cual debemos tener al menos suspicacia y evitarlo en todo lo posible.
5. GRADUALISMO. Si, por casualidad, el cambio llega a

ser inevitable, entonces el *ritmo* de crecimiento se debe mantener bajo estricto control. Thorpe dice: «Hay otro mito profundamente respetado, que los mejores cambios ocurren lentamente».[6] No *saltemos* al futuro; *avancemos suavemente* al futuro. Esto me recuerda lo que mis amigos ancianos dijeron: «Mi objetivo es envejecer todo lo que pueda tan lentamente como me sea posible».

---

*John Maxwell dice: «Los perdedores añoran el pasado y se atascan en él. Los ganadores aprenden del pasado y lo dejan irse».*

---

Oí una vez a John Maxwell resumirlo en uno de sus inolvidables proverbios contemporáneos: «Los perdedores añoran el pasado y se atascan en él. Los ganadores aprenden del pasado y lo dejan irse». Los nuevos líderes apostólicos guardarán esto en su agencia bancaria.

## LA FE Y EL FUTURO

Necesitamos fe si vamos a ser todo lo que Dios quiere que seamos. La Biblia dice: «Sin fe es imposible agradar a Dios» (Heb 11.6).

¿De qué fe está hablando aquí el autor de Hebreos? «Es, pues, la fe la certeza de lo que se espera» (Heb 11.1). Tenga presente que nada pasado o presente se espera; solo se espera el futuro. La fe de la que leemos en Hebreos 11 no es para el ayer o el hoy; es para el mañana. Es la fe que Noé tuvo cuando construyó el arca en tierra seca. Opera cuando ponemos *substancia* en el futuro.

Uno que pudo poner substancia en el futuro tanto como cualquier otro fue Walt Disney. Pat Williams cuenta esta historia reveladora: «Walt Disney no vivió para caminar por la Calle Principal en su nuevo Reino Mágico o deambular de pabellón en pabellón en el Centro Epcot. Murió en 1965, casi cinco años antes de que se abriera Walt Disney World. El día en que se abrió ese parque en la Florida, alguien le comentó a Mike Vance, director creativo de los Estudios Walt Disney: "¿No es una lástima que Walt Disney no vivió para ver esto?"

»"Lo vio", contestó Vance sencillamente. "Por eso es que esto está aquí"».[7]

Me gusta lo que Ed Delph dice respecto a los pastores y líderes de la nueva iglesia apostólica: «La mayoría de ellos sienten que han sido llamados a *apoderarse del territorio* y no a *resguardar el territorio*». John Richardson decía: «Cuando se trata del futuro, hay tres clases de personas: los que dejan que ocurra, los que hacen que ocurra, y los que se preguntan qué ocurrió».[8]

## EL SACRIFICIO DE UNA VACA SAGRADA

Michael Regele, presidente de Percept, una firma de investigación avanzada geodemográfica que sirve a iglesias de toda clase, es nombre bien conocido entre los ejecutivos denominacionales. Su deseo es que las denominaciones continúen jugando un papel vital en el futuro del cristianismo estadounidense. Regele es un investigador que no dora la píldora. Se percata de que varias cosas, a las que llama «vacas sagradas», tendrán que cambiar para que las denominaciones sigan siendo viables.

Una de las vacas sagradas a que se refiere es: «¿Qué es lo que más importa en nuestra tradición?» Regele comenta: «Decir que la tradición de uno importa es parte de la identidad de uno. Sin embargo, cuando nuestra tradición histórica se convierte en una barrera para encontrar sentido en nuestra sociedad contemporánea, entonces tenemos la fórmula para la extinción».[9] Con mayor frecuencia de lo que se piensa, en lugar de ser un *impulsor de la fe,* la tradición se ha convertido en un *obstáculo para la fe.*

## EL OTRO LADO DEL ANHELO DE AVIVAMIENTO

Esto presenta el otro lado de las llamadas que frecuentemente oímos por «avivamiento». Me doy cuenta de que palabras de precaución respecto a los anhelos de «avivamiento» son parecidos a insultar a mamá y el pastel de manzana. Como sabrán los que han leído mi libro *The Rising Revival* (Regal Books), deseo el gran derramamiento del Espíritu de Dios sobre nuestra nación y el mundo tanto como cualquiera que conozco. Sin embargo, mucho del pensamiento actual sobre el avivamiento está demasiado encadenado al ayer, por lo menos en mi opinión.

Mucho de lo que se dice en cuanto al avivamiento y que oigo tiende a ser nostálgico, enfocando hacia atrás a la Calle Azusa o el Avivamiento Galés, o lo que ocurrió bajo Jonatán Edwards o Carlos Finney. La verdad es que muchos fuegos de avivamiento están siendo encendidos por testimonios de lo que el Espíritu Santo está haciendo *hoy,* pero pocos, si acaso, han sido encendidos al contemplar y volver a contar lo que ocurrió *ayer.*

Hablando de Jonatán Edwards, sería más aconsejable intentar aplicar sus *principios* hoy antes que tratar de imitar sus *procedimientos.* Jonatán Edwars no miró al pasado en busca de visión. Más bien, defendió lo que llamó la «luz nueva», para desmayo de sus detractores que preferían el status quo. La visión de Edwards se dirigía consistentemente hacia el futuro.

Por ejemplo, en el capítulo uno mencioné cómo la tasa de crecimiento de las Asambleas de Dios se redujo en los años noventa, que estaba proyectada como la «década de la cosecha». Esta es la manera en que la denominación escogió informar el progreso a su feligresía a mediados de la década, en 1995: «La Fuerza de Trabajo de Cosecha, en su primera reunión bajo la nueva estructura de liderazgo, emitió una clarinada a "moldear de nuevo y volver a enfocar la cosecha". Directivas específicas incluyen (1) Un llamado espiritual a volver al avivamiento ... Mientras que las metas numéricas pueden servir como medida de progreso, el énfasis debe volver a lo básico».[10]

Nótese cómo el lenguaje de este informe enfoca el ayer:

«Moldear de nuevo», «volver a enfocar», «avivamiento», «volver». Las palabras escogidas implican instaurar de nuevo algo del pasado. «Avivamiento» implica traer algo de nuevo a la vida. ¿Cuál vida? La vida del pasado. Obviamente se necesita ayuda. ¿De dónde vendrá esta ayuda? ¡Del pasado! Esta clase de apelación es extremadamente común donde la evangelización se reduce. Por otro lado, cuando la evangelización es poderosa, cuando el salvar almas es de suma importancia, sencillamente no se oye esta clase de lenguaje de parte de líderes de iglesias que crecen y de redes apostólicas.

## EL CALLEJÓN SIN SALIDA LLAMADO «RENOVACIÓN»

Los esfuerzos hacia la renovación han acabado con mayor frecuencia de lo que se piensa en un callejón sin salida. A pesar de décadas hablando sobre la «renovación», los informes documentados de las denominaciones que en realidad se han renovado son pocos y escasos. He visto solo una, las Asambleas de Dios Australianas, que menciono en detalle en el capítulo cinco. La renovación con mayor frecuencia de lo que se piensa es un pensamiento grandilocuente, que al parecer tiene muy poca substancia. Retrocede a las preguntas de odres viejos *versus* nuevos.

Considere, por ejemplo, la experiencia de Ralph Neighbour: «Finalmente en 1985», escribe, «cuando ese vigésimo primer pastor me llamó desde California para contarme que su lucha de tres años para desarrollar estructuras relacionales en la iglesia habían acabado en su renuncia forzosa, empecé a hacer una pregunta seria: *¿Se puede poner nuevo vino en odres viejos?* La respuesta es: "¡No!"

»Los intentos en la renovación no resultan por una razón», añade Ralph Neighbour. «Nuestro Señor nos dijo hace más de dos mil años que *no se podría hacer*. Cada vez que tratamos de ignorar su clara enseñanza, fracasamos. En retrospectiva, podría haberme ahorrado veinticuatro años de soñar un sueño imposible si hubiera tomado literalmente su amonestación. Mientras estaba tratando de *renovar,* Él estaba moldeando algo *flamante*».[11] Las palabras de Neighbour tal vez sean más fuertes que las que usarían otros que han llegado a conclusiones similares, pero el principio sigue siendo que mirar hacia atrás rara vez produce un resultado substancial.

## LA ESCOTILLA DE ESCAPE DE LA NEGACIÓN

Algunos pastores y ejecutivos denominacionales escogen ignorar esta clase de hechos. Para muchos, es asunto de supervivencia vocacional. ¡Hacerle frente a los hechos les costaría su empleo! Lyle Schaller comenta sobre esto: «Muchas agencias denominacionales existen hoy en un estado de negación ... y la negación nunca, nunca es una fuente de creatividad e innovación». Schaller piensa que para que las denominaciones sobrevivan en alguna manera viable deben ser realistas y hacer frente a los hechos. Dice: «Lo que veo como primer paso en términos de la adaptación de las denominaciones al nuevo día sería salir de su etapa de negación».[12]

Como ejemplo concreto considere los hallazgos de Ronald Vallet y Charles Zech según informaron en su libro *The Mainline Church's Funding Crisis* [La crisis de fondos en las iglesias de corriente tradicional]: «La evidencia es abrumadora de que las denominaciones de corriente tradicional en Norteamérica, tanto en los Estados Unidos como en Canadá, están atravesando una crisis en sus fondos misioneros».[13]

El estudio halló que la Iglesia Unida de Cristo (UCC, por sus siglas en inglés) en el período de 1970 a 1992 perdió el veinticuatro por ciento de sus ofrendas. Sin embargo, «en marzo de 1994 a los dirigentes de mayordomía de la UCC se les preguntó si existía o no una crisis en los fondos misioneros. Uno escribió que "mi percepción de esta Iglesia Unida de Cristo no alcanza la 'categoría y lenguaje de crisis'"»[14] Si los líderes rehusan admitir que hay problema, la probabilidad es que pronto experimentarán otro veinticuatro por ciento de declinación en las finanzas.

## VISIÓN DE LA IGLESIA FUTURA

He tomado considerable espacio para explicar el recuadro mental de los líderes cristianos tradicionales. Pensé que era necesario para comprender sencillamente cuán radical es el cambio desde donde hemos estado en el pasado al pensamiento de la Nueva Reforma Apostólica.

La primera vez que tuve contacto con esta nueva manera de pensar fue a principios de los años ochenta, cuando mi esposa Doris, y yo pasamos algún tiempo en Argentina con Omar y Marfa Cabrera. Son los fundadores de una de las iglesias más grandes del mundo, con 145 000 miembros.

En aquellos días tenía unas pocas rejillas mentales a través de las cuales podía analizar lo que realmente estaba observando. Sin embargo, debí haber recibido el primer indicio del nombre que Omar Cabrera le había dado a su iglesia: Visión del Futuro. No estaba encadenado al ayer; estaba despegando hacia el mañana. Es más, hizo tantas cosas nuevas que fue públicamente excomulgado por los líderes protestantes establecidos en Argentina por más de una década. Afortunadamente, las heridas ya han sido sanadas mediante el arrepentimiento y la reconciliación, y a Cabrera se le honra y admira como uno de los principales apóstoles de la iglesia argentina.

¿Cuáles son algunos de los valores medulares de los nuevos líderes apostólicos que han surgido conforme han intentado cumplir su «visión para el futuro»? Echemos un vistazo.

## CINCO NUEVOS VALORES CARDINALES APOSTÓLICOS

Hay una gran diversidad entre las nuevas iglesias apostólicas. Cada red tiene su propio ADN distintivo como componente del cuerpo entero de Cristo. Dada toda su diversidad estas iglesias, hablando en general, se encaminan en las mismas direcciones. Tienen un conjunto común de valores. Debido a que se encaminan en direcciones similares, yo llamo a estos valores «valores cardinales». No pretendería decir que cada una de estas nuevas iglesias apostólicas concuerdan con todas las demás de la manera en que yo veo e interpreto estos valores. No obstante, forman definitivamente un patrón. Me atrevo a decir que las iglesias que se desvían de ellos podrían ser consideradas la excepción a la regla.

Estos cinco valores cardinales no son negociables. No son los únicos valores no negociables entre las nuevas iglesias apostólicas. ¿Quién sabe? Alguien probablemente podría hacer una lista de cincuenta. Sin embargo, estos son cinco valores principales que, según mi observación, separan más del cristianismo tradicional a la Nueva Reforma Apostólica. Me doy cuenta de que no estamos interesados por entero en distinciones de tipo blanco y negro. Las diferencias caen en todo el espectro. Hay muchos matices de gris; pero los delineamientos generales de estas diferencias son claros.

Tres de estos valores tienen que ver con la fe: teología, eclesiología y escatología. Los otros dos son relativos a la práctica: organización y liderazgo. Explorémoslos.

## 1. LA TEOLOGÍA TIENE NORMAS ABSOLUTAS

Discutible, uno de los libros más influyentes sobre religión en la última mitad del siglo veinte fue el libro de Dean Kelley *Why Conservative Churches Are Growing* [Por qué las iglesias conservadoras están creciendo]. La principal tesis de Kelley no se relaciona primordialmente a las diferencias teológicas conservadoras o liberales, sino a lo «estricto». Su investigación descubrió el hecho de que las iglesias estrictas crecen más rápido que las iglesias más blandas. ¿Por qué? Porque, según Kelley, les dan a sus miembros mejores explicaciones del significado de la vida.

Kelley dice: «Cualquier empresa que haga a la vida significativa en términos finales para sus miembros, esas empresas están sirviendo a la función religiosa, indiferentemente a su ideología o estructura, sea que aduzcan estar haciéndolo así o no ... Esto sugiere una medida diferente de éxito entre distintos grupos religiosos. Los que tienen éxito son lo que están explicando la vida a sus miembros para que tenga sentido para ellos».[15]

Si la severidad es tan importante, entonces, ¿qué, exactamente, constituye la severidad? El primer «rasgo de severidad» señalado por Kelley es el *absolutismo.* Dice: «Si los miembros de un grupo religioso muestran gran consagración a sus objetivos o creencias, y disposición para sufrir y sacrificarse por ellos, etc., también tienden a mostrar un tipo de absolutismo respecto a esos objetivos, creencias, explicaciones de la vida».[16]

Mas adelante Kelley delinea lo que llama «las máximas mínimas de la severidad», diciendo que los que toman con seriedad su fe «no la confunden con otras creencias, lealtades, prácticas, ni se entremezclan indiscriminadamente, ni pretenden que todos sean parecidos, de igual mérito, ni mutuamente compatibles si no lo son».[17]

## LAS IGLESIAS TRADICIONALES DESABSOLUTIZAN LA TEOLOGÍA Y LA ÉTICA

En el capítulo uno expliqué las diferencias entre factores contextuales y factores institucionales, y cómo los líderes de las denominaciones en declinación intentan echar la culpa de sus males a los factores contextuales, porque quieren evitar que se les eche la culpa a ellos. El libro de Dean Kelley, que destaca los factores *institucionales* como determinantes primordiales del crecimiento o no crecimiento, cegó a muchos de ellos a principios de los años setenta, e hicieron todo lo que pudieron para desacreditar a Kelley. Como hemos visto, a la larga no tuvieron éxito en ese esfuerzo.

Una de las decisiones de mayores consecuencias que los líderes de la iglesia tomaron, causando con ella que sus iglesias entraran en una severa declinación empezando en 1965, fue desabsolutizar su teología y ética. Estaban desplegando sus velas en dirección completamente opuesta a los principios de severidad señalados por Kelley. Muchos de ellos se enorgullecían por su versión «liberada» del cristianismo.

Thomas Odem, miembro acreditado de la corriente tradicional y profesor de teología en la Universidad Drew en Madison, Nueva Jersey, describe en términos vívidos cómo acabó esto para muchos:

> Muchos de lo que se ha estudiado en la religión liberada bajo el encabezamiento de «teología» no tiene absolutamente nada que ver con Dios o con la revelación de Dios, o con la iglesia de Dios, o con la adoración a Dios ... Dios ha llegado a ser la broma de la universidad. El «theo» de teológico puede querer decir jazz o reciclaje, o cartas Tarot, o experimentos con frijoles. Casi cualquier cosa se puede poner en la ranura llamada «teología» con completa inmunidad y sin que nadie jamás cuestione si el tema y materia es Dios o si es posible hablar todavía plausiblemente de Dios ... Me preocupa la trayectoria futura de algo llamado teología en la cual los profesores a quienes se les paga para que enseñen acerca de Dios han decidido que la idea de Dios es absurda.[18]

Sugerir que los absolutos teológicos son no negociables es ofensivo a muchos líderes de las iglesias de corriente tradicional. La tolerancia se equipara con piedad, y la teología centrada en la Biblia se considera como intrínsecamente intolerante. ¿Herejía? Esto es lo que Oden dice al respecto: «Ya no existe herejía de ninguna clase ... No solo que no hay concepto de herejía, sino que también no hay manera de siquiera levantar la pregunta de dónde se hallan los límites de la creencia cristiana legítima, cuando el relativismo absoluto tiene la prerrogativa».[21]

Tres investigadores, Benton Johnson, Dean Hoge y Donald Luidens, recientemente emprendieron un estudio de las iglesias de corriente tradicional para tratar de determinar lo que indicaron en el título de su informe: «La razón real para la declinación». Una de sus conclusiones fue: «El factor pronosticador singular de la participación en la iglesia resultó ser la creencia: *creencia* cristiana ortodoxa, y especialmente la enseñanza de que una persona puede ser salva solo por medio de Jesucristo».[22]

## HAY ABSOLUTOS TEOLÓGICOS

La mayoría de los nuevos líderes apostólicos habrían predecido lo que Johnson, Hoge y Luidens descubrieron. Es interesante que las nuevas iglesias apostólicas no tienen credo, pero concuerdan con el *meollo* de la teología.

En su excelente libro *Primary Purpose* [Propósito primordial], Ted Haggard, pastor de la iglesia New Life en Colorado Springs, Colorado, distingue entre absolutos, interpretaciones y deducciones que afectan nuestra creencia. Es característico de los nuevos líderes apostólicos mantener la lista medular de absolutos lo más breve posible.

Por ejemplo, Ed Delph preparó una vez una lista de pautas para la alineación de los líderes apostólicos, una de las cuales era «las creencias doctrinales básicas y esenciales son las mismas o lo suficientemente similares». Me encanta esto de ¡suficientemente similares! Esto es muy diferente de los días cuando yo era un fundamentalista reconocido y abogaba por una larga lista de absolutos. Donald Miller concluye que «los cristianos del nuevo paradigma son *minimalistas doctrinales*».[24]

El punto no es cuán larga pudiera ser la lista de absolutos, sino: ¿Hay absolutos? La respuesta es sí, los hay, y son absolutos *estrictos* según el sentido de severidad señalado por Dean Kelley. Son cosas por las que los miembros de la iglesia están dispuestos a sufrir y sacrificarse si fuera necesario. Mi observación es que hay tres absolutos respecto a los cuales las nuevas iglesias apostólicas generalmente concuerdan:

1. La Biblia es verdadera y normativa. Es la autoridad absoluta de fe y práctica.
2. Jesucristo es Dios y Señor.
3. Una relación individual y personal con Jesucristo es la diferencia entre el cielo y el infierno. Observe que cada uno de estos se relacionan a lo que Dean Kelley llamaría «el significado de la vida en términos fundamentales».

Si tuviera que seleccionar tres de los no negociables *morales* que he observado en las nuevas iglesias apostólicas, serían los siguientes:

1. La vida humana empieza en la concepción.
2. La homosexualidad es pecado contra Dios.
3. Relaciones héterosexuales extramaritales también son pecado.

## ¿QUÉ TAN ESTRICTAS SON LAS NUEVAS IGLESIAS APOSTÓLICAS?

Esto trae a colación una cuestión que es preciso considerar, aunque sea brevemente. Ahora que el papel significativo de las nuevas iglesias apostólicas en el cristianismo contemporáneo está llegando a reconocerse ampliamente, en forma creciente se han convertido en objeto de estudio de los sociólogos de la religión. Algunos de ellos, aplicando los criterios de Dean Kelley respecto a la severidad, han concluido que las nuevas iglesias apostólicas son indulgentes y, por consiguiente, pueden tener una debilidad inherente.

Uno de estos es Mark Shibley, sociólogo de la Universidad Loyola en Chicago, Illinois. El estudio de Shibley de una iglesia Vineyard en el medio oeste de los Estados Unidos saca a la superfice «rasgos de lenidad», incluyendo relativismo, tolerancia de diversidad cultural y un deseo de diálogo en lugar de monólogo. Concluye: «Mientras que Vineyard es claramente una iglesia fuerte, no es claramente estricta».[25]

Pienso que Shibley describe acertadamente estos aspectos de Vineyard, pero diría que, a pesar de estas características, Vineyard es estricta. Como Shibley observa, uno de los puntos fuertes de Vineyard es que se ha permitido que la cultura contemporánea la moldee hasta cierto punto considerable. En términos misionológicos, es una iglesia contextualizada.

Shibley dice: «En una sociedad pluralista las iglesias fuertes no continuarán creciendo si su severidad las aleja demasiado de las normas culturales que rodean sus instituciones».[26] Esto es cierto. Pudo haber mencionado la falta de conversión por crecimiento entre los Amish para reforzar su punto.

## CONFORMIDAD CULTURAL MÁS NO NEGOCIABLES

Adicional investigación indicará, sin duda alguna, que Vineyard y otras nuevas iglesias apostólicas son conformistas culturalmente. No obstante, todavía retienen ciertos valores medulares no negociables relativos al significado fundamental de la vida que las ubica del lado estricto de la línea. Las convicciones teológicas y éticas que mencioné pudieran ser parte de esa médula, y se podrían considerar como contra culturales, especialmente fuera del cinturón bíblico.

Los estudios de Donald Miller de las iglesias Vineyard, Capilla Calvario y Capilla Hope, que él llama iglesias de nuevo paradigma, respaldan mi afirmación. En lugar de usar la tipología de Kelley como indulgentes o estrictas, usa la tipología de Ernst Troeltsch, y concluye que, en verdad, las nuevas iglesias apostólicas son sectas, queriendo decir que son estrictas.

Miller dice: «Lo que hace que los cristianos de nuevo paradigma se parezcan a una secta es su insistencia en que hay solo una verdad, no muchas, y esa autoridad es una categoría significativa, no sencillamente una construcción social enraizada en el interés propio material. Sin embargo, aun cuando imponen altas normas morales sobre sus miembros, los cristianos del nuevo paradigma no son sino sobrios y negándose a sí mismos en su apariencia».[27] Es probablemente debido a esta apariencia casual que algunos podrían concluir que estas iglesias se hallan del lado indulgente.

Esta es otra elaboración útil de Donald Miller: «Las iglesias de nuevo paradigma son instituciones de "alta demanda", aun cuando su música y estructura organizacional pudieran parecer indulgentes y contemporáneas. Proveen una estructura de mentoría y responsabilidad para los individuos que son serios en cuanto al riguroso desafío de cambiar sus vidas».[28]

Un rasgo notable de severidad es la nueva insistencia apostólica de que los miembros de la iglesia hayan nacido de nuevo.

Miller dice: «En contraste con muchas iglesias de corriente tradicional, las de nuevo paradigma se orientan fuertemente hacia la conversión; creen que tienen la respuesta a las necesidades que sienten las personas, y esta convicción tal vez es intensificada por el hecho de que muchos de los pastores tienen adicción a drogas y otros vicios en su trasfondo».[29]

Los nuevos cristianos apostólicos creen apasionadamente que Jesús es la respuesta a los problemas de la vida y que si los individuos necesitan ayuda personal o ayuda para sus familias, el primer paso esencial es llegar a ser creyente. En otras palabras, fervorosamente consideran el significado fundamental de la vida.

## 2. ECLESIOLOGÍA QUE MIRA HACIA AFUERA

Otro rasgo de la nueva severidad apostólica es un ardiente deseo de ganar para Cristo a los perdidos. Esto es corolario de la cuestión del cielo y el infierno, que se incluyó arriba entre los no negociables teológicos. Una característica de muchas de las iglesias tradicionales es que la iglesia existe primordialmente para servir a sus miembros, y cuando se ha hecho esto puede escoger alcanzar a los de afuera, o no hacerlo. Si no hay cosa tal como el infierno, ¿para qué molestarse? Esta cuestión afloró en un estudio de la disminución de ofrendas en las iglesias de corriente tradicional y evangélica. Los investigadores hallaron que «la disminución de énfasis en el infierno, sin presentar ninguna alternativa igualmente compulsiva, no solo que ha socavado el enfoque tradicional evangélico de la iglesia sino que también ha eliminado una parte de la descripción de trabajo de su clero: llamar a la gente a la acción para evitar las consecuencias, y la autoridad implicada que estaba incluida en ello».[30]

El subtítulo del libro de Ted Haggard *Primary Purpose* [Propósito primordial] (Creation House) resume el deseo medular de los nuevos cristianos apostólicos como ninguna otra cosa que he observado: *Hacer difícil ir al infierno desde su ciudad.* Las iglesias que miran hacia afuera son una gran parte de la trama de la Nueva Reforma Apostólica que más adelante incluiré en un capítulo entero respecto al alcance.

## 3. LA ESCATOLOGÍA ES OPTIMISTA

El tercer nuevo valor cardinal apostólico es que Satanás está siendo derrotado, que las cosas están yendo bien para el Reino de Dios, y que las victorias espirituales continuarán excediendo las derrotas espirituales. Los nuevos líderes apostólicos reconocen que la sociedad se está derrumbando, que los demonios infestan nuestro ambiente y que la gente sufre más y más. Sin embargo, sostienen lo que Frank Damazio llama una «escatología visionaria». En otras palabras, creen fuertemente que están siendo salvadas más almas que nunca, que las iglesias continuarán multiplicándose, que las fortalezas demoníacas serán derribadas, que los poderes de las tinieblas se resquebrajarán y que el avance del Reino de Dios es inexorable.

Al moverme entre los nuevos líderes apostólicos oigo sorprendentemente poca conversación relativa al premilenialismo, posmilenialismo o amilenialismo, e incluso menos respecto al rapto pretribulación, a mediados de la tribulación o postribulación. Estas cuestiones escatológicas, que una vez estaban en alto en la agenda de muchos líderes de iglesias conservadores, no parece ser tan importante hoy.

El consejo de Robert Schuller a los líderes jóvenes de las iglesias parecería aplicarse a los nuevos cristianos apostólicos:

«No dejen que la escatología sofoque su pensamiento de largo alcance».[31]

## 4. LA ORGANIZACIÓN EMERGE DE LAS RELACIONES PERSONALES

Los primeros tres valores cardinales son relativos a cuestiones de fe. Estos dos últimos son relativos a la práctica.

¿Cómo están organizadas estas nuevas organizaciones apostólicas? Empecemos mirando esta fascinante observación de Lyle Schaller:

> ¿Por qué las unidades de gobierno local en el norte de Italia sobresalen al compararlas con las unidades de gobierno local en el sur de Italia? En un impresionante análisis del gobierno local de Italia, Robert D. Putnam y sus colegas concluyeron que la clave variable se hallaba en su cultura social y política. Por casi un milenio el sur de Italia ha estado organizado en un sistema rígidamente jerárquico con fuerte énfasis en los «vínculos verticales». En contraste, la cultura social y política del norte de Italia se ha organizado alrededor de «vínculos horizontales». Las organizaciones pequeñas del norte se parecen a asociaciones voluntarias basadas en la confianza mutua de la gente.[32]

El relato de Schaller se podría aplicar igualmente a los modelos organizacionales de las denominaciones tradicionales (como el sur de Italia) y las redes apostólicas (como el norte de Italia). La cuestión básica es si una organización se basa en el control (el sur de Italia) o en la confianza (el norte de Italia). Apliquemos esto mirando primeramente a la teoría y después a la práctica.

## LA TEORÍA

Mi recuadro de trabajo teórico para comprender la estructura organizacional de la Nueva Reforma Apostólica sigue *The New Organization* [La nueva organización] por Colin Hastings, el libro más útil que he hallado sobre la materia. Así es como Hastings describe la vieja manera de organización. Todos los que hemos pasado años en estructuras denominacionales reconoceremos de inmediato de qué está hablando.

> La manera en que organizamos nuestras empresas y cuerpos públicos han permanecido esencialmente sin cambio por varios miles de años. Tal vez en forma más importante la manera en que nos imaginamos mentalmente nuestras organizaciones y la manera en que pensamos de cómo trabajan se halla profundamente incrustada en cada uno de nosotros. Es por eso que, cuando esta manera tradicional de organización empieza a fallarnos, comienza a mostrar su inestabilidad para tratar con niveles trascendentales de cambio, y todos hallamos difícil ver alternativas, mucho menos captarlas o implementarlas.[33]

Las estructuras denominacionales que resultaban hace un par de décadas ahora están quedando obsoletas. Dios está vertiendo vino nuevo, y muchos de los odres viejos están demostrando ser disfuncionales. Un llamado para la «renovación» de los odres viejos será inadecuado en la mayoría de los casos. Solo una determinación para «redescubrir» o «fabricar de nuevo», lo que quiere decir, para toda intención y propósito, empezar de la nada, demostrará ser una solución viable.

Las alternativas son tan nuevas que líderes de iglesias bien atrincherados están o bien sin percatarse de ellos, o no los captan. Hastings dice: «Es solo en los últimos cincuenta años o algo así que el modelo tradicional de comando y control, derivado de la antigua práctica militar, ha sido seriamente cuestionado».[34]

## LAS RELACIONES SON CENTRALES

Entonces, ¿qué es lo que se pide? Hastings dice: «Cuando empezamos a ver a una organización como un constantemente cambiante caleidoscopio de relaciones entre la gente, empezamos a tener un mejor sabor de lo que pudiera estar involucrado».[35] La palabra operativa es *relaciones*. Algunos se refieren al cambio como la transición de la cultura moderna a la posmoderna, que tiene muchas tendencias paralelas en nuestra sociedad como un todo. Estos son algunos de los cambios de maneras concretas que pudieran resultar en la vida cotidiana de la iglesia:

> Del *protestantismo tradicional* a la *Nueva Reforma Apostólica* ;
> De *basarse en posición* a *visión y valores;*
> De *inhibición de talento* a *exhibición de talento;*
> De *rígido* a *flexible*;
> De *pasión por el orden* a *tolerancia por la ambigüedad;*
> De *control* a *coordinación;*
> De *¿Por qué?* a *¿Por qué no?*
> De *fijar límites* a *romper límites;*
> De *no conceder permiso* a *«empoderamiento»*.

No es raro en las convenciones anuales de tres días de las iglesias que pertenecen a una red apostólica que pasen gran cantidad de tiempo en adoración, en recesos con café, comiendo juntos, con unos pocos mensajes entusiasmantes y motivadores, jugando golf y en una reunión de negocios semi casual de treinta a cuarenta y cinco minutos. La mejor manera de pasar el tiempo, y la mayoría de los nuevos líderes apostólicos estarán de acuerdo, es fomentando relaciones.

Hastings dice: «Es inversión en la habilidad de gente que se conocen unos a otros dentro de la corporación para hacer contacto rápido, conocer cómo es más probable que el otro piense, reunir recursos rápidamente y tomar decisiones rápidas basadas en el trabajo que juntos realizaron antes, lo que será la clave para retener los beneficios de ser pequeños».[36]

## LA PRÁCTICA

Lyle Schaller da un prolongado vistazo a la política de la iglesia de corriente tradicional, especialmente examinando su propia Iglesia Metodista Unida, en un reciente y significativo libro , *Tattered Trust* [Confianza en jirones]. Como analogía habla de las caravanas de carretas pioneras que transportaron a los primeros colonos al oeste [de los Estados Unidos]. Cada caravana de carretones tenía su patrón de carretones, quien al principio de cada día, señalaba hacia el oeste y decía: «Hacia allá es a donde nos dirigimos hoy». Invariablemente señalaba un territorio nuevo, inexplorado, riesgoso.

Partiendo desde allí Schaller dice: «La política de la Iglesia Metodista Unida, que se organizó alrededor de la desconfianza de individuos, hace imposible que alguien sirva como el patrón de carretones».[37] Schaller entonces da una larga lista de ejemplos de «desconfianza sistemática» de líderes. Lo que sigue es mi paráfrasis de unos pocos de ellos:

- El gabinete del distrito está más calificado para escoger un pastor para una iglesia que los líderes de la congregación.
- La denominación está mejor equipada para determinar la preparación que un pastor necesita que lo que está el candidato.
- No se puede confiar en los ministros para que escojan donde podrán servir más eficazmente.
- No se puede confiar en los donantes para designar sus dólares de benevolencia.
- No se puede confiar en los líderes de la congregación en cuanto a escoger dónde debe estar ubicada su iglesia.

El resultado de la desconfianza de los individuos, rampante entre las denominaciones tradicionales, se ve algo así como esto, según Schaller:

> La responsabilidad número uno del sistema denominacional es regular el papel, conducta y creencias de

> los individuos, congregaciones, y judicaturas regionales. Esto normalmente pide una política legalista diseñada para facilitar la negación de permisos. El sistema también incluirá provisiones para apelar las decisiones a las cortes más altas de la iglesia. La denominación determinará las normas para la ordenación, los criterios para determinar el destino final de las contribuciones financieras, la organización estructural de las congregaciones, el papel, responsabilidades de las judicaturas regionales, y miles de otras cuestiones. La ley se adelanta a la gracia».[38]

A manera de ejemplo, el manual que establece las reglas y regulaciones de la Alianza Cristiana y Misionera contiene 83 500 palabras, y el manual de la Iglesia del Nazareno 96 000. Solo las actas del Concilio General de las Asambleas de Dios contiene 55 500 palabras.

Los nuevos líderes apostólicos han reaccionado decisivamente contra la clase de control de arriba hacia abajo que Lyle Schaller describe y es emulado por las denominaciones en general. Confían en los individuos. Tienen sus patrones de carretones. Esto nos lleva al final de estos cinco nuevos valores cardinales apostólicos.

## 5. SE PUEDE CONFIAR EN LOS LÍDERES

De todos los elementos radicales de cambio en la Nueva Reforma Apostólica, considero que uno de ellos es el más radical de todos. Es tan importante que he escogido estas palabras muy cuidadosamente:

*La cantidad de autoridad espiritual*
*delegada por el Espíritu Santo*
*a individuos.*

Las dos palabras operativas en esa declaración son *autori-*

*dad* e *individuos*. La autoridad se deriva de la confianza, que en este caso no está en harapos, sino intacta. La autoridad se enviste en los individuos en contraste a las burocracias, judicaturas, sesiones, sacristías, juntas, comités y grupos similares formados para tomar decisiones. Esto actúa en la práctica específicamente en dos niveles: a nivel de la iglesia local (pastores) y a nivel translocal (apóstoles). Hablaré de cada nivel en detalle en los próximos dos capítulos.

Mientras tanto, delegar autoridad a los individuos tiene dos ventajas sobresalientes, que son, enfocar la visión y dejar en libertad la creatividad.

A. ENFOCAR LA VISIÓN. Es axiomático que mientras más difusa la visión, más débil la organización.

Aplicando esto al caso concreto de una denominación, estudiemos a la Iglesia Presbiteriana (U.S.A.) que ha estado declinando desde 1965. En 1992 alguien planteó la pregunta de cuál podría ser la visión real de la denominación. Debido a la política establecida de la iglesia a ninguna persona en la organización se le podría haber confiado que diera la respuesta. Así se convocó a una reunión de líderes en Chicago del 30 de octubre al 1° de noviembre de 1992. Su mandato: identificar las prioridades misioneras de la iglesia.

¡El resultado de esa convocación fue un documento de 256 páginas, detallando143 prioridades denominacionales! Cuando no hay líder para fundir la visión, esta visión se vuelve tan difusa que casi no tiene significación alguna. La mayoría de los nuevos líderes apostólicos que conozco tendría dificultades para creer que tal convocación pudiera en efecto tener lugar.

Algunos denominacionalistas consagrados, como Tony Campolo (Bautista Estadounidense), han empezado a observar esto desde adentro. En su libro *Can Mainline Denominations Make a Comeback?* [¿Pueden las denominaciones de corriente tradicional lograr un retorno?] dice: «No sé cómo las denominaciones de corriente tradicional van a lograrlo, pero casi no hay duda entre los expertos en sociología de la religión que el realineamiento de sus iglesias es esencial. Demasiada diversidad dentro de cualquier denominación paraliza su crecimiento y desarrollo. ¡Ahora mismo hay demasiada diversidad en todas ellas!».[39]

Sospecho que una de las razones por las que Campolo dice que no sabe cómo podrían implementar esto es que se da cuenta de que dentro de las estructuras denominacionales presentes virtualmente no hay posibilidad de confiar en los *individuos* lo suficiente como para delegarse la autoridad para forjar una visión para la organización entera. Los metodistas podrían usar un nuevo Juan Wesley, los presbiterianos pudieran usar un nuevo Juan Knox y los luteranos podrían usar un nuevo Martín Lutero. Todos ellos, en su día, tuvieron autoridad extraordinaria como líderes individuales, y su visión era clara y sus seguidores no las ponían en tela de juicio.

George Barna lo ve así: «La visión es confiada a un individuo. ¿Notó usted en la Biblia que Dios nunca le dio una visión a un comité? En cada caso Dios seleccionó a una persona para la cual preparó a la medida una visión para un mejor futuro».[40]

B. DEJAR EN LIBERTAD LA CREATIVIDAD. Cuando los líderes individuales están libres de los que les niegan permiso, pueden ser tan creativos como Dios quiere que sean. Pueden correr riesgos. Pueden cometer errores. Pueden explorar nuevos territorios. Pueden colorear fuera de las líneas. Pueden hacer retroceder las fronteras. Pueden sacrificar las vacas sagradas. Pueden hacer estremecer el status quo. Pueden romper las reglas. Pueden remontarse a nuevas alturas.

---

*Cuando los líderes individuales están libres de los que les niegan permiso, pueden ser tan creativos como Dios quiere que sean.*

---

Me encanta la manera en que Roberts Liardon, nuevo líder apostólico, lo explica en un artículo al que titula «Extremistas, radicales y no conformistas: ¡Por favor sea uno!»

> Un «extremista» es alguien como Jesús, lleno de sus principios. Va «un poco más allá», dejando la norma promedio y aceptable del día ... Si hacer una afirma-

> ción intrépida *glorifica los principios de Dios* pero lo rotula como extremista, radical o no conformista, ¡entonces lleve esas palabras como medalla! ... Dios nunca le llama promedio. Promedio es una mezcla de bueno y malo. En ninguna parte de la Biblia Dios llamó a alguien y lo mantuvo promedio. En lugar de eso, construyeron un arca en medio del caos; dividieron el mar; marcharon rodeando murallas, haciéndolas caer; caminaron sobre el agua; y la gente quedaba totalmente sana cuando su sombra pasaba por allí. Muchas veces incluso cambiaron sus nombres para asegurar la victoria.[41]

Sería difícil para la mayoría de líderes evangélicos tradicionales decir palabras como esas. Es más, a algunos les encantaría escaldar a Liardon por decirlas. Sin embargo, el precio por escoger el mínimo común denominador es la creatividad disminuida. Como ilustración de cómo esto se manifiesta, *Christianity Today* publicó un número especial en 1996, mostrando fotografías y apuntes biográficos de lo que llamaron «Subiendo y llegando: Cincuenta líderes evangélicos de 40 años o menos».[43]

Fue notable que de los cincuenta líderes jóvenes que eran la crema de lo mejor de los evangélicos tradicionales, solo seis de ellos identificaron su ministerio primordial como una iglesia local. ¿Por qué? Sospecho que la razón fue porque esos individuos, que no hubieran sido incluidos si no fueran por sobre el promedio en creatividad, prontamente aprendieron que su creatividad quedaría inaceptablemente aplastada en las denominaciones tradicionales e iglesias locales. Por consiguiente, el ochenta y ocho por ciento de ellos escogieron un ministerio fuera de la estructura de la iglesia local para poder dar libertad a su creatividad.

Puedo equivocarme, pero pensaría que una lista similar de nuevos líderes apostólicos mostraría algo así como el ochenta y ocho por ciento en las iglesias locales, antes que en ministerios paraeclesiásticos. Los nuevos líderes apostólicos pueden ser supervisados por una iglesia local o por una cobertura de una red apostólica y todavía ser «extremistas o radicales», como Roberts Liardon diría.

A manera de resumen, me encanta esta cita de Wolfgang Simson:

> Los revolucionarios detestados de ayer con frecuencia se han convertido en los pilares confiables de la iglesia de hoy. ¿Está usted listo para esto? Los desequilibrados, los que Dios ha llamado para hacer el ridículo, lo increíble, aquello de lo que nunca se ha oído, los que rompen las reglas, los pioneros espirituales que inventan nuevas maneras y derriban las murallas *en efecto* cambian el mundo. La clase media normal, que juega a lo seguro, equilibrada, espiritual, lo mantiene.[44]

Como cualquier nuevo líder apostólico le diría, la suspicacia y la desconfianza alimentan el status quo; la confianza y el «empoderamiento» ¡moldean el futuro!

CAPÍTULO CUATRO

# El pastor dirige a la iglesia

Recuerde, el cambio más radical en la Nueva Reforma Apostólica, a mi juicio, es el reconocimiento de la cantidad de autoridad espiritual delegada por el Espíritu Santo a individuos.

## EL CENTRO DE CONFIANZA CORPORATIVA

En la mayoría de las iglesias en los Estados Unidos, calcularía que más del noventa por ciento, considera al pastor como empleado de la iglesia. Lo que esto quiere decir es que el centro de la confianza corporativa no es el pastor, sino la junta de diáconos, los fideicomisarios, la sesión, la parroquia, la congregación, la junta elegida de la iglesia, el presbiterio, el gabinete del distrito o cualquier otro grupo que pudiera haberse desarrollado dentro de la iglesia local o el sistema denominacional. Hay un modo de pensar fijo en general de que los individuos no son dignos de gran confianza a ningún nivel. Los grupos, de un tipo u otro, parecen ser mucho más seguros.

La confianza, entonces, es el factor clave, la raíz del papel de los pastores en las nuevas iglesias apostólicas. Si la confianza es la raíz, la autoridad es el fruto. Los miembros de las nuevas congregaciones apostólicas son por lo menos tan inteligentes y consagrados en forma global como los miembros de las congregaciones tradicionales, y exhiben un sorprendentemente elevado nivel de confianza en sus pastores. Voluntariamente se someten a la autoridad y juicio del pastor en asuntos relativos a la iglesia.

Por ejemplo, en la Iglesia New Life en Colorado Springs, Colorado, donde mi esposa y yo damos nuestro diezmo, confiamos en nuestro pastor, Ted Haggar, con la sola discreción del sesenta y cinco por ciento del presupuesto anual de más de 5 millones de dólares. El restante 35 por ciento está disponible en manos de los fideicomisarios para edificios, terrenos y otras cosas parecidas necesarias, y el pastor también preside la junta de fideicomisarios.

## PERSPECTIVAS TRADICIONALES DEL PAPEL DEL PASTOR

Sospecho que la mayoría de los lectores de este libro son, o han sido en algún momento, miembros adultos de iglesias tradicionales, como yo lo he sido por la mayor parte de mi vida cristiana. Sin cuestionar en ninguna forma hemos aceptado los conceptos tradicionales del papel de nuestros pastores, como si hubieran sido derivados de mandatos bíblicos. Comprensiblemente, nos sentimos incómodos con cosas tales como confiar que nuestros pastores administren por sí solos presupuestos de millones de dólares. Hemos desarrollado una retórica para expresar esta incomodidad, refiriéndonos a los nuevos pastores apostólicos como «autócratas», «dictadores», «constructores de imperios», «manipuladores», «tiranos», o «con hambre de poder».

Hemos estado mucho más acostumbrados a presuposiciones tradicionales tales como las siguientes:

1. COMO EMPLEADOS DE LA IGLESIA, A LOS PASTORES SE LES PAGA UN SALARIO PARA QUE MINISTREN. En muchas denominaciones se refieren al pastor comúnmente como «ministro». Esto también ha llegado hasta el gobierno de los EE. UU, porque los clérigos

incluimos nuestra vocación en los formularios de declaración de impuestos a la renta como «ministro». ¿La implicación? El trabajo del pastor es hacer el ministerio de la iglesia.

2. PASTORES VIENEN Y PASTORES VAN. La duración del pastorado de un pastor en una iglesia es limitado. Algunas denominaciones tales como el Ejército de Salvación y los Adventistas del Séptimo Día se hallan en el período más breve de la escala de duración pastoral, siendo de alrededor de dos a cuatro años. Entre los Bautistas del Sur el promedio es de dos años y tres meses.[1] En 1995 el clero Metodista Unido duraba en promedio 4.3 años en sus presentes nombramientos. Los presbiterianos podía esperar un pastorado un poco más largo. Los pastores luteranos cambian con menos frecuencia que la mayoría. En todos los casos, sin embargo, la presuposición es que nuestro pastor presente no está aquí de por vida. Por eso que muchos pastores, en un momento u otro, han escuchado a algún diácono decir las descorazonadoras palabras: «Hijo: Yo estaba aquí mucho más antes de que llegaras, y estaré aquí mucho después de que te hayas ido».
3. LOS PASTORES SON CAPACITADORES. Cuando llegan a una iglesia, se espera que los nuevos pastores en las iglesias tradicionales pasen tanto tiempo como sea necesario conociendo a sus miembros y buscando la manera de hacer lo que ellos quieren hacer y a donde quieren ir. La responsabilidad de los pastores de allí para adelante es capacitar a los miembros para que logren lo que desean.
4. LOS PASTORES SON, PARA TOMAR PRESTADO UN TÉRMINO ANTROPOLÓGICO, LOS «HECHICEROS» O «BRUJOS» DE LA IGLESIA. Este es el término que Lyle Schaller usa de tiempo en tiempo para contrastar al «brujo» con el «jefe de la tribu». El hechicero hace las cosas religiosas: orar, bautizar, explicar la Biblia, representar a la iglesia en público, bendecir las cenas de la iglesia y los paseos campestres de la Escuela Domi-

nical, visitar los hospitales, celebrar matrimonios y funerales, dedicar niños y cosas similares. Sin embargo, no se debe esperar que el pastor funcione como jefe de la tribu. El verdadero jefe de la tribu de la congregación ha logrado ya hace tiempo tal status, aun cuando rara vez se permite que el papel sea explícito. Algunas veces esa persona (u ocasionalmente esa familia) se halla en las estructuras formalmente elegidas de la iglesia, pero a veces están en la estructura informal virtualmente invisible. Donde quiera que se hallen, diligentemente propagan la idea de que el pastor funciona como nuestro capellán pagado.

A modo de ejemplo, hasta hace poco la Iglesia Presbiteriana (U.S.A.) había formalizado el papel pastoral del curandero. La junta de la iglesia local, llamada la sesión, está compuesta de un número de ancianos que son elegidos por la congregación, y el pastor sirve como moderador. Por años al pastor se le llamaba el «anciano *que enseña*», y los otros eran los «ancianos *que gobiernan*». Estas designaciones han sido descartadas oficialmente, pero funcionalmente la relación continúa en la mayoría de las iglesias presbiterianas.

No pude evitar sonreír cuando leí hace poco en una prominente revista cristiana orientada hacia la corriente tradicional un anuncio clasificado buscando pastor. Decía: «Nuestra fuerte estructura de comités le capacitará concentrarse en el liderazgo espiritual». La iglesia claramente quería un curandero, ¡no un jefe de tribu!

5. LOS PASTORES ESTÁN SUJETOS A LA EVALUACIÓN DE SU DESEMPEÑO. Debido a que los pastores son empleados, la iglesia se considera responsable por emplear, despedir y supervisar. Por consiguiente, las iglesias responsables piensan que deben evaluar periódicamente para ver si sus pastores presentes están sirviendo lo suficiente bien como para quedarse o si les ha llegado el tiempo para que se muden. Algunas

> lo hacen en bases *ad hoc*, pero otras institucionalizan el proceso. Por años la Iglesia del Nazareno, por ejemplo, requería que cada congregación realizara una revisión pastoral anual. Esto se ha extendido a cuatro años, pero la amenaza subyacente de que la congregación puede despedir al pastor al momento fácilmente instila la idea de que el objetivo principal de un «buen» pastor debe ser mantener el *status quo*, promover la armonía y contentar a todo el mundo.

No olvidaré fácilmente a un pastor nazareno que se matriculó en uno de mis cursos de dos semanas para el doctorado en ministerios. En el tiempo de oración en la clase el lunes de la segunda semana, abrió su corazón a los demás pastores en la clase. Durante el culto dominical del día anterior, un iracundo miembro de la iglesia le había quitado el púlpito al predicador especial que el pastor había invitado y había procedido a lanzar una virulenta diatriba contra mi estudiante y su ministerio, sugiriendo que lo despidan y se le pida que se vaya de la ciudad al volver de la clase. Aun cuando algunos, sin duda, consideraron que esto estaba fuera de orden, el sistema establecido había abierto la puerta para tal conducta. No fue sorpresa que el pastor pronto renunció y se fue a sembrar una nueva iglesia apostólica.

## LAS NUEVAS IGLESIAS APOSTÓLICAS SON DIFERENTES

Mi amigo David (Kwan Shin) Kim, coreano estadounidense, era un próspero diseñador en jardinería, cuando se convirtió a Cristo y sintió el llamado para sembrar una iglesia en el sur de California. Su visión fue comenzar una iglesia que tuviera el alcance en misiones foráneas como su objetivo primordial. Halló otras tres familias que se unieron a él y a su esposa para empezar la iglesia, y convocó a una reunión a los cuatro hombres. En la reunión Kim dijo:

—El domingo próximo tendremos nuestro primer culto, y nacerá una nueva iglesia. Debemos decidir ahora cómo servir al Señor en la mejor forma. Tengo un amigo que se siente llamado a Guam como misionero si el puede aumentar los 800 dólares mensuales de su sostenimiento. Propongo que añadamos 400 dólares y le prometamos 1 200 dólares mensuales como sostenimiento.

Cuando oí a David Kim contarme la historia, añadió, sonriendo: —¡Hubiera querido tener una cámara allí para captar las expresiones en las caras de los miembros del comité!

Después de unos momentos de silencio de estupefacción, un hombre dijo:

—Pastor: Usted no puede manejar una iglesia así.

Así que Kim replicó:

—Pues bien, entonces, ¿cómo debo manejar la iglesia?

El hombre dijo:

—Estamos en mayo y empezando una nueva iglesia. Tenemos que esperar hasta el fin del año. Tenemos que evaluar cómo hemos crecido este primer año, y cómo van nuestras finanzas, y hacer un presupuesto para el próximo año. Después de deducir de los ingresos proyectados nuestros gastos podemos entonces decidir qué clase de obra misionera podemos respaldar.

Kim respondió:

—Si usted no quiere hacer la obra del Señor, ¿por qué quiere unirse conmigo para empezar una nueva iglesia? Ya tenemos 400 iglesias coreanas en la región de Los Ángeles, y son más que suficientes para ministrar a la población coreana. No necesitamos otra iglesia para coreanos, pero sí necesitamos una iglesia que haga obra misionera. Yo soy un hombre de negocios y sé cuánto gana cada uno de ustedes. Fácilmente puedo calcular las ofrendas en efectivo de nuestra iglesia si cada uno de ustedes da el diezmo. Estoy confiando en que nuestro Padre celestial usará sus billeteras.

Entonces se dirigió a un miembro del comité nombrado señor Oh, y que en ese entonces no sabía nada de administración de la iglesia, y le preguntó:

—Señor Oh, ¿quién tiene la razón, según su parecer?

El señor Oh parpadeó y titubeando dijo:

—Pues bien, pastor; pienso que usted tiene la razón.

David Kim más tarde comentaba:

—Con eso, ¡gané el debate!

¿Cuál fue el resultado que brotó de ese inusitado proceso de tomar decisiones? La iglesia coreana Grace ahora tiene 2 500 miembros, el presupuesto anual es de 6,5 millones de dólares, y 5 millones de dólares de ese presupuesto van a las misiones. Sostienen por completo a 154 misioneros en 43 naciones diferentes. Han sembrado 720 iglesias en lo que anteriormente era la Unión Soviética, 2 000 iglesias en hogares en China continental, todas inscritas con el gobierno, 700 iglesias en África oriental y 280 iglesias en Vietnam, y esto es solo como ejemplo. La meta actual de David Kim es mudarse a un edificio más grande para que la iglesia pueda crecer y que con el tiempo sostenga por completo a 2 000 misioneros.

## SEIS PRESUPOSICIONES FUNDAMENTALES

No todos los nuevos pastores apostólicos dirigen sus iglesias de la misma manera en que David Kim dirige la suya, pero virtualmente todas ellas concuerdan en seis presuposiciones fundamentales respecto al papel del pastor en una iglesia. Ninguna de las seis caracteriza a los pastores en la mayoría de las iglesias tradicionales.

### 1. EL PASTOR FORJA LA VISIÓN

A diferencia de los pastores tradicionales que se consideran a sí mismos «capacitadores», la mayoría de los nuevos pastores apostólicos jamás pensarían en abordar a los miembros de la congregación para preguntarles en qué dirección piensan ellos que la iglesia debería marchar. En lugar de eso, empiezan preguntándole a Dios a dónde piensa Él que la iglesia debería marchar. Esperan totalmente que Dios conteste su oración y que imparta en su mente la visión para la iglesia que Él les ha llamado a dirigir. Para asegurarse de que han oído acertadamente la voz de Dios, los pastores verificarán, por supuesto, sus ideas conversando con algunos individuos selectos, por lo general los ancianos o diáconos, antes de anunciar la visión a toda la congregación. Una vez que tienen el grado de consenso que creen que van a necesitar, lanzan la visión intrepidamente, y eso es todo.

Los nuevos pastores apostólicos toman con toda seriedad la analogía de las ovejas y el pastor. Las ovejas no son las que deciden cualquier día a dónde irán para encontrar comida. El pastor toma la decisión y las ovejas le siguen.

---

*La gente considera y mantiene su membresía en las nuevas iglesias apostólicas básicamente porque han hecho suya la visión del pastor.*

---

El apóstol John Eckhardt de Chicago dice: «La gente en la iglesia, tanto como los ancianos, tienden a creer que la visión que el líder tiene viene de Dios, y no tienen problemas en seguir esa visión. Confían en el líder fuerte. Hay un nivel de confianza de que esta persona es llamada por Dios y que Dios le ha dado una visión. Por consiguiente, seguirán al pastor y le darán toda la ayuda que sea necesaria para alcanzar las prioridades del pastor».[2]

Una razón básica por la que la gente considera y mantiene su membresía en las nuevas iglesias apostólicas es básicamente porque han hecho suya la visión del pastor.

Una implicación de esto es que el modelo del capacitador, diligentemente enseñado en los seminarios en los años sesenta, setenta y ochenta, y que persiste en algunos en los años noventa, es cosa del pasado. La investigación ha mostrado que inhibe el crecimiento de la iglesia, y que consistentemente impedirá que la iglesia sobrepase la barrera de los doscientos.

En un nivel más profundo el modelo del capacitador frecuentemente les impide a los pastores ser las personas que Dios quiere que sean. Ted Haggard dice que este tipo de estructura puede «restringir la piedad e inadvertidamente proveer una voz para la impiedad. Demasiadas estructuras innecesariamente dan una plataforma para los quejosos, manipuladores y controladores dentro del Cuerpo a título de exigir responsabilidad».[3]

Lyle Schaller dice: «El liderazgo pastoral al estilo de capacitador es apropiado en tal vez 75 000 iglesias protestantes en los Estados Unidos. Estas congregaciones tienen un promedio de cuarenta o menos en su asistencia al culto de adoración. La mayoría de ellas quieren un pastor cariñoso, no un líder de iniciativa. Esto tal vez explique, en parte, por qué son pequeñas. Otras 75 000 congregaciones protestantes tienen un promedio de asistencia de 125 o más en el culto de adoración. En estas, la generalización directriz es que mientras más grande sea el tamaño de la congregación, más importante es para el pastor aceptar y llenar el papel de líder iniciador».[4]

Esto es contrario a lo que muchos de los pastores actuales recibieron como enseñanza en los seminarios. Una razón fundamental para esto es que los profesores de seminarios rara vez son líderes iniciadores ellos mismos. Los seminarios tienden a valorar muy en alto las estructuras burocráticas. Claramente recuerdo haber oído a David Hubbard, anterior presidente del Seminario Fuller, decirle a la facultad: «El *proceso* es mucho más importante que el *resultado*». Los profesores de seminarios con frecuencia se refieren al liderazgo fuerte, visionario, peyorativamente como «empresarial».

Esta es, por ejemplo, la manera en que Frank Damazio describe al nuevo pastor apostólico principal típico: «Puede encender la imaginación y crear un sentido de dedicación a una visión que motiva a los seguidores a un servicio eficaz y significativo. Guarda la identidad y dirección de la congregación, aclarando y haciendo hincapié en el propósito. El visionario cuida el paso espiritual. El visionario prepara estrategias para implementar la visión de la iglesia, y constantemente genera impulsos para lograr los objetivos».[5]

## 2. LOS PASTORES SE ESPECIALIZAN MÁS EN EL LIDERAZGO Y MENOS EN LA ADMINISTRACIÓN

Pocos líderes visionarios e iniciadores tienen la paciencia para administrar. En las iglesias pequeñas no tienen alternativa; los pastores tienen que administrar a la vez que dirigir. Sin embargo, tan pronto como la iglesia es lo suficientemente grande como para empezar a añadir personal, los nuevos pastores apostólicos añaden administradores a su personal.

Esta es una aplicación implícita del principio bíblico de los dones espirituales. Digo *implícita* porque he observado que, de forma suficientemente extraña, el nivel de enseñanza y aplicación *explícita* de la doctrina bíblica de los dones espirituales entre las nuevas iglesias apostólicas es relativamente bajo. Sea como sea, el don de *liderazgo* es mencionado en Romanos 12.8, y el don de administración en 1 Corintios 12.28. La analogía en el griego original es que el *líder* es el dueño de la embarcación, y el *administrador* es el capitán. El uno decide a dónde debe ir la embarcación, y el otro busca cómo llegar allá. A los nuevos pastores apostólicos por lo general se les ve como los dueños de la nave.

## 3. LOS PASTORES TOMAN DECISIONES DE PRIMERA MAGNITUD Y DELEGAN EL RESTO

Mientras más grande sea la iglesia, más cierto es que el pastor es el principal agente en la toma de decisiones a niveles más elevados. Es más, la mayoría de los nuevos pastores apostólicos tienen el poder de vetar cualquier decisión en todo el sistema de la iglesia, aun cuando tienden a usarlo solo ocasionalmente. Incluso en las nuevas iglesias apostólicas pequeñas esta es la regla. Donald Miller observa: «El pastor principal establece la visión y define la cultura espiritual de la institución, pero típicamente da substancial autonomía a los individuos que componen el personal para supervisar programas específicos».[7]

Me doy cuenta de que algunos dirán: «¿Qué pasó con la democracia?» Ese es precisamente el punto. En su comprensión de la eclesiología bíblica, los nuevos pastores apostólicos no consideran a la iglesia como instituciones democráticas. Muchos afirmarían que una imposición dirigida de democracia, más bien *culturalmente* antes que *bíblicamente*, es un factor principal que ha debilitado a las iglesias denominacionales a través de los años.

Rick Warren lo dice tan bien como cualquiera: «¿Qué es lo que las palabras *comités, elecciones, regla de la mayoría, juntas, miembros de la junta, procedimientos parlamentarios, votaciones,* y *votos* tienen en común? ¡Ninguno de ellos se halla en el Nuevo Testamento! Hemos impuesto sobre la iglesia una forma estadounidense de gobierno y, como resultado, la mayoría de las iglesias están aplastadas bajo la burocracia tal como lo está nuestro gobierno. Lleva toda una eternidad lograr hacer algo».[8]

James Emery White parte desde este punto, y dice: «La Biblia enseña que la iglesia es una familia. En la mayoría de las estructuras familiares, los miembros inmaduros (hijos) son más numerosos o por lo menos iguales en número que los miembros maduros (padres). En mi familia, hay dos padres y cuatro hijos. Si hiciéramos una votación para cada cosa, tendríamos helado para la cena todas las noches, jamás nos iríamos a la cama, y viviríamos en Disney World».[9]

Uno de los resultados de delegar las responsabilidades de administración a otros miembros del personal es que, especialmente en las nuevas iglesias apostólicas grandes, los pastores principales no saben todo lo que está ocurriendo en sus propias iglesias. Rick Warren dice: «Por años no he sabido todo lo que está ocurriendo en Saddleback. ¡No tengo que saberlo todo! Usted podría preguntar: "Entonces, ¿cómo lo controla?" Mi respuesta es: "No lo controlo. No es mi trabajo controlar la iglesia. Mi trabajo es *dirigirla*"».[10]

Esto se verá de inmediato como un principal punto de separación de la presuposición tradicional de que el pastor es empleado de la iglesia. El apóstol John Kelly me dijo una vez cómo se sorprendió al principio cuando una junta de ancianos de una iglesia tradicional pequeña lo llamó como pastor. No había estado allí mucho tiempo implementando algunas ideas innovadoras cuando la junta quiso despedirlo. John, exoficial de la división de servicios especiales del Cuerpo de Marina, convocó a una reunión a la junta y en forma sumaria les informó: «Ustedes no me despiden. ¡Yo los despido a ustedes!» La iglesia más bien hizo rápidamente la transición a una nueva iglesia apostólica.

### 4. LOS PASTORES FORMAN UN EQUIPO SÓLIDO Y COMPETENTE DE ADMINISTRACIÓN

Los equivalentes funcionales de las juntas de las iglesias tradicionales en las nuevas iglesias apostólicas son los equipos de administración organizados para administrar el ministerio, no para fijar la dirección de la iglesia. Son equipos llamados para servir al pastor. En la mayoría de los casos toman la forma de juntas de ancianos o diáconos, o personal pastoral.

*Ancianos.* ¿Cuál es el papel típico de los ancianos? El apóstol Emmanuele Cannistraci dice: «Normalmente el pastor es el líder altamente visionario que pasa tiempo en oración buscando el plan de Dios para la iglesia. Cuando presenta a los ancianos la visión resultante, ellos la amplían ante la gente, en lugar de cambiarla o estorbarla. Pueden proveer advertencias y nociones adicionales útiles. El liderazgo entonces presenta a la iglesia la visión, y cuando hay unidad, se puede realizar el plan».[11]

Dick Iverson describe «la administración de ancianos» como sigue: «Varios ministros (ancianos espirituales) trabajan pastoreando la congregación de la iglesia local. Juntos como equipo ministran a la gente a quienes Dios ha colocado en el cuerpo local. Esta forma de gobierno se pudiera llamar ministerio de equipo. Creo que esta es la forma bíblica del gobierno de la iglesia local, y del ministerio de la iglesia».[12] Observe que Iverson se refiere a «*administración* de ancianos», y no a «*liderazgo* de ancianos». Este es un punto clave al entender el papel de los nuevos ancianos apostólicos.

Frank Damazio, discípulo y sucesor de Dick Iverson como pastor de la Iglesia City Bible, define claramente esto. Dice: «El pastor principal es el líder clave en la estructura de liderazgo de Dios. Su oficio y ministerio se puede describir como supervisor general, anciano que preside, primero entre iguales, pastor principal o ministro principal. Es la persona a cargo, a quien

Dios le ha dado la responsabilidad de guiar y dirigir a la iglesia local».[13]

Entonces, ¿cómo ve Frank Damazio el papel de los ancianos? «La visión o dirección de la iglesia la fija el pastor principal de la iglesia. Su equipo de ancianos no origina la visión, pero con frecuencia participa juntamente con él para fijarla ... El pastor principal debe ser el anciano que preside o presidente de todas las reuniones de los ancianos. Los ancianos no deben reunirse para considerar negocios o tomar decisiones sin la presencia o permiso del pastor principal».[14]

*Personal.* En las nuevas iglesias apostólicas a los miembros del personal se les considera empleados del pastor principal. Esto es un distanciamiento del modelo tradicional en el cual a ciertas juntas o comités se les ha otorgado el poder para emplear nuevo personal. Ordinariamente lo hacen con el consentimiento del pastor principal, pero no es raro que una junta tradicional emplee a un miembro del personal a pesar de la objeción del pastor principal. A decir verdad, algunos sostienen que es saludable tener miembros del personal que no necesariamente concuerden unos con otros. Los nuevos pastores apostólicos ven esto en forma diferente. Ellos son los que emplean y despiden al personal.

Esta es la manera en que el investigador George Barna describe el liderazgo visionario: «Estos líderes invariablemente se rodean de un pequeño grupo de colegas intensamente leales, capaces, entusiastas, que forman un equipo estrechamente unido de liderazgo. Mucho de la actividad revolucionaria es delegada y concebida por los miembros de ese equipo. Mediante habilidad verbal, resonancia emocional y esfuerzo estratégico, los líderes revolucionarios desafían abiertamente lo que contradice su propia doctrina, exhortando a otros a hacer lo mismo. Sus metas son audaces, y sus talentos y habilidades alientan las esperanzas de la gente en cuanto a un cambio súbito y de envergadura».[15] Aun cuando Barna aquí describe «a los líderes revolucionarios de historia reciente», este es también el perfil de los nuevos pastores apostólicos de mayor éxito y su personal.

## 5. LOS PASTORES SON LLAMADOS DE POR VIDA

Muchos de los nuevos pastores apostólicos han sembrado la iglesia que pastorean. Ni a ellos, ni a su congregación, se les ocurre siquiera el pensamiento de que en algún momento se mudarán a otra iglesia. Este es también el caso cuando se hacen las transiciones de un pastor principal a otro en las iglesias existentes. Por ejemplo, cuando se elaboró el reglamento interno de la congregación Evangel Christian Fellowship en San José, California, se nombró a Emmanuele Cannistraci, su fundador, como «pastor vitalicio». Su sobrino, David Cannistraci, ahora pastorea la iglesia en asuntos cotidianos como «copastor» y también es «pastor vitalicio». Emmanuele y su esposa continuarán recibiendo sostenimiento financiero de la iglesia mientras vivan.

Este distanciamiento más bien radical de los conceptos de duración de pastorado lleva dos implicaciones *importantes* y dos implicaciones *interesantes:*

La primera implicación *importante* es que al hacerlo así, las nuevas iglesias apostólicas están incorporando un principio probado del crecimiento de la iglesia. Las iglesias que crecen se caracterizan por pastores que han tenido pastorados más largos que los de las iglesias que típicamente se han estancado o están declinando. Esta es una de las razones por las que las nuevas iglesias apostólicas están creciendo más rápidamente que cualesquiera de las otras.

*Dedicación territorial.* La segunda implicación *importante* tiene que ver con la autoridad espiritual. En su destacado libro *Commitment to Conquer* [Dedicado a conquistar] (Chosen Books) Bob Becket presenta con persuasión el caso de que la autoridad pastoral aumenta en proporción a la dedicación del pastor a la comunidad tanto como a su iglesia. Virtualmente todo pastor conscienzudo está comprometido con la iglesia en la que sirve. Pocos y escasos son los pastores igualmente comprometidos a la comunidad en que se encuentra ubicada su iglesia.

Bob Beckett y su esposa, Susan, por largo tiempo consideraron Hemet, California, tan solo como un escalón hacia cosas mejores y mayores. Sin embargo su iglesia, The Dwelling Place, seguía dividiéndose, no crecía, las finanzas siempre eran un problema, y se sentían tan frustrados que se hallaron sencillamente dedicados a la rutina del trabajo pastoral semana tras semana.

---

*Servir como pastor de por vida lleva consigo una fuerte dedicación territorial, acompañada de niveles asombrosos de autoridad espiritual.*

---

Entonces Dios les habló y les dijo que debían quedarse en Hemet por el resto de sus vidas. Obedecieron y públicamente anunciaron la compra de parcelas en el cementerio para sellar su decisión. Ese fue el punto decisivo, y desde ese día la iglesia ha crecido, prosperado y ha provisto a Bob de una plataforma para un ministerio nacional e internacional fructífero. El principio es que servir como pastor de por vida lleva consigo una fuerte dedicación territorial, acompañada de niveles asombrosos de autoridad espiritual.

La primera aplicación *interesante* de un llamado vitalicio es que con frecuencia a las nuevas iglesias apostólicas tanto los de adentro como los de afuera las conocen por el nombre del pastor. Es común hablar de la iglesia de Robert Schuller, o de la iglesia de Bill Hybels, o la iglesia de Jack Hayford, o de la iglesia de T. D. Jakes, o la iglesia de John Osteen. Esto no es una declaración teológica, porque no hay duda de que estas iglesias a final de cuentas le pertenecen a Jesucristo. Es una declaración de identidad, sin embargo, que refleja la dedicación a largo alcance, vitalicia, de estos pastores a estas iglesias. En contraste, pocos se han referido a la Iglesia First United Methodist de Pumphandle, Nebraska, por el nombre de alguno de los pastores que ocuparon la casa pastoral algún momento.

*Iglesias de mamá y papá.* La segunda aplicación *interesante* es que las nuevas iglesias apostólicas con frecuencia son empresas clásicas de mamá y papá. Frecuentemente se ordena a la esposa del pastor, y ella sirve como copastora o tiene algún título similar. Pienso que no me equivoco al decir que hallo más parejas de ministros activos en las nuevas iglesias apostólicas que en cualquier otra clase de iglesias, excepto en el Ejército de Salvación. Sus hijos y otros parientes con frecuencia entran a formar parte del personal en cuestión de tiempo, así que no es raro hallar varios parientes en el personal de las nuevas iglesias apostólicas grandes. Esto nos lleva a la última característica de los nuevos pastores apostólicos:

### 6. LOS PASTORES ESCOGEN A SUS SUCESORES

Acabo de mencionar que Emmanuele Cannistraci entregó la congregación Evangel Christian Fellowship a su sobrino, David Cannistraci. La decisión de hacer esto la tomó Emmanuele, y nadie más. De manera similar, Dick Iverson entregó el pastorado principal de la iglesia City Bible (anteriormente Bible Temple) de Portland, Oregon, a su discípulo, Frank Damazio.

Tuve el privilegio de estar presente para la ceremonia de «pasar la batuta» a Damazio, en 1995, y oí a Iverson decir: «Hay varios presentes aquí hoy que están bien calificados para asumir la responsabilidad de Bible Temple. Consideré a muchos de ustedes mientras oraba por mi sucesor. La razón por la que escogí a Frank Damazio fue en obediencia a la voz de Dios en mi espíritu».

Este es el anuncio que Frank Damazio leyó a su congregación en la iglesia que estaba entonces pastoreando en Eugene, Oregon: «Los pastores Frank y Sharon Damazio han aceptado la invitación del pastor Dick Iverson para ser sus sucesores y hacerse cargo de la iglesia en Portland, Oregon. La mudanza tendrá lugar el 1° de septiembre. Mi sucesor será Gary Clark a quién he nombrado y los ancianos lo han confirmado como mi reemplazo».[16]

Lo que se da por sentado detrás de ese anuncio es que los pastores principales escogen a sus sucesores. Frank Damazio dice: «El pastor principal debe aceptar la responsabilidad de preparar un sucesor, y los ancianos deben comprender y respaldar el proceso».[17] Recomienda que el pastor reciba la nominación del Señor Jesucristo, que los ancianos la aprueben y que sea llevada a la congregación para su aprobación. «Entonces», dice, «tendrán tres testigos: el corazón del pastor, el corazón de los ancianos, y el corazón de la congregación».[18]

Con frecuencia el pastor principal que sale entregará la iglesia a un hijo suyo. Esto es, y sin duda seguirá siendo, la excepción y no la regla. Muchos pastores, no obstante, han orado fervientemente que su unción sea llevada a través de las generaciones, y que cuando Dios contesta esa oración están más que listos para nombrar a un hijo como su sucesor, provisto, claro está, que ese hijo llene los requisitos para el ministerio. Billy Graham lo hizo con Franklin, Oral Roberts lo hizo con Richard, Paul Walker lo hizo con Mark, Bill Hamon lo hizo con Tom, Lestes Sumrall lo hizo con Stephen, tan solo para nombrar a unos pocos nombres destacados.

Debido a que el hijo es, por definición, uno de dentro de la iglesia, la sucesión es frecuentemente más gradual y natural que al traer a un extraño. Por ejemplo, en la Catedral de la Fe en San José, California, el pastor principal Kenny Foreman comisionó a su hijo Ken como copastor hace siete años. Al principio Ken predicaba una vez al mes. Más tarde eso se amplió a 16 veces al año, y al momento de escribir esto predica tres veces al mes como promedio.

Kenny ha instalado al hermano menor de Ken, Kurt, como administrador de la iglesia y gerente de negocios, y una de sus hijas encabeza el departamento de medios de comunicación. Todos los hijos Foreman han obtenido grados universitarios en sus respectivos campos de ministerio, y están bien calificados para sus cargos. Cuando llegue el tiempo para que Kenny y su esposa salgan, estarán seguros de que la iglesia está en buenas manos.

## MODALIDADES Y HERMANDADES

Cuando escribí mi libro *Leading Your Church to Growth* [Cómo dirigir a su iglesia para que crezca] (Regal Books) hace varios años, incluí un capítulo titulado «¿Por qué Bill Bright no es su pastor?». Usé el nombre de Bill Bright porque es un prototipo muy conocido del clásico líder de hermandad. Eso fue hace como quince años. Me place informar que al escribir esto, tenemos más líderes de hermandades tipo Bill Bright encabezando iglesias locales como nunca antes los habíamos tenido.

Para los que no están familiarizados con la teoría modalidad-hermandad, «modalidad» es el término usado para las estructuras congregacionales. Puede ser una congregación individual en una iglesia local o un grupo de iglesias que forman una judicatura denominacional tradicional. «Hermandad» se refiere a las estructuras misioneras u organizaciones paraeclesiásticas. Las modalidades, por naturaleza, son entidades orientadas a las personas. Los nuevos miembros por lo general nacen en el grupo o se unen a él por socialización. Por otro lado, las «hermandades» están más orientadas a la tarea. Nadie nace en una «hermandad». A los nuevos miembros se los recluta, ordinariamente en base a lo que pueden contribuir a la tarea. Toda persona es valiosa, pero los que pueden contribuir a la tarea son a los que se les recluta para la «hermandad».

A través de los años los observadores han notado que los líderes de «hermandades» (paraeclesiásticos) tienen características que difieren del pastor promedio. Si ellos son líderes eficientes de una «hermandd» es porque tienen las siguientes características:

1. Piensan que su tarea en particular es la más importante del Reino de Dios.
2. Creen que están realizando su tarea mejor que nadie. (Esto con frecuencia irrita a los líderes de modalidad y otros líderes de hermandad.)
3. Tienen una relativamente baja necesidad de gente.

Decir que algunos líderes cristianos tienen una baja necesidad de gente puede sonar extraño e incluso severo al principio. Para los líderes de modalidad, sin embargo, mayormente los pastores de iglesias locales, la gente es primordial y la tarea es secundaria. Por otro lado, para los líderes de hermandad la tarea es primordial y la gente es secundaria.

Los nuevos pastores apostólicos, particularmente si tienen talento para ser pastores de iglesias grandes, tienden a ser más como líderes de hermandad. La razón por la que esta diferencia importante no se nota con mayor frecuencia es que su *tarea,* a diferencia de la tarea de muchos líderes paraeclesiásticos, es servir a *la gente.* Es irónico que su relativamente baja necesidad de la gente les ayuda a servirles mejor. Esto es muy parecido a muchos cirujanos. Su tarea también es ayudar a las personas, pero no es raro que el cirujano carezca de «habilidad con las personas».

En la iglesia tradicional, cuando un miembro prominente de la iglesia se acerca al pastor para decirle algo como lo siguiente: «Pastor: No me gusta la dirección en que la iglesia está marchando», el pastor típicamente replicará: «Llevemos su opinión a la junta de la iglesia y veamos si necesitamos cambiar nuestra dirección». Los nuevos pastores apostólicos tomarán un enfoque totalmente diferente. Tenderán a decir: «Amigo mío: respeto su opinión. Oremos al respecto, y yo haré lo mejor que pueda para hallar en nuestra comunidad una iglesia en donde usted pueda estar de acuerdo con la dirección en que marcha».

Bob Beckett cuenta de una nueva familia que se mudó a Hemet, California, y que se unió a la iglesia The Dwelling Place. Venían de una iglesia que tenía un órgano de tubos que costó 25 000 dólares. Habían pedido una cita con el pastor Bob y le dijeron: —Pastor: Nos gustaría hacer una contribución para un órgano de tubos en nuestra iglesia.

Bob replicó:

—¡Aquí nadie sabría ni siquiera cómo enchufarlo!

—Pero —dijeron—, la música es tan hermosa. Necesitamos música de órgano.

—Está bien —les dijo Bob—. ¡Mañana les enviaré una lista de todas las iglesias en esta ciudad que tienen órganos de tubos!

Bob Beckett no tiene gran necesidad de gente que consideraría cambiar la filosofía de adoración de su iglesia para retener a una familia, por buenos cristianos y diezmadores generosos que pudieran ser.

George Barna concuerda. Dice: «Invite a los disidentes a irse. Esto puede sonar riguroso, pero sigue a la lógica. Invite a los obstinados a buscar una iglesia que les guste. No los pinte como enemigos, ni ignorantes ni problemáticos ... Su tarea es ayudarles a tomar una decisión, que es subir a bordo y navegar en armonía con el resto de la tripulación, o buscar una embarcación que navegue a un destino que ellos encuentren apropiado ... Si usted permite que estas personas problematicas se queden en su nave, le garantizo que serán anclas que estorbarán su expedición. No estarán contentas, usted no estará contento, la iglesia no estará contenta, los visitantes no se sentirán contentos. Nadie gana».[19]

En Lima, Perú, hace un tiempo, conocí al nuevo pastor apostólico Manuel Gutiérrez de la Iglesia Cristiana Viva. Me contó que cuando empezaron la transición de su iglesia a una iglesia basada en células, un diácono se opuso a su visión y creó un conflicto. Empezó a acusar al pastor y a otros diáconos, diciendo: «¡Nuestro pastor se ha convertido en papa!»

Manuel lo llamó y le dijo: «Hermano: Usted es un líder en esta iglesia por tres razones: (1) Usted es mi amigo, (2) usted concuerda con mi visión, y (3) usted es leal conmigo. Si falta alguna de esas tres cosas, ¡usted ya no es líder!» A la siguiente semana el hombre estaba buscando una nueva iglesia.

## EL ESPINOSO ASUNTO DE LA RESPONSABILIDAD

Al sondear un poco más profundamente por qué Manuel Gutiérrez destituyó a un anciano, me dijo: «Las ovejas no disciplinan al pastor; los pastores disciplinan a los pastores». Su anciano estaba tratando de controlarlo. Pensé mucho en esto porque plantea la espinosa cuestión de la nueva toma de cuentas apostólica.

Si los nuevos líderes apostólicos tienen tanta autoridad, ¿a quién le rinden cuentas a fin y al cabo? No me refiero a su responsabilidad ante Dios, sino a su lugar en la estructura humana dada por Dios para rendir cuentas aquí en la tierra. En el siguiente capítulo trataré sobre la cuestión respecto a la responsabilidad de los *apóstoles*. Sin embargo, ¿ante quién deben rendir cuentas los nuevos *pastores* apostólicos?

¿Deben rendirle cuentas a la congregación? No. Se espera que los miembros disidentes se vayan.

¿Deben rendirle cuentas a los ancianos? Casi todos los pastores dirían que sí. Esta es buena teoría bíblica, pero rara vez resulta en la práctica. Sirve en las iglesias presbiterianas, por ejemplo, cuando los ancianos son elegidos por la congregación. En las nuevas iglesias apostólicas, no obstante, cuando el pastor principal es quien nombra o destituye ancianos, sirve solo en las iglesias saludables. Cuando la iglesia se enferma, esta estructura de responsabilidad rara vez es fuerte lo suficiente para subsistir el día.

¿Son responsables ante los apóstoles? Si la iglesia está integrada en una red apostólica, la respuesta es sí. Esto es sólido bíblicamente y funcional en operación.

Un líder denominacional, cuyo nombre no mencionaré, me escribió criticando a la Nueva Reforma Apostólica y decía: «Estos ministerios individualistas *no le rinden cuenta a nadie.* Cada líder hace lo que le parece bien a sus ojos. Puesto que no hay riendas que controlen y dirijan a estos líderes, haríamos bien en prepararnos para un brote sin precedentes de enseñanzas heréticas, liderazgo manipulador, y manifestaciones de lo milagroso que rayarán en "a ver si puedes vencer en esto". Esto es lo que veo que ya está ocurriendo».

Es reconfortante enterarse de que los nuevos líderes apostólicos se dan perfecta cuenta de este problema, y aun cuando no está totalmente resuelto al momento de escribir esto, la mayoría intenta seguir trabajando hasta resolverlo.

Por ejemplo, el apóstol John Kelly de las Iglesias y Ministerios Antioch escribe a los pastores una columna titulada: «Palabras de un padre»:

> Todos necesitamos una cubierta espiritual sobre nosotros: una persona o grupo que nos aconseje cuando sea necesario; una persona o grupo en quien tengamos suficiente confianza como para permitirle hablar a nuestras vidas, sabiendo que siempre tendrán nuestro mejor interés en su corazón; alguien que hable la verdad en amor y nos considere responsables ante las

Escrituras por amor de Cristo. Debemos anhelar el consejo y corrección de este grupo de hombres consagrados. Nadie es un llanero solitario y no necesitamos que se nos perciba como tales».[20]

## ESTRUCTURAS DE RESPONSABILIDAD

No todos los nuevos líderes apostólicos lo hacen de la misma manera, pero algunos patrones están empezando a surgir. Manuel Gutiérrez, quien dijo: «Las ovejas no disciplinan al pastor; los pastores disciplinan a los pastores», se considera a sí mismo públicamente responsable ante Mac Hammond, un apóstol cuya sede está en Mineápolis, Minesota, y a Jim Kaseman, un apóstol en la Asociación de Iglesias y Ministerios de Fe en Tulsa, Oklahoma. Localmente Gutiérrez es responsible ante la *Fraternidad Internacional de Pastores Cristianos (FIPC),* la cual él, junto con otros líderes apostólicos en Lima, Perú, tales como Humberto Lay y Juan Capuro, fundaron en 1991 precisamente como estructura local de responsabilidad. Manuel me dijo que también le dijo a su líder rebelde: «Si necesito disciplina, repórteme a la *FIPC*».

---

*Manuel Gutiérrez dijo: «Las ovejas no disciplinan al pastor; pastores disciplinan a los pastores».*

---

¿Sirve la *FIPC* como debiera? ¿Disciplinarán en verdad los pastores a otros pastores cuando la obligación surge? En este caso sí. La *FIPC* ya ha disciplinado a dos de sus miembros: uno por cuestiones morales y otro por cuestiones financieras. Ambos se sometieron a la disciplina y se retiraron del ministerio activo por el tiempo especificado.

Como otro ejemplo, el pastor Mel Green de la Iglesia Word of Life en Red Deer, Alberta, Canadá, también supervisa a otras iglesias. Dice: «Ningún hombre debe ser independiente o aislado». Ha anunciado a su congregación que tiene un grupo de tres individuos que son «sus pastores» y a quienes se somete. Son Mel Davis, Emmanuele Cannistraci y Carlos Green, todos ellos líderes reconocidos que no son miembros de su iglesia.

Mi pastor, Ted Haggard, llama a la operación de la Iglesia Nueva Vida un «gobierno de iglesia sin dolor». La única decisión en manos de la congregación es dar la aprobación final al llamado del pastor principal cuando sea necesario. El llamado es presumiblemente vitalicio. Mientras tanto, el pastor nombra una junta de fideicomisarios para que atiendan los asuntos financieros de la iglesia y una junta de ancianos para que atiendan el ministerio espiritual de la iglesia. Ambas juntas son nombradas para respaldar la visión del pastor principal.

Ted tiene una junta externa de supervisores «nominada por el pastor y confirmada por los ancianos» (según el reglamento interno de Nueva Vida), ante la cual personalmente se somete y se considera él mismo responsable. Está encabezada por Larry Stockstill del Bethany World Prayer Center de Baker, Louisiana, que fue la iglesia madre de Nueva Vida, e incluye cuatro pastores locales. A ellos se les informa de cualquier problema de disciplina, pudiendo cualesquiera tres de este grupo disciplinar o despedir a Ted Haggard.

Como en la mayoría de los demás aspectos de la nueva eclesiología apostólica, la responsabilidad pastoral se yergue o cae basada en relaciones personales, no en decretos legales.

CAPÍTULO CINCO

# Cinco preguntas cruciales sobre el ministerio apostólico

Me imagino que muchos lectores empezarán a leer este libro en este capítulo. Escogerán bien. Claramente, un libro sobre la Nueva Reforma *Apostólica* requiere, como su pieza central, una explicación cuidadosa de lo que se quiere decir con la palabra «apóstol» y cómo el concepto de apóstol está revelándose en el Cristianismo contemporáneo.

Como ya he dicho más de una vez, la diferencia más radical entre lo que yo llamo el *nuevo* cristianismo *apostólico* y el cristianismo *tradicional* gira alrededor de la cantidad de autoridad del Espíritu Santo que se percibe delegada a *individuos* en lugar de a grupos tales como juntas, comités o presbiterios. El capítulo anterior enfocó principalmente la autoridad *local* delegada a los pastores; este capítulo enfoca la autoridad *translocal* delegada a los apóstoles.

Para ayudarnos a captar el cuadro completo, mencionaré cinco de las que considero las preguntas más cruciales respecto al ministerio apostólico antes de explicarlas una por una.

1. ¿Qué es un apóstol?
2. ¿Hay apóstoles hoy?

3. ¿Cuán importantes son los apóstoles?
4. ¿Cómo adquiere su autoridad un apóstol?
5. ¿Cuáles son las cualidades de un apóstol genuino?

## PREGUNTA 1: ¿QUÉ ES UN APÓSTOL?

La palabra castellana «apóstol» se deriva del griego *apóstolos*. *Apóstolos* es un nombre y el verbo correspondiente es *apostelo*, enviar. Otra palabra bíblica, más común, que significa «enviar» es *pempo*, pero hay una diferencia importante entre las dos. *Apostelo* quiere decir enviar con un propósito en particular o con una comisión específica de parte del que envía. Cuando esto se hace, «el enviado tiene plenos poderes y es el representante personal del que lo envía».[1] Los antiguos griegos también usaban *apostelo* de tiempo en tiempo para indicar el ser enviado con autorización divina. A esto es que nos referimos en este capítulo.

El Nuevo Testamento usa *apóstolos* para los doce apóstoles escogidos personalmente por Jesucristo. Es con ellos que estamos más familiarizados, pero no son los únicos. Por lo menos a otros doce también se les llama «apóstoles» en el Nuevo Testamento, incluyendo Andrónico, Apolos, Bernabé, Epafrodito, Santiago (hermano de Jesús), Junias, Matías, Pablo, Silas, Timoteo y otros dos a quienes se menciona, pero no se dan sus nombres.

### UN DON ESPIRITUAL

Apóstol es un don espiritual. Aparece entre varios otros dones en 1 Corintios 12, en donde Pablo empieza diciendo: «No quiero, hermanos, que ignoréis acerca de los dones espirituales» (1 Corintios 12.1). Se menciona a los apóstoles en 1 Corintios 12.28 y 29, junto con otros dones espirituales tales como milagros, sanidades, ayuda, administración y lenguas. También se los menciona en Efesios 4.11 junto con profetas, evangelistas, pastores y maestros.

Algunos tal vez observen que esta lista en Efesios 4.11 es

una lista de clases de individuos a quienes Dios da como dones a la iglesia como un todo; constituyen oficios. Esto es correcto técnicamente. También se da por sentado, por ejemplo, que los maestros tendrían el don de enseñar y que los profetas tendrían el don de profecía como la principal cualidad para ese oficio en particular. Tanto la profecía como la enseñanza se designan específicamente como dones espirituales; a decir verdad, ambas aparecen en las dos listas principales del Nuevo Testamento, Romanos 12 (véanse los versículos 6 y 7) y 1 Corintios 12 (véanse los versículos 10 y 28). Así que una inferencia razonable sería que los apóstoles también recibieron su oficio debido a que se les había dado el don espiritual de apóstol.

Esta es la definición que he estado usando para el don espiritual de apóstol: *El don de apóstol es la capacidad especial que Dios da a ciertos miembros del Cuerpo de Cristo para asumir y ejercer liderazgo general sobre un número de iglesias con una autoridad extraordinaria en asuntos espirituales que es espontáneamente reconocida y apreciada por aquellas iglesias.*[2]

Al continuar estudiando la Nueva Reforma Apostólica, sin embargo, ha llegado a ser claro que esta definición se aplica a muchos, tal vez a la mayoría de los apóstoles, pero no a todos. Esperaba que para cuando terminara este libro tendría una terminología satisfactoria para nombrar y definir cualquier otra clase de apóstol que pudiera haber. Esto no ha sucedido como esperaba, así que sencillamente dejaré el asunto pendiente para investigarlo más.

Una palabra clave en mi definición es «autoridad». No quiero recalcar esto demasiado, pero es esencial ver al apóstol a través de la criba de la autoridad. Nos ayuda a evitar el error común que algunos han cometido al confundir el don de apóstol con el don de misionero. Permítame explicar.

## APÓSTOL *VERSUS* MISIONERO

La palabra «misionero» en español procede del latín *missionarius,* que significa una persona enviada a una región para hacer obra religiosa. Esto le da una afinidad estrecha con el concepto de «apóstol» como enviado. Kenneth Taylor en *The Living Bible* [La Biblia del Diaro Vivir] frecuentemente tradujo *apósto-*

*los* como «misionero», como por ejemplo en Romanos 1.1, en donde *The Living Bible* [en inglés] dice: «Pablo ... escogido para ser misionero». Sin embargo, cuando el mismo Kenneth Taylor más adelante convocó a un grupo de eruditos bíblicos profesionales para hacer la *New Living Translation*, pensaron que Romanos 1.1 debía decir: «Pablo ... escogido ... para ser apóstol».

Estoy de acuerdo. Creo que Pablo estaba describiendo el don espiritual de misionero cuando escribió Efesios 3.6-9:

> Que los gentiles son coherederos y miembros del mismo cuerpo, y copartícipes de la promesa en Cristo Jesús por medio del evangelio, del cual yo fui hecho ministro por *el don de la gracia de Dios* que me ha sido dado según la operación de su poder. A mí, que soy menos que el más pequeño de todos los santos, me fue dada esta gracia de anunciar entre los gentiles el evangelio de las inescrutables riquezas de Cristo (énfasis mío).

En otras palabras, Pablo atribuye la capacidad que tenía como judío, hebreo de hebreos no menos, para ministrar cruzando culturas a los gentiles, al «don de la gracia de Dios» (es decir, un don espiritual). Este fue el don misionero.

Así es como lo defino yo: *El don de misionero es la capacidad especial que Dios les da a ciertos miembros del Cuerpo de Cristo para ministrar en una segunda cultura cualquier otro don espiritual que puedan tener.*[3]

Observe el contraste entre Pedro y Pablo. Ambos eran apóstoles; pero Pedro no cruzó culturas. Fue apóstol a la *circuncisión*, es decir, a sus compatriotas judíos. Pablo fue apóstol primordialmente a la *incircuncisión*, a los gentiles, quienes tenían una cultura enteramente diferente de aquella en la que él se había criado. Pedro tenía el don de apóstol, pero no el don de misionero. Pablo tenía tanto el don de apóstol como el don de misionero.

## AUTORIDAD DE EMBAJADOR

David Cannistraci, autor del sobresaliente libro *Apostles and the Emerging Apostolic Movement* [Los apóstoles y el emergente movimiento apostólico] define «apóstol» como «uno llamado y enviado por Cristo para tener la autoridad espiritual, carácter, dones y capacidades para alcanzar con éxito y establecer a las personas en la verdad y orden del Reino, especialmente mediante la fundación y supervisión de iglesias locales».[4]

Sembrar y supervisar nuevas iglesias es una dimensión importante de la mayoría de ministerios apostólicos. Virtualmente a cualquier individuo que hace esto por un período de tiempo se le podría ver como un apóstol, aun cuando podría haber algunos apóstoles *bona fide* que no están involucrados directamente en sembrar iglesias *per se*.

Se debe pensar de los apóstoles como embajadores. Bill Hamon, autor de *Apostles, Prophets and the Coming Moves of God* [Apóstoles, profetas y los movimientos divinos venideros], ve esto claramente. Dice: «El significado básico de la raíz [de "apóstol"] es "uno enviado como representante de otro", con el poder y autoridad del representante procediendo del que lo envía. Son como embajadores que representan a un país».[5]

Es importante recordar que los apóstoles son seres humanos. Tienen sus días buenos y sus días malos. Debido a que no tienen naturaleza divina, pueden cometer muchos errores. Recuerdo haber oído a John Kelly decir: «Algunas personas piensan que los apóstoles brillan en la oscuridad. ¡No es así!»

El apóstol John Eckhardt lo dice de esta manera: «Hay quienes piensan que una persona tiene que ser perfecta e infalible para andar en el llamado de un apóstol. Pero debemos darnos cuenta de que todos los dones del ministerio son dones de gracia. Son dados por gracia y no son ganados. Usted los tiene o no los tiene. Pablo reconoció que no era digno de ser llamado apóstol, y lo era solo por la gracia de Dios».[6]

## PREGUNTA 2: ¿HAY APÓSTOLES HOY?

Aun cuando su número ha ido disminuyendo significativamente en las dos últimas décadas, algunos líderes cristianos todavía se consideran «cesacionistas». Se aferran a la posición de que muchos de los dones espirituales que operaban en la iglesia del primer siglo fueron diseñados por Dios para que su uso «cesara» con el cierre de la edad apostólica, y cuando se completara el canon de las Escrituras del Nuevo Testamento. La lista de dones que cesaría varía entre las varias escuelas del cesacionismo, pero los profetas y apóstoles, sea que se consideren como dones u oficios espirituales, o ambas cosas, aparecen en muchas de esas listas.

Los que procesan la información mediante tal paradigma naturalmente afirmarían que no hay tal cosa como apóstoles, en el sentido bíblico de la palabra, en la iglesia de hoy. Podrían conceder que se pudiera referir a los misioneros como apóstoles porque son enviados, pero, como ya he indicado, esto es muy diferente de la manera en que estoy usando el término en este capítulo.

También existen diferencias de opinión entre los que no son cesacionistas. Por ejemplo, el profesor George Batson del Seminario Teológico Continental de Bélgica, siendo él mismo pentecostal, dice: «Parece mejor tomar "apóstol" como un término técnico, no transferible a un oficio en la edad postapostólica. Esto excluye la "sucesión apostólica" de autoridad en la iglesia de Roma».[7]

### EL DON *VERSUS* EL TÍTULO

Otros admiten que el ministerio apostólico tiene su lugar hoy, pero no se debería usar el *título*. Por ejemplo, Reinhold Ulonska, teólogo pentecostal alemán, dice: «Si comprendemos que [apóstol] significa el ministerio y no tanto el título podríamos decir: "Sí, hay apóstoles hoy" ... Hoy el título *apóstol* parece tener un halo de gloria y autoridad, que los verdaderos apóstoles jamás reclamarían para sí mismos».[8]

Felipe Ferrez de la Iglesia del Evangelio Cuadrangular en

las Filipinas concuerda: «Esto es decir que el *oficio apostólico* fundamental de la iglesia del NT puede haber cesado, pero *el don de apóstol* permanece como herencia continua del Cuerpo de Cristo».[9]

Algunos han marginado el oficio de apóstol mediante lo que se podría interpretar como una forma de descuido benigno. Un ejemplo son las Asambleas de Dios en los EE. UU. El Artículo VII de su reglamento interno dice lo siguiente: «Sección 1: Descripción del ministerio. Los dones de Cristo a la iglesia incluyen apóstoles, profetas, evangelistas, pastores y maestros (Efesios 4.11), exhortadores, administradores, líderes y ayudantes (Romanos 12.7,8). Entendemos que el llamado de Dios a estos dones de ministerio está totalmente dentro de su soberana discreción sin consideración de género, raza, invalidez u origen nacional».[10]

En la práctica las Asambleas de Dios reconocen a los líderes mediante los títulos «Pastor Fulano de Tal», «Evangelista Fulano de Tal», y «Doctor o profesor Fulano de Tal», pero no «Profeta Fulano de Tal» o «Apóstol Fulano de Tal». La alternativa por la que se ha optado, no solo de parte de las Asambleas de Dios, sino también de parte de la gran mayoría de las demás denominaciones por igual, de reconocer a los evangelistas, pastores y maestros, pero no reconocer apóstoles y profetas, no se deriva de la exégesis bíblica, sino más bien de tradiciones eclesiásticas atrincheradas.

En este sentido tal vez sea iluminador reconocer que el término «evangelista», tan común hoy, no fue aceptado en forma general en los Estados Unidos sino en tiempos de Carlos Finney, quien ministró desde 1825 hasta 1875. Finney encendió buena cantidad de controversia cuando aceptó el oficio de evangelista por primera vez. Los teólogos de la época esforzadamente discutieron contra lo que ellos llamaban «nuevas medidas».

Concuerdo con el obispo Carlis Moody de la Iglesia de Dios en Cristo, quien dice: «Sí, ¡hay apóstoles en la iglesia hoy! Manifiestan extraordinario liderazgo espiritual, y están ungidos con el poder del Espíritu Santo para confrontar los poderes de Satanás, al confirmar el evangelio mediante señales y milagros, y al establecer iglesias según el modelo del Nuevo Testamento y la doctrina de los apóstoles».[11]

## EL OFICIO DEL APÓSTOL

Es importante entender la diferencia entre el *don* de apóstol y el *oficio* de apóstol. Cualquier oficio es el reconocimiento público de parte del Cuerpo de Cristo de que un individuo tiene un cierto don y está autorizado para ministrar ese don en lo que se pudiera llamar una capacidad «oficial». La mayoría de nosotros estamos acostumbrados a la ordenación de pastores, lo cual oficialmente los coloca en el ministerio público. El mismo concepto se debería aplicar a los apóstoles.

Bill Hamon dice: «[Cristo] dio a algunos el ser apóstoles, no el tener el don de apóstol funcionando ocasionalmente. Los apóstoles deben ministrar como embajadores de Cristo, ser el ministro apostólico que Jesús sería si estuviera aquí personalmente».[12]

Estamos presenciando un cambio relativamente rápido en la actitud de los líderes de la iglesia en cuanto a aceptar el oficio contemporáneo de apóstol. Algunos teólogos todavía discuten en contra, así como discutieron en contra de llamar a Finney un «evangelista» en una generación pasada. La tendencia es clara, sin embargo, y mi suposición es que en unos pocos años la controversia empezará a disminuir. Por ejemplo, una copia de una carta reciente al apóstol John Eckhardt me fue enviada a mí. Empezaba: «Querido apóstol John», y el párrafo inicial decía: «Primero quiero decir que siento enorme entusiasmo al empezar esta carta con este saludo. Usted sabe que nunca esperé poder decir esas palabras de este lado de la resurrección».

# PREGUNTA 3: ¿CUÁN IMPORTANTES SON LOS APÓSTOLES?

Espero que algunos para quienes esta idea de apóstoles es nueva estarán diciendo: «La iglesia ha marchado bien por muchas generaciones sin reconocer el oficio de apóstol. ¿Por qué hacer tanta alharaca tan tarde?» Esa pregunta merece una respuesta tan cuidadosa como sea posible.

Mi hipótesis es que la esposa de Cristo, la Iglesia, ha estado madurando mediante un proceso discernible durante los últimos siglos en preparación para completar la tarea de la Gran Comisión. Mi punto de partida es la Reforma protestante en la cual se establecieron firmemente los puntales teológicos: la autoridad de las Escrituras, la justificación por la fe y el sacerdocio de todos los creyentes. El movimiento wesleyano introdujo entonces la demanda de santidad personal y corporativa.

El movimiento pentecostal perfiló más adelante la obra sobrenatural del Espíritu Santo en una variedad de ministerios de poder. El oficio de intercesor fue restaurado en los años setenta, y el oficio de profeta fue restaurado en la década del ochenta. La pieza final fue puesta en su lugar en la década del noventa con el reconocimiento del don y oficio de apóstol.

---

*La Iglesia está preparada para avanzar el Reino con una velocidad e intensidad que no ha sido posible en generaciones previas.*

---

Esto no es decir que la iglesia es perfecta. Quiere decir que la infraestructura de la iglesia, por así decirlo, ahora se puede completar. La iglesia está mucho mejor preparada para avanzar el reino con una velocidad e intensidad que no ha sido posible en generaciones previas.

## LOS APÓSTOLES SON ÚNICOS

Se podría debatir, muy convincentemente, que la iglesia siempre ha tenido apóstoles, pero que no se les ha reconocido como tales. Sin embargo, por cierta que pudiera ser esa aseveración, una vez que los apóstoles reciban el reconocimiento que merecen, la iglesia estará preparada para avanzar a un nivel más alto. Esto es lo que está ocurriendo en nuestros días.

John Eckhardt lo dice de esta manera: «No hay sustituto para el apóstol. El profeta, el evangelista, pastor o maestro no puede hacer lo que puede hacer el apóstol. Tampoco el apóstol puede hacer lo que otros con otros dones pueden hacer. Cada don es necesario y tiene un propósito único. No son opcionales. Dios nos los dio porque los necesitamos a todos».[13]

Predeciblemente, reconocer a los apóstoles y por ello llevar a la iglesia a un nuevo nivel agitará a la oposición en el mundo invisible. Me gusta lo que David Cannistraci dice: «¡Cómo teme el enemigo al apóstol! ¡Cómo teme la plena restauración de este ministerio! Una función apostólica neotestamentaria plenamente en ejercicio en la iglesia de hoy impactaría significativamente el dominio de las tinieblas. Satanás lo sabe, y estoy seguro que todo el infierno tiembla ante la perspectiva de la revitalización de los apóstoles y personas apostólicas».[14]

## ¡PROPULSORES DE PROYECTILES APOSTÓLICOS!

Todo esto es para decir que los apóstoles son extremadamente importantes para la respuesta a nuestra oración: «Venga tu reino. Hágase tu voluntad, como en el cielo, así también en la tierra» (Mateo 6.10).

Bill Hamon dice: «Cuando los apóstoles sean restaurados a plenitud, eso activará muchas cosas. Hará que muchas profecías tocantes al fin de los tiempos empiecen a sucederse a un ritmo acelerado. El apóstol es el último de los ministerios quíntuples a ser restaurados. Es como una gran máquina que necesita que ocurran cinco cosas en secuencia antes de que funcione por completo. Se pudiera comparar a un propulsor de proyectil con cinco interruptores que deben encenderse para que pueda lanzar el trasbordador espacial: la Iglesia. Cada interruptor o botón representa uno de los cinco ministerios».[15]

Tenga presente que la premisa sobre la cual se basa la importancia del ministerio apostólico es la tarea de completar la Gran Comisión. John Kelly concuerda: «Vivimos en una hora crítica. Es necesario que haya una demostración en esta generación del ministerio del apóstol con poder milagroso, profético y productividad que cambie el mundo. Cuando los apóstoles empiecen a surgir por miles, podremos llevar a las naciones a Jesucristo. La siega no se puede recoger sin este oficio fundamental».[16] Si Kelly tiene razón, el oficio apostólico es tan importante que puede significar para multitudes la diferencia entre el cielo y el infierno.

## PREGUNTA 4: ¿CÓMO ADQUIERE SU AUTORIDAD UN APÓSTOL?

Los apóstoles, en comparación con la mayoría de los líderes tradicionales de la iglesia, posee y ejerce autoridad inusual. ¿De dónde obtiene esta autoridad? Si podemos comprender y aceptar la respuesta a esta pregunta, muchas de las dudas que algunos continúan albergando respecto a la validez del verdadero ministerio apostólico se evaporarán.

### APÓSTOLES «AUTONOMBRADOS»

Algunos que todavía no han comprendido la cuestión de autoridad, intentan descartar el asunto usando el término «apóstoles autonombrados». La implicación es que el llamado oficio apostólico no tiene otra base que un deseo personal interno de tener un título imponente o poder indebido. Sin embargo, si este fuera el caso los apóstoles tendrían muy pocos seguidores, y no habría movimiento alguno que se pudiera rotular la Nueva Reforma Apostólica.

Por el contrario, la iniciativa de todo el proceso empieza con Dios, como cualquiera de los otros dones espirituales. Al explicar el asunto de dones espirituales a los corintios, Pablo dice: «Mas ahora Dios ha colocado los miembros cada uno de ellos en el cuerpo, como Él quiso» (1 Corintios 12.18).

Pablo entonces pasa a decir: «Y a unos puso Dios en la iglesia, primeramente apóstoles, luego profetas, lo tercero maestros» (1 Corintios 12.28). Si vamos a rotular a los apóstoles como «autonombrados», deberíamos hacer lo mismo con los maestros, pero por alguna razón no nos sentimos inclinados a hacer tal cosa. Yo he sido maestro por más de 40 años, por ejemplo, y nadie todavía ha sugerido que soy un «maestro autonombrado».

Dios es quien nombra, y el reconocer que Él lo ha hecho así le toca al Cuerpo de Cristo. Estamos acostumbrados a que la iglesia opere de esta manera con nuestros pastores, y lo llamamos «ordenación». Todo comité de ordenación, hasta donde yo sepa, comprende que su papel es confirmar públicamente lo que Dios ya ha hecho. Rara vez usamos el término «pastores autonombrados».

Algunas de las actitudes derogatorias hacia los apóstoles sin duda alguna surge de experiencias negativas en el pasado. Bill Hamon dice: «En los últimos pocos años he visto a algunos pastores jóvenes de iglesias pequeñas recibir profecías de que son llamados a ser apóstoles. Algunos inmediatamente cambian el nombre en sus tarjetas de presentación personal de "reverendo" o "pastor" a "apóstol" y empiezan a tratar de sembrar iglesias y a buscar otros ministros a quienes pudieran servir de padres ... Tienen más presunción que fe; más celo que sabiduría ... Este tipo de persona por lo general da una respuesta equivocada y produce una presentación inapropiada del divino ministerio del apóstol».[17]

Admitiendo, entonces, que hay algunos apóstoles espúreos, echemos un vistazo a cómo los genuinos reciben su autoridad.

## LOS APÓSTOLES SON LÍDERES CARISMÁTICOS

Estoy usando el término «carismático» aquí, no en su sentido teológico, sino en su sentido sociológico. El sociólogo alemán Max Weber, considerado por muchos el padre de la sociología moderna, define el término «carisma» como sigue:

> El término «carisma» se aplicará a cierta calidad de personalidad individual en virtud de la cual queda separado de los hombres ordinarios y se lo trata como dotado de poderes o cualidades sobrenaturales, sobrehumanos, o por lo menos específicamente excepcionales. Estas son tales que no son accesibles a la persona ordinaria, sino que se las considera como de

> origen divino o ejemplares, y en base a ellas al individuo en cuestión se le trata como líder.[18]

Regresaré a Max Weber de tiempo en tiempo porque sus nociones elementales en cuanto al liderazgo son muy *apropos* para la Nueva Reforma Apostólica.

Este carisma de liderazgo, como lo define Weber, no puede derivarse de una promoción organizacional o burocrática a una «posición de liderazgo». No se la puede generar dentro de un sistema corporativo, tal como una denominación, sino que debe brotar de afuera; es decir, de Dios.

## LAS DENOMINACIONES Y EL PRINCIPIO DE PEDRO

En las denominaciones, según las conocemos, el principio de Pedro opera libremente. Esto ocurre cuando se presume que la autoridad se deriva de la promoción a un rango más alto. El principio de Pedro fue formulado por el Dr. Laurence J. Peter, quien lo describió como sigue: *«En una jerarquía, todo empleado tiende a subir a su nivel de incompetencia».*[19] Me doy cuenta de que esto suena extraño al oírlo por primera vez. Sin siquiera haber leído los bien formulados argumentos del libro de Peter, la validez del principio se vuelve convincente después de apenas pensarlo un poco seriamente. Peter dice: «Para todo individuo, sea usted, o sea yo, la promoción final es de un nivel de competencia a un nivel de incompetencia».[20]

¿Por qué es cierto esto? Es muy sencillo. Solo a las personas competentes se las escoge para promoverlas. No se escoge a los incompetentes. Cuando usted ya no logra una promoción, presumiblemente usted ha llegado a su nivel de incompetencia.

No todos los nuevos líderes apostólicos habrán conocido el término «principio de Pedro», pero sí se percatan muy bien que caracteriza a ciertas burocracias denominacionales. Bill Hamon habla por muchos al decir: «Los apóstoles tienen la autoridad delegada para representar el Reino de Dios en una capacidad oficial, gubernamental. No es una autoridad religiosa, jerárquica, dada por el hombre, sino una autoridad espiritual dada por Cristo».[21]

## AUTORIDAD APOSTÓLICA VALIDADA POR EL FRUTO

Jesús dijo una vez que los conoceríamos por sus frutos (véase Mateo 7.16,20). Esto, obviamente, se aplica tanto a los apóstoles como a otros. Sobra decir que un apóstol sin fruto no ha sido activado ni energizado por Dios. Bill Hamon lo dice de esta manera: «La única manera en que se puede determinar el llamamiento de los ministros quíntuples es al recibir revelación de Dios, prepararse para ese ministerio, y entonces dar evidencia del fruto de ese ministerio».[22]

John Eckhardt concuerda: «Uno no tiene que imponerse a la fuerza sobre nadie o tratar de probarle a nadie que uno tiene un don. Si usted es un apóstol, entonces al predicar y enseñar su don será evidente. Otros en el Cuerpo percibirán la gracia que se le ha dado».[23]

Como ilustración de cómo se puede reconocer públicamente el oficio de apóstol permítame referirme al servicio de consagración sagrada de mi amigo Luciano Padilla, hijo, al oficio de apóstol. Esto ocurrió el 22 de julio de 1995, en la iglesia de Padilla, Bay Ridge Christian Center de Brooklyn, Nueva York. Cuatro obispos de otras iglesias presidieron el servicio y consagraron a Luciano como apóstol. Su primera pregunta al anciano que representaba a la congregación de Padilla, fue: «¿Tiene usted una palabra del Señor?» Esto está de acuerdo a la afirmación de Bill Hamon de que el llamamiento apostólico debe venir primero al recibir una revelación de Dios.

El anciano afirmó que tenía tal revelación, y procedió a citar al pie de la letra tres profecías, una en 1986 por medio del pastor Padilla mismo, una en 1992 por medio de Mari Luz Dones y una en 1994 por medio de Patricia Rodgers. La siguiente pregunta fue a la congregación, preguntándoles si afirmaban el llamado de Dios a su pastor al oficio de apóstol, y unánimemente respondieron que sí. A esto siguió una solemne ceremonia de imposición de manos y ungimiento con aceite.

La congregación de Bay Ridge Christian Center afirmó el oficio apostólico en este caso, solo después de observar cuidadosamente el fruto del ministerio de Luciano Padilla por más de 25 años.

## VOLVIENDO A LA CUESTIÓN DE LA CONFIANZA

Así como la confianza en los individuos juega un papel grande en el ministerio de los nuevos pastores apostólicos en contraste con los pastores tradicionales, lo mismo es cierto para el ministerio apostólico en el liderazgo de la iglesia. Reconociendo el relativamente bajo nivel de confianza que la feligresía de la mayoría de las denominaciones pone en sus líderes, Lyle Schaller escribió todo un libro sobre el tema: *Tattered Trust* [Confianza en jirones]. Allí dice: «Toda sociedad escoge entre dos sendas. Una es confiar en la gente. La otra es confiar en las instituciones que la gente ha creado».[24]

Uno de los propósitos de este libro es explorar por qué las nuevas iglesias apostólicas están creciendo mucho más rápido que las iglesias denominacionales. Esta es una de las razones, en palabras de Lyle Schaller:

> ¿En quién se puede confiar? En la década del cincuenta, el ambiente cultural en los Estados Unidos hacía fácil que los adultos nacidos antes de 1935 dijeran que confiaban en «las Escrituras, el sistema denominacional, y la gente a quienes Dios había llamado para ser el personal de ese sistema». Cuarenta años más tarde, los adultos jóvenes con mayor probabilidad dirán que confían «en la dirección del Espíritu Santo, Jesucristo, las Escrituras, en mí, y en los individuos que se han ganado mi confianza».[25]

A la luz de esto, no es sorpresa que las nuevas iglesias apostólicas están repletas de hijos de la postguerra mientras que, año tras año, el perfil de edad de las denominaciones tradicionales continúa elevándose. El finado John Wimber, fundador del movimiento Vineyard, resume bien la fuente de su autoridad apostólica (aun cuando escogió no usar el término): «Si el liderazgo es influencia, tengo la intención de continuar dirigiendo nuestro movimiento influyéndolo en las direcciones que siento que debe ir. En mi opinión esto no requiere autoridad estructural. Tengo la aceptación voluntaria de todos los líderes que en este momento están dirigiendo nuestro movimiento en todo el mundo».[26]

## PREGUNTA 5: ¿CUÁLES SON LAS CUALIDADES DE UN APÓSTOL GENUINO?

Uso el término «apóstol genuino» porque reconozco que hay y continuarán habiendo falsos apóstoles. Pablo dijo: «Porque éstos son falsos apóstoles, obreros fraudulentos, que se disfrazan como apóstoles de Cristo. Y no es maravilla, porque el mismo Satanás se disfraza como ángel de luz» (2 Corintios 11.13-14).

Habiendo reconocido que hay falsos apóstoles, es útil también reconocer que Satanás no se limita a falsificar el ministerio apostólico. También falsifica a los profetas, evangelistas, pastores y maestros. Por ejemplo, Mateo 7.15 dice: «Guardaos de los falsos *profetas*». Gálatas 1.9 describe a *evangelistas* falsos, como: «Si alguno os predica diferente evangelio del que habéis recibido, sea anatema». En Juan 10.12 Jesús habla del «asalariado, y que no es el *pastor*». Pedro dice: «Habrá entre vosotros falsos *maestros*» (2 Pedro 2.1).

Indudablemente el diablo irá a cualquier extremo posible para descarrilar a la Nueva Reforma Apostólica, incluyendo el intentar levantar falsos apóstoles. David Cannistraci ve esto claramente:

> El objetivo principal de Satanás por medio de estos falsos apóstoles es triple: *diluir, contaminar* y *desacreditar* al apóstol y al movimiento apostólico. Muchos se dejarán hechizar para rechazar a los verdaderos apóstoles debido al inevitable fracaso de los falsos apóstoles. Los que critican el ministerio apostólico con toda probabilidad recalcarán los problemas de los falsos apóstoles intentando descartar la validez de la actividad apostólica. Este esfuerzo bien puede llegar a ser la

amenaza singular más grande al éxito del movimiento apostólico.[27]

## LOS APÓSTOLES TIENEN CARÁCTER CONSAGRADO

Aun cuando el Nuevo Testamento no da una lista específica de las cualidades personales del apóstol, se aplican claramente las cualidades del obispo. A nadie se le debe reconocer como apóstol si no exhibe los rasgos de carácter tales como que «sea irreprensible, marido de una sola mujer, sobrio, prudente, decoroso, hospedador, apto para enseñar; no dado al vino, no pendenciero, no codicioso de ganancias deshonestas, sino amable, apacible, no avaro; que gobierne bien su casa, que tenga a sus hijos en sujeción con toda honestidad (pues el que no sabe gobernar su propia casa, ¿cómo cuidará de la Iglesia de Dios?); no un neófito» (1 Timoteo 3.2-6).

Humildad genuina es una de las principales características del apóstol. Muchos cuestionarán si es posible ejercer la extraordinaria autoridad que los apóstoles tienen y todavía ser humilde. No podría ser de otra manera. Según Max Weber, hay una clara distinción entre el liderazgo *legal-racional* en el cual el *cargo* confiere el poder y el liderazgo *carismático* en el cual a la *persona* se le ha confiado el poder. Jesús explícitamente delineó la diferencia.

Jesús dijo que los gobernantes de las naciones (liderazgo legal-racional) «se enseñorean de ellas, y los que son grandes ejercen sobre ellas potestad». Esa no era la manera en que Él quería que sus seguidores dirigieran. Siguió diciendo: «el que quiera hacerse grande entre vosotros será vuestro servidor» (Mateo 20.25,26). En otra ocasión Jesús dijo: «cualquiera que se enaltece, será humillado; y el que se humilla, será enaltecido» (Lucas 14.11). La frase «se humilla» coloca la iniciativa de la humildad directamente en los hombros del líder. Mientras mayor la autoridad, más *intencional* es la humildad que se pide.

*Si los principios bíblicos son ciertos, los apóstoles genuinos no pueden ser apóstoles a menos que sus seguidores los perciban como siervos.*

Si los principios bíblicos son ciertos, los apóstoles genuinos no pueden ser apóstoles a menos que sus seguidores los perciban como siervos. Cuando esto ocurre, la autoridad queda en libertad porque los seguidores creen que toda decisión que toma el apóstol será finalmente para su beneficio.

Me gusta la manera en que Bill Hamon lo dice:

> Esto resuelve de una vez por todas la cuestión de quién es el mayor y quién el menor en la iglesia. El más grande no es el que tiene el título más alto, cargo, autoridad o miles que le sirvan. El mayor en la iglesia es el más humilde, el que sirve a más gente y ni siquiera se preocupa por sí mismo pensando si es el más grande o está en el cargo más alto.[28]

## LOS APÓSTOLES SON PADRES

Las redes apostólicas con frecuencia gustan considerarse como una familia, siendo el apóstol el padre de la familia. Por ejemplo, Leo Dawson describe a Morning Star International como teniendo «ADN espiritual que comparte con los que se hallan en su "familia" de iglesias en particular ... Al "padre" de la familia apostólica se le ve como impartiendo su ADN espiritual a los que se le han unido, y los que se le unen se ven a sí mismos como participando de una historia común tanto como de un destino común».[29]

¿Cómo trabaja esto? Lawson sigue diciendo:

> Reconociendo la función «paternal» del presidente Rice Broocks de Morning Star nuestros pastores responden a su liderazgo como se espera que los que están en sus iglesias sigan su propio liderazgo pastoral. Aun cuando los pastores dialogan y consultan con Rice y los miembros del equipo apostólico, como pa-

> dre en una familia natural, una vez que Rice anuncia la decisión a la que llega después de consultar con el equipo apostólico, se confían en que los pastores aceptarán y respaldarán esa decisión.[30]

Estoy usando la palabra «padre» sin tratar de recalcar demasiado la cuestión del género. Empíricamente la mayoría de los apóstoles han sido varones, de modo que naturalmente se sienten como padres, pero hay en la función apostólica igualmente una dimensión de madre. Cuando Pablo les escribe a los tesalonicenses, en cierto punto dice: «Antes fuimos tiernos entre vosotros, como la *nodriza* que cuida con ternura a sus propios hijos» (1 Tesalonicenses 2.7). Más adelante dice: «así como también sabéis de qué modo, como el *padre* a sus hijos, exhortábamos y consolábamos a cada uno de vosotros» (v. 11). Pablo fija el tono para los papeles apostólicos inclusivos de géneros.

## LIBERTAD PARA LOS HIJOS ESPIRITUALES

Los padres espirituales proveen cuatro servicios que todos los miembros de la familia espiritual valoran en alto grado. Proveen (1) protección, (2) ejemplo, (3) corrección (toma de cuentas) y (4) «empoderamiento». Este papel paternal de «empoderamiento», cuando se lo toma en serio y se lo ejerce sabiamente, criará hijos en la fe, muchos de los cuales subsecuentemente quedarán en libertad para su propio ministerio paternal.

Desafortunadamente, se han observado recientemente casos en los cuales ciertos nuevos líderes apostólicos no han podido hacer esto con gracia, y eso ha sido un factor principal que ha conducido al estancamiento de algunas redes apostólicas y que caigan en la rutina. Esta es una consideración principal al cartografiar el futuro de la Nueva Reforma Apostólica, y trataré de eso con mucho más detalle en el próximo capítulo.

Mientras tanto, Paul Daniel, líder apostólico de His People en África del Sur, lo ve tan bien como cualquiera. Dice: «Dios ha llamado a los "padres" del ministerio para que identifiquen los dones y llamamiento en las vidas de los jóvenes, y sirvan a ese llamamiento para que ellos puedan llegar a ser todo lo que Dios quiere que sean. Si estos jóvenes hacen en sus vidas cosas más grandes para Dios de las que nosotros mismos logramos, nos regocijaremos. Los padres, a mi parecer, nunca deben sentirse amenazados por sus hijos, sino que deben regocijarse cuando ellos sobresalen».[31]

Bill Hamon añade: «Los apóstoles maduros son padres. Los padres humanos maduros se preocupan más por el bienestar y éxito de sus hijos que por el suyo propio. Los verdaderos padres proféticos y apostólicos se interesan más por ver que aquellos a quienes están sirviendo de padres lleguen a su ministerio antes que en magnificar el suyo propio».[32]

## LOS VERDADEROS APÓSTOLES SON SANTOS

La mayoría de los apóstoles no se hallan entre los creyentes quienes, día tras día, luchan y se preguntan si estarán complaciendo a Dios o no. Su carácter, requisito previo para ser reconocido como apóstol, les ha hecho elevarse por encima de la manada. Reconocen que han llegado a tener mayor responsabilidad ante Dios que el creyente promedio. Toman Santiago 3.1 literalmente: «Hermanos míos, no os hagáis maestros muchos de vosotros, sabiendo que recibiremos mayor condenación».

Los mejores apóstoles no son arrogantes ni jactanciosos, sino que reconocen que, por la gracia de Dios, deben ser ejemplo en piedad y santidad en la vida diaria. Si pierden eso, pierden su autoridad. Quieren poder decir, con el apóstol Pablo: «Porque aunque de nada tengo mala conciencia, no por eso soy justificado; pero el que me juzga es el Señor» (1 Corintios 4.4). Una vez que han mirado su interior y no han hallado nada impuro u ofensivo a Dios, pueden decir, como dijo el apóstol Pablo: «Por tanto, os ruego que me imitéis» (v. 16). No hay otra manera de servir como legítimos ejemplos apostólicos.

## ¿QUÉ EN CUANTO A LA RESPONSABILIDAD APOSTÓLICA?

La cuestión de cómo los apóstoles son responsables es incluso más sensible que la de la responsabilidad de los nuevos pastores apostólicos. Al final del capítulo anterior ya consideramos la responsabilidad pastoral, y la responsabilidad apostólica se considerará antes de que este capítulo termine.

Quisiera tener una palabra más definitiva. Para los pastores de iglesias locales que se hallan en redes apostólicas, la estructura de responsabilidad es relativamente sencilla. Son responsables ante sus apóstoles. ¿Ante quién son responsables los apóstoles? En mi asociación con algunos de los principales líderes de la Nueva Reforma Apostólica con frecuencia planteo la cuestión de la responsabilidad, y debo decir que no he recibido respuestas consistentemente claras. Una cosa, sin embargo, es claramente consistente: los líderes apostólicos, virtualmente sin excepción, reconocen que necesitan genuina responsabilidad. La mayoría de ellos también reconocen que cualquiera que sea la estructura de responsabilidad que usen, si acaso, no cumple con las normas de severidad que a final de cuentas desean.

Algunos han formado equipos apostólicos o concilios apostólicos dentro de sus redes, con quienes trabajan estrechamente. Esto provee cierto nivel de responsabilidad, pero hasta cierto punto. Es todavía esencialmente la relación de líder a subordinados, así como el papel del pastor con los ancianos de la iglesia local.

Barney Coombs, en su buen libro *Apostles Today* [Los apóstoles hoy] habla brevemente del problema. Dice que los apóstoles son responsables en tres direcciones: (1) Son responsables ante Dios; (2) son responsables ante sus iguales; y (3) son responsables ante la iglesia local que originalmente los envío.[33] En mi opinión el nivel de responsabilidad ante iguales es el único nivel en el cual la futura integridad de la Nueva Reforma Apostólica indudablemente se levantará o caerá.

David Cannistraci analiza esto en detalle:

> Lo que observamos en el Nuevo Testamento es el principio de responsabilidad mutua en la cual los «generales» se consideran responsables *unos ante otros*. Este principio manda que la gente llegue a ser responsable ante sus iguales así como a su cabeza final. Esto crea una eficaz red relacional por la cual las autoridades (especialmente en cargos de jefatura) mantienen mutua apertura, comunicación y cualidad de dejarse enseñar. En este arreglo, se practica la sumisión de unos a otros y se evitan los abusos.[34]

Como veremos en el próximo capítulo, algunas redes apostólicas se están formando tomando un número de apóstoles ya reconocidos y reuniéndolos bajo el liderazgo de un apóstol supervisor. Este es un paso en la dirección correcta, porque los apóstoles que deciden unirse a esa red se han colocado por ello bajo la autoridad del apóstol supervisor y han aceptado la responsabilidad que la acompaña. La cuestión sigue siendo: ¿Ante quién rinde cuentas el apóstol supervisor?

Afortunadamente están en marcha varias dinámicas que están proveyendo oportunidades para que los apóstoles se relacionen creativamente y a profundidad con sus iguales que dirigen otras redes apostólicas. Al grado en que esa amistad y confianza se puede desarrollar en este proceso hay esperanzas realistas de que muchos apóstoles voluntaria y públicamente se someterán a una estructura de responsabilidad de sus iguales legítimos apóstoles. En cuanto a esto, el jurado todavía está deliberando.

# Lo fundamental de las redes apostólicas

No hace mucho pasé un par de días en un salón de partos apostólico. Nacía una nueva red apostólica. El padre de la nueva red es Greg Dickow, fundador y pastor principal de la Iglesia Life Changers Internacional de Barrington Hills, Ilinois, un poco al oeste de Chicago. En cuatro años la iglesia se ha convertido en una de las de más rápido crecimiento en la región de Chicago, y acababa de mudarse a una nueva propiedad de 3,5 millones de dólares.

Por algún tiempo Greg había sentido el llamamiento apostólico en su vida, y en 1998 decidió hacerlo público en la Asociación Life Changers. Asistieron al evento alrededor de trescientos interesados pastores y líderes de iglesias de varios estados. Algunos ya se habían comprometido a unirse a la red de Dickow, y otros estaban explorando las posibilidades.

¿Por qué se interesan estos líderes? Obviamente Greg Dickow estaba supliendo una necesidad que se sentía. La mayoría de los asistentes eran o bien pastores de nuevas iglesias apostólicas pequeñas o pastores denominacionales buscando otras alternativas. La experiencia de Greg en los nuevos círculos apostólicos le hicieron darse cuenta de las necesidades que sentían los pastores. Para ayudarnos a comprender esto, mencionaré varias citas del folleto informativo de la Asociación Life Changers:

- La Asociación Life Changers no solo está esperando el

siglo XXI; estamos destinados a contribuir a modelarlo.

- Aproveche la experiencia y unción de algunos de los más progresistas pensadores y líderes actuales del ministerio para que le ayuden en la adoración, el ministerio a los jóvenes y niños, administración financiera, consecución y desarrollo de personal, crecimiento de la iglesia, planeamiento estratégico, mercadeo exitoso, planeamiento para medios de comunicación masiva, levantamiento de fondos y mucho más.
- El mandato de la Asociación es ayudarle a descubrir, desarrollar y distribuir sus dones, talentos, capacidades y propósito final en su vida.
- Personas consumidas por una pasión de ver vidas cambiadas y anhelando aprovechar el destino que Dios les ha dado son las personas involucradas en la Asociación.
- La asociación ofrece un centro de preparación de calidad mundial que ofrece seminarios y conferencias sobre liderazgo, seminarios sobre la adoración, convenciones, talleres de evangelización, y seminarios financieros.[1]

Nadie sabe cuántas redes apostólicas hay en existencia hoy. Así mismo nadie puede saber el número de nacimientos, tales como el de la Asociacion Life Changers, que están ocurriendo constantemente en muchas partes del mundo. Algunos investigadores calculan que dos o tres redes están formándose solo en África cada día. Cualquiera que sea el número, es cierto que las redes apostólicas constituyen uno de los nuevos odres más significativos en el protestantismo mundial de hoy.

## CARACTERÍSTICAS COMUNES DE LAS REDES APOSTÓLICAS

### LAS REDES APOSTÓLICAS SON TRANSLOCALES

Las redes apostólicas están compuestas por iglesias locales que, por una razón u otra, voluntariamente deciden afiliarse con la red. Sienten en su corazón el deseo de relacionarse unas con otras de una manera satisfactoria.

Me gusta la definición dada por David Cannistraci: «Una red apostólica puede tomar muchas formas. Esencialmente es una agrupación de iglesias autónomas y ministerios individuales que se unen voluntariamente en una estructura organizada. El marco de trabajo de las relaciones humanas es suficiente para facilitar la interdependencia entre los miembros de la red de trabajo y sus supervisión apostólica».[2] Las palabras operativas aquí son «autónomas», «voluntariamente», «relaciones», «interdependencia», y «supervisión apostólica». Virtualmente toda red apostólica, independientemente de la forma que tome, exhibirá estas características.

Aun cuando las redes apostólicas son translocales, sus esferas son limitadas. Dios por lo general asigna ciertas esferas territoriales a los líderes apostólicos que escoge.

Roberts Liardon dice: «Sabemos que los apóstoles son nombrados divinamente a un territorio o región dada. Algunos de estos territorios los conforman ciudades o cantones, mientras que otros son regionales, nacionales o internacionales. Ningún hombre puede determinar su territorio designado; solo Dios puede hacer tales nombramientos».[3]

Esta afirmación parece encajar con lo que el apóstol Pablo le escribió a los Corintios: «Si para otros no soy apóstol, para vosotros ciertamente lo soy» (1 Corintios 9.2). Más tarde dijo: «Pero nosotros no nos gloriaremos desmedidamente, sino conforme a la regla que Dios nos ha dado por medida, para llegar también hasta vosotros» (2 Corintios 10.13).

### LAS REDES APOSTÓLICAS SE BASAN EN LAS RELACIONES

Los pastores de iglesias locales se relacionan personalmente al apóstol. Frecuentemente las iglesias que forman la red fueron sembradas por el apóstol o se hallan bajo su supervisión, de modo que la afiliación es natural. En otros casos el deseo de unirse a una red puede trazarse a una amistad personal con otros pastores que integran la red, o relaciones que han desarrollado, de una manera u otra, con el apóstol. Una fuerte motivación para unirse surge de un deseo dado por Dios de parte de los pastores respecto a no ser una iglesia independiente, sino relacionarse dinámicamente a otras iglesias en interdependencia.

Greg Dickow apela a este deseo. En su folleto diseñado para reclutar pastores, escribe: «Muchos de nosotros hemos hecho la prueba en varias redes, coaliciones, denominaciones y compañerismos, con la esperanza de suplir nuestra necesidad de relaciones reales con otros. Por la razón que sea esto no ha resultado como usted lo esperaba. ¡Pienso que hay esperanza! La Asociación Life Changers es una generación nueva y fresca de visionarios y líderes comprometidos agresivamente a las relaciones de pactos».[4] Tan solo para mantener presente el contraste, no hay duda de que muchos ejecutivos denominacionales tradicionales considerarían tal lenguaje inapropiado e incluso ofensivo.

David Cannistraci nos ayuda a ver las diferencias:

> Las redes apostólicas son diferentes de la mayoría de las denominaciones porque en las redes *las relaciones* (no la política o las reglas) son la principal fuente de fortaleza organizacional. Se impone solo un mínimo control legal o financiero. En la red apostólica a la que pertenezco la función del gobierno se logra mayormente mediante el compañerismo de oración, diálogo, planeamiento y liderazgo visionario. Las redes más eficaces son más que meros compañerismos ministeriales, porque el propósito es realizar el ministerio apostólico y no meramente facilitar la camaradería.[5]

## LAS REDES APOSTÓLICAS TIENEN UN LÍDER

He mencionado varias veces la cuestión de la confianza. En el nuevo pensamiento apostólico, la confianza recae en los individuos, no en las juntas, comités, equipos o concilios. Las redes se levantan o caen de acuerdo a las relaciones personales, y la relación más crucial en una red es la relación de los pastores individuales con el líder apostólico. En algunos casos el apóstol ha reunido un círculo íntimo llamado el «equipo apostólico».

A los integrantes del equipo, por derecho propio, se les considera apóstoles, o si esta etiqueta no es la más apropiada, tal vez se prefiera algún otro nombre funcional equivalente. Incluso en tales casos el equipo apostólico no es un comité que sigue las Reglas Parlamentarias de Roberts, sino ordinariamente un equipo que voluntariamente se ha sometido a la autoridad final de un líder.

Esta es una manera importante en que las redes apostólicas difieren de los compañerismos ministeriales que se ven a sí mismos como un grupo de iguales, cualquiera de los cuales puede servir como su líder por un período dado. Regresaré a este punto en el capítulo en que examinaremos los factores que pueden determinar si las redes apostólicas boquearán, se atrancarán, o si crecerán enérgicamente y se multiplicarán.

## LA AUTORIDAD FLUYE DE ABAJO HACIA ARRIBA

Presenté a Michael Regele de Precept en el capítulo 3. Él es quien escribió el artículo dirigido a los cuerpos gobernantes de las denominaciones históricas titulado «Sacrificando algunas vacas sagradas». Una de las que él llama «vacas sagradas» es: «Lo más bajo sirve a lo más alto».

Regele lo explica así:

> A principios de mi entrenamiento como candidato para la ordenación en la Iglesia Presbiteriana USA, se me enseñó el concepto de una iglesia conexional (concepto que encontré positivo y significativo, dados mis orígenes en el movimiento no afiliado). Un corolario a nuestro «conexionalismo» era el concepto de que dentro de nuestras estructuras del cuerpo gobernante estaba el principio de que el cuerpo más bajo es responsable ante el más alto, culminando al final en la

> Asamblea General, el árbitro final de la iglesia. (Cada denominación histórica tiene un concepto similar.) En la *práctica* y demasiado frecuentemente en *actitud*, este principio se traduce en que los de más abajo existen *para servir* a los de más arriba.[6]

La observación de Regele es que esta manera de aplicar el principio de conexionalismo denominacional puede haber visto su día. Luego dice: «Sin que importe lo que uno piense en cuanto a esto, a nivel local hay un desencanto creciente con el principio. Muchas congregaciones locales están sencillamente optando por no jugar más. Esperamos que esta tendencia persista».[7]

Chuck Smith, uno de los prototipos de nuevos líderes apostólicos en los Estados Unidos y fundador del movimiento de la Capilla Calvario, debe haber tenido el mismo punto de vista ya en la década del sesenta, cuando optó por terminar su afiliación con la Iglesia Internacional del Evangelio Cuadrangular.

Donald Miller, de la Universidad del Sur de California, informa lo que halló al investigar sobre la Capilla Calvario:

> Después de investigar varias otras denominaciones, Smith concluyó que sus críticas de los Cuadrangulares eran, en verdad, endémicas en todas las denominaciones: «Las vi como a fin de cuentas llegando a estar bajo el control de quienes no son necesariamente los hombres más espirituales» ... En el análisis de Smith son personas orientadas al poder las que acaban dirigiendo las denominaciones, y «una vez que llegan a una posición de poder, se convierten en protectores y quieren protegerse a sí mismos en esa posición de poder».[8]

## LA RED SIRVE; NO CONTROLA

El nuevo pensamiento apostólico ve a la iglesia local como el bloque esencial de construcción de la red apostólica. La red existe para servir a las iglesias, y las iglesias dan poder al apóstol. Debido a que su afiliación es voluntaria y con estructura tan suelta, en el instante en que la red empieza a servirse a sí misma y no a las iglesias, empieza a desmoronarse.

Dick Iverson, fundador de Ministers Fellowship International (M.F.I.) lo dice de esta manera:

> Incluimos en el M.F.I. varias características desde el principio que creemos que nos permitirían evitar el denominacionalismo. Estamos comprometidos a hacer lo que haya que hacer para mantener nuestro compañerismo con red y evitar cualquier clase de jerarquía controladora. No nos oponemos a las denominaciones ni a los que las componen. Agradecemos a Dios por lo que Él ha hecho y continúa haciendo por el Reino mediante las denominaciones. Sin embargo, nuestra convicción personal es que una sede central no dictará la política para nuestras iglesias locales. Cada iglesia debe ser autónoma, y sin embargo los pastores pueden disfrutar de la seguridad de responsabilidad significativa y verificación y balance en su liderazgo.[9]

## LAS REDES APOSTÓLICAS AÑADEN VALOR AL LIDERAZGO DE LA IGLESIA LOCAL

Las redes apostólicas se ven a sí mismas en el papel de añadir valor para los que pastorean las iglesias locales. El apóstol John Kelly, por ejemplo, presenta esto en un folleto informativo sobre Iglesias y Ministerios Antioch, respondiendo a la pregunta: «¿Por qué debe un ministro ser parte de Iglesias y Ministerios Antioch?» Kelly dice:

> La respuesta es que ACM [por sus siglas en inglés] es única en cuanto al pastor. El objetivo de la red es edificar al pastor y su iglesia, no crear una «meca» centralizada. Los ministros en la red se beneficiarán tangiblemente al formar parte. Unas pocas de las bendiciones que la gente está derivando al involucrarse en ACM incluyen:

- La bendición de relaciones decididas
- La bendición de visión y misión
- La bendición de cobertura (toma de cuentas)
- La bendición de oportunidad
- La bendición de desafío
- La bendición de sinergía
- La bendición de vida[10]

Las iglesias locales entran y salen de las redes apostólicas. Permanecen en ellas mientras perciban que están recibiendo aumento de valor. Por ejemplo, durante el período de 12 meses de junio de 1991 a junio de 1992, 76 congregaciones se unieron a la red de la Capilla Calvario dirigida por Chuck Smith, mientras que 35 congregaciones fueron sacadas de «la lista» como la llaman. Es por esto que las redes frecuentemente usan un método de mercadeo. Creen que necesitan esparcir la noticia de que, en efecto, ellas añaden valor a las iglesias locales. Para ilustrar esto, considere la apelación motivadora de John Kelly:

> Si usted ha estado buscando una red de colegas ministros e iglesias locales comprometidas a las relaciones, que creen en la autoridad del gobierno de la iglesia local, que cooperan con otras iglesias locales en la obra misionera, que practican el trabajo en equipo, y que valoran el ministerio quíntuple con apóstoles que son padres y no burócratas o autócratas, puede relacionarse con nosotros en las Iglesias y Ministerios Antioch.[11]

## ¿SE CONVIERTEN LAS REDES EN DENOMINACIONES?

Si alguien me preguntara cuál es la sección más importante de este libro, sin vacilar diría que es esta. La mayor parte del resto del libro informa y analiza lo que *es* la Nueva Reforma Apostólica. Esta sección presenta las alternativas de lo que puede o no *ser* en el futuro. Para ilustrar, permítame citar a un prominente líder cristiano en los Estados Unidos, que le escribe a otro y habla de mi libro *The New Apostolic Churches* [Las nuevas iglesias apostólicas].

Sin mencionar ninguno de los nombres, esto es lo que se dijo: «Como ya te dije, se habló al principio de llamar a este movimiento "postdenominacionalismo". En cierta manera, este nuevo movimiento apostólico podría en realidad llegar a ser *predenominacional* conforme crece y se expande».

Esta afirmación pinta acertadamente un peligro real. Como ya hemos visto, lo que menos quieren los líderes apostólicos es el denominacionalismo, pero, ¿pueden evitarlo? Donald Miller, por su parte, piensa que no. Prevee «la inevitable evolución de los grupos de nuevo paradigma [su término para «nuevos apostólicos»] hacia el denominacionalismo. Con el tiempo empezarán a centralizar la autoridad, a insistir en prácticas uniformes, y a crear capas burocráticas de aprobación para hechos que previamente eran espontáneos y dirigidos por el Espíritu».[12]

Los sociólogos de la religión de generaciones pasadas, tales como Ernst Trowltsch y H. Richard Neibuhr, con quienes Donald Miller está muy familiarizado, han hallado útil distinguir entre la «iglesia» y la «secta». La iglesia connota el establecimiento religioso que, en nuestros días, se pudiera aplicar a las denominaciones tradicionales. La secta es el movimiento que surge como nuevo y que se pudiera aplicar a las nuevas iglesias apostólicas y redes apostólicas. La iglesia típicamente se opone a la secta que emerge, algunas veces esforzadamente, como lo hizo la iglesia Católica en contra de la Reforma. Espero plenamente que la historia se repetirá y que muchos ejecutivos denominacionales se sentirán muy alterados cuando empiecen a enterarse de ciertas características de la Nueva Reforma Apostólica. Algunos, en verdad, ¡a lo mejor ni les gusta este libro!

## EL CARISMA SE VUELVE RUTINA

La tendencia histórica es que las sectas con el correr del tiempo se vuelven iglesias, y cuando así ocurre, puede esperarse que nuevas sectas aparezcan en la escena. Por eso muchos concordarán con Donald Miller en cuanto a que no hay manera para que las redes apostólicas eviten a la larga convertirse en denominaciones. En su libro *Reinventing American Protestantism*, Miller trabaja más partiendo del paradigma establecido por el sociólogo Max Weber que el de Troeltsch/Niebuhr. Max Weber, en su libro clásico *The Theory of Social and Economic Organization* [Teoría de la organización social y económica] (The Free Press), desarrolla el principio de lo que él llama «el carisma se vuelve rutina».

En el último capítulo vimos la definición que Weber da de «carisma», y cómo claramente se aplica a los líderes apostólicos de hoy. El líder carismático posee cualidades que los seguidores perciben como emanando de fuentes sobrehumanas. Esta es una de las razones por las que el apóstol que funda una red apostólica ostenta tanta autoridad. Esta es la persona que forja la visión que otros voluntariamente y sin reserva alguna se entregarán a llevar a la práctica. Cuando el líder carismático muere, los seguidores se sienten obligados a diseñar maneras y medios para perpetuar el carisma. Weber observa que en el mundo occidental la tendencia es que los seguidores desarrollen estructuras racionales, burocráticas, racionales, en sus intentos de preservar el carisma y seguir siendo fieles a la visión de su fundador.

---

*El líder carismático posee cualidades que los seguidores perciben como emanando de fuentes sobrehumanas.*

---

Sin embargo, la concesión es que cuando se desarrollan las estructuras democráticas, los líderes entonces suben a las posiciones de poder mediante la voluntad (es decir, votación) de los seguidores. Cuando esto ocurre, la fuente de poder sutilmente cambia de Dios al grupo. El grupo que eligió al líder puede también presumiblemente despedir al líder a voluntad. Así que el empuje ahora es un grupo, y ya no más un individuo líder carismático.

Donald Miller dice: «Según Weber, el hecho de que el carisma se vuelva rutina no es meramente inevitable sino absolutamente necesario para que un movimiento sobreviva después de la partida del líder fundador».[13]

## LAS ASAMBLEAS DE DIOS EN LAS ENCRUCIJADAS

Otra socióloga en materia de religión, Margaret M. Poloma, también trabajando desde el paradigma de Weber, estudió la más numerosa de las denominaciones pentecostales anglo en los Estados Unidos, las Asambleas de Dios. En su libro *The Assemblies of God at the Crossroads* [Las Asambleas de Dios en las encrucijadas], Poloma dice lo siguiente:

> A pesar de la evidencia de continuas experiencias religiosas, pocos observadores pondrían en duda que el fervor carismático de los primeros pentecostales ha sido domesticado en décadas. Aun cuando el carisma es todavía una parte importante de las Asambleas de Dios, en teoría tanto como en práctica ha habido un cambio notorio de un énfasis en el «carisma mágico» respaldado por líderes proféticos a formas sacerdotales y de más rutina. El mismo éxito de las Asambleas y el inevitable desarrollo de la organización burocrática ha producido ciertas tensiones.[14]

Para ilustrar lo que está ocurriendo recuerdo haber estado en una reunión de una iglesia cuando una miembro informaba de su reciente viaje a Canadá y a San Diego. Ella estaba emocionada porque lo que vio reflejarse lo percibió como una unidad global dentro del Cuerpo de Cristo. Había visitado una iglesia de las Asambleas de Dios en Canadá (conocida allí como Asambleas Pentecostales de Canadá) y una iglesia presbiteriana en San Diego. Su entusiasta informe fue que «los cultos fueron prácticamente idénticos; era difícil distinguirlos». Ni siquiera se dio cuenta de que estaba describiendo un caso clásico de una secta convirtiéndose en una iglesia.

Es preciso aclarar que no se está tomando en particular a las Asambleas de Dios porque sean mejores o peores que cualquier otra denominación. Lo que sucede es que es una de las que más intensamente he estudiado y de las que más me he documentado. Las Asambleas de Dios no están *haciendo* historia tanto como que están *repitiendo* la historia. Poloma sigue diciendo que «así como las instituciones una vez carismáticas han sido conducidas por el sendero de la excesiva institucionalización y excesiva regulación, que a su vez ha destruido mucho del carisma original, las Asambleas de Dios también enfrentan la amenaza de caer en la rutina».[15]

Comprender que las Asambleas de Dios (ADD) han empezado a recorrer el camino de la secta que se convierte en iglesia puede ayudar a explicar por qué rechaza al movimiento de la Lluvia Tardía, parecido a secta, de la era posterior a la Segunda Guerra Mundial, y al movimiento carismático, también parecido a secta, que empezó a principios de la década del sesenta. También puede arrojar algo de luz sobre por qué la denominación no pudo absorber las visiones de algunos de los líderes carismáticos jóvenes tales como Loren Cuningham, fundador de Youth With a Mission [Juventud con misión].

## LOS ADMINISTRADORES PONEN LA TAPA

Específicamente, ¿qué ocurre en el sistema de la iglesia típica cuando el carisma cae en la rutina? Harold Eberle dice: «La caída de un ministerio primero ocurre cuando se reemplaza a los apóstoles y/o profetas».[16] Este es invariablemente el caso, incluso en las tradiciones eclesiásticas en donde los títulos y oficios de apóstol y profeta no se reconocen formalmente. Entonces, ¿qué sigue?

Eberle dice: «El control invariablemente termina en manos de los que tienen dones de administración, con los pastores sirviendo bajo ellos. La unción apostólica es reemplazada por superintendentes, representantes de distrito, supervisores, obispos y otros con varios títulos, pero todos los cuales tienen corazón administrativo. La voz profética es reemplazada por declaraciones doctrinales y formas aceptadas de práctica».[17]

Esto, entonces, llega a perpetuarse a sí mismo porque la administración que tiene las riendas edifica personal de otros administradores indefinidamente. Eberle sigue diciendo: «Se restringe al Espíritu Santo mediante reglas y programas bien intencionados. Los administradores llegan a ser la "tapa" sobre las personas que participan bajo ellos».[18]

## VINEYARD SE DECLARA UNA DENOMINACIÓN

Aun cuando la línea del tiempo no es fija, el que el carisma se vuelva rutina, o la transición de secta a iglesia, ordinariamente requiere una o dos generaciones después del fallecimiento del fundador. A la luz de esto, es asombroso que la Asociación de Iglesias Vineyard, uno de los primeros prototipos de la Nueva Reforma Apostólica en los Estados Unidos, se declaró una denominación en la primera generación. Es más, varios años antes de que falleciera, John Wimber, el fundador, pensó que sería aconsejable entrar en la corriente denominacional.

En 1993 Wimber escribió:

> La Asociación de Iglesias Vineyard, para bien o para mal, es una denominación. Vemos esto primordialmente en el aspecto de estructura relacional que provee responsabilidad, cohesión y estímulo ... Para 1984 el número de Vineyards estaba creciendo rápidamente. Tomamos la decisión de formalizar la estructura que se había desarrollado. Hasta entonces en realidad

> trabajábamos bajo el nombre de Vineyard Ministries International [Ministerios Internacionales Vineyard]. Pero VMI [por sus siglas en inglés] era una organización de renovación, así que formamos AVC para sembrar iglesias y para proveer supervisión. Históricamente, probablemente nos convertimos en denominación cuando incorporamos jurídicamente AVC, nombramos supervisores regionales, nombramos una junta de directores y empezamos a ordenar ministros.[20]

Al dar ese paso Wimber se daba cuenta muy bien de la necesidad de quedarse a cierta distancia de los ropajes del denominacionalismo que los nuevos líderes apostólicos colectivamente detestan. Esto se reflejó en el subtítulo del ensayo que acabo de mencionar: «Estableciendo un curso entre el caos y el denominacionalismo tradicional». Antes de morir Wimber nombró a Todd Hunter como director nacional de la Asociación de Iglesias Vineyard. Como seis meses después de la muerte de Wimber, Hunter convocó a un concilio de líderes Vineyard, que produjo los «Acuerdos Columbus AVC-USA». Una de las declaraciones más significativas de este acuerdo es: «Estamos decididos a resistir que el carisma se vuelva rutina».[21] Regresaré a esto más adelante.

## EL CASO DE LA ALIANZA CRISTIANA Y MISIONERA

En los años ochenta del siglo pasado A. B. Simpson fundó la Alianza Cristiana y Misionera (C&MA, por sus siglas en inglés) en Nueva York. Fue una secta clásica que emergió de una iglesia. Después de 18 años como ministro presbiteriano, Simpson pensó que para alcanzar más eficientemente a las masas en la ciudad de Nueva York tenía que romper los lazos denominacionales, y así lo hizo. La nueva «sociedad», como la llamó, estaba diseñada para levantarse independientemente de toda denominación.

Por décadas, en lo sucesivo, la principal voz pública de la C&MA fue el prolífico autor A. W. Tozer. En 1943 escribió: «[A. B. Simpson] nunca intentó que su sociedad se convirtiera en una denominación. La historia decidirá si esto fue visión superior o falta total de ella. Él procuró proveer solo compañerismo, y miraba con suspicacia cualquier cosa que se pareciera a organización rígida».[22] Simpson tenía las características de apóstol, y su sociedad tenía las características de una red apostólica. Ciertamente se le consideraría, en el libro de cualquier autor, como un líder carismático en el sentido Weberiano.

Tozer más tarde comenta: «La sociedad no había existido por mucho tiempo antes de que desarrollos normales internos empezaran a trastornar la sencillez idílica del plan original». Décadas más adelante, Tozer informa: «[La Alianza Cristiana y Misionera] gentil pero persistentemente declara que no es una denominación, y sin embargo ejerce toda función espiritual y eclesiástica de cualquier cuerpo protestante en el mundo, sin excepción».[23]

Así que fue inevitable que en 1974 el concilio general reorganizara la estructura de la Alianza y formalizara la denominación. La revista *Eternity* informó: «Después de 87 años como organización paradenominacional dedicada a la actividad misionera, la Alianza Cristiana y Misionera ha reconocido oficialmente lo que mucha gente lo ha sabido por años: La Alianza es una denominación. Mediante una votación de 834 a 98, los delegados al concilio general de la Alianza, reunidos en Atlanta (Georgia) adoptaron una nueva constitución y reglamento interno, haciendo de la Alianza una denominación».[24]

## ¿QUÉ ES LO QUE QUIEREN EVITAR LOS APÓSTOLES?

Son los estudios de esta clase los que llevan a eruditos tales como Donald Miller a predecir que las redes apostólicas actuales a la larga se convertirán en denominaciones. ¿Es esto necesariamente así? ¿Es realmente inevitable que los grupos de iglesias que he estado describiendo en este libro terminarán siendo unas pocas burocracias más, reguladoras y con derecho a otorgar permisos? Estoy seguro de que los apóstoles que conozco personalmente sinceramente quieren evitar convertirse en denominaciones tanto como lo quería A. B. Simpson.

Lyle Schaller vívidamente detalla lo que las redes apostólicas están tratando de evitar:

> [Una denominación] adopta reglas y regulaciones que deben seguir los individuos, congregaciones, y judicaturas regionales tanto como las agencias nacionales. Ejemplo serían las credenciales requeridas para la ordenación, procedimientos para sacar el nombre de una persona de la lista de miembros de una congregación; permiso para cambiar el sitio de las reuniones de la congregación; requisitos de que la raza, género, edad, color, nacionalidad o estado civil no se consideren como factores para llenar un púlpito vacante; cuotas para seleccionar delegados a las convenciones regionales o nacionales o para las juntas denominacionales; adopción de un salario mínimo para los pastores; normas mínimas para las contribuciones congregacionales al tesoro denominacional; jubilación obligatoria a cierta edad especificada; requisitos de educación continua para pastores; restricciones sobre ofrendas de segunda milla dada por los contribuyentes; regulaciones respecto al matrimonio, divorcio, segundo matrimonio, orientación sexual, aborto y cohabitación; restricciones sobre a quien admitir a la Cena del Señor; restricciones respecto a participación en actividades entre iglesias; y criterios para la selección de voluntarios que servirán en comités y juntas».[25]

## SE PUEDE PREVENIR QUE EL CARISMA SE VUELVA RUTINA

En este punto siento como responsabilidad personal no solo diagnosticar, sino también recetar. La mayoría de los sociólogos en materia de religión concuerdan que es inevitable que el carisma se vuelva rutina, y la historia de la religión parece respaldar esto. Sin embargo, dudo que sea tan inexorable como algunos se imaginan.

Brenda Brasher, joven y moderna socióloga en cuestiones de religión que estudió con Donald Miller, concuerda conmigo. Después de investigar a profundidad el movimiento de la Capilla Calvario de Chuck Smith, Brasher concluye: «El que la autoridad carismática se vuelva rutina en el mundo religioso postmoderno parece en este caso como una alternativa continua, de desarrollo, que el movimiento puede elegir no seguir y no una respuesta de crisis de supervivencia inevitable, poscarismática que, si desea lograr éxito, tiene que seguir inevitablemente».[26]

## RECETA PARA PRESERVAR LA VITALIDAD

Me doy cuenta de que al hacer esto estoy avanzado en aguas no cartografiadas. Si voy a recetar, sin embargo, permítame escribir, tan claramente como pueda, mi receta para la preservación de la vitalidad de las nuevas redes apostólicas que han estado emergiendo en nuestros tiempos. La receta tiene tres mandatos. Si se aplican con intrepidez y se los pasa fielmente a la próxima generación de apóstoles, la Nueva Reforma Apostólica puede continuar sirviendo al Reino de Dios indefinidamente. Por lo menos esa es mi opinión al momento.

- Mandato uno: Poner límite al número de iglesias en cada red.

- Mandato dos: Cultivar constantemente nuevo carisma.
- Mandato tres: Multiplicar las redes apostólicas.

Examinemos cada uno de estos mandatos.

## MANDATO UNO: PONER LÍMITE AL NÚMERO DE IGLESIAS EN CADA RED

Mi hipótesis es que hay un límite numérico respecto a cuántas iglesias puede supervisar significativamente un individuo apostólico.

Si las redes apostólicas sobreviven o se caen basadas en las relaciones personales, como ya lo hemos afirmado muchas veces, ¿cuántas de tales relaciones personales puede un apóstol dado mantener a largo plazo? Obviamente tiene que haber un límite. No puede ser un número infinito. ¿Podría alguien relacionarse con mil iglesias? ¿O quinientas?

Esto trae a colación la investigación doctoral hecha por Bill Sullivan, de la Iglesia del Nazareno en Kansas City, fundador y director del Departamento de Crecimiento de la Iglesia, a quien tuve el privilegio de servir de mentor. Sabiendo el principio de crecimiento de la iglesia de que la mejor manera de evangelizar una región es sembrar nuevas iglesias, Bill se preguntaba si ese principio se podría aplicar a un nivel más alto, es decir, al de multiplicar los distritos nazarenos en todos los Estados Unidos. Su investigación reveló que cuando los *distritos* nazarenos llegaban a tener 70 iglesias, su tasa de crecimiento tendía a disminuir. Una de las razones era que la eficiencia de los superintendentes de distrito para supervisar a las iglesias se podía sostener satisfactoria hasta alrededor de 70 iglesias, pero para la mayoría ese era el límite.

### DE RELACIONES A REGIMENTACIÓN

Hace poco cité la declaración de John Wimber en la que afirmaba que la Asociación de Iglesias Vineyard se había convertido en una denominación. Tal vez usted se dio cuenta de que en su ensayo Wimber observó que: «Para 1984 el número de Vineyards estaba creciendo rápidamente». Hasta donde recuerdo, el número en ese entonces había llegado como a doscientas iglesias, y se estaban añadiendo más. Mi punto es que un cierto *número* de iglesias fue uno de los factores que persuadió a John Wimber de que necesitaba formalizar la estructura de Vineyard. El movimiento Vineyard al principio había funcionado bien porque cada uno de los pastores había disfrutado de una relación personal con Wimber. Podía devolver las llamadas telefónicas. El apóstol podía mantenerse en contacto con las iglesias.

Entonces llegó el tiempo cuando ese ya no era el caso. Wimber no podía mantenerse al tanto de las iglesias porque eran demasiadas. Me imagino que la frustración había empezado a infiltrarse mucho antes de que el número de iglesias llegara a doscientas. Para entonces había llegado a ser obvio que la organización necesitaba pasar de las *relaciones* a la *regimentación.*

## LA PROPORCIÓN: DE 50 A 150 IGLESIAS

¿Cuál es el número óptimo de iglesias en una red apostólica dada? Permítame decir en primer lugar que un poco más de investigación en este respecto podría darnos mejores respuestas. Y en segundo lugar, que deberíamos indudablemente mirar a una proporción o amplitud antes que a un *número* específico. Mi mejor estimación al momento es que la mayoría de apóstoles pueden arreglárselas bastante bien con cincuenta iglesias. Unos pocos podrían manejar unas ciento cincuenta iglesias sin crear algún tipo de burocracia que les ayuden. Así que bien podría ser que una mayor investigación confirmará nuestra sugerencia de entre cincuenta a ciento cincuenta iglesias por red, o algo aproximado a eso.

Si esto resulta ser el caso, debemos entonces preguntar cuáles son las variables para determinar si una red determinada alcanzará su pináculo en el extremo *más bajo* de la proporción, o en su punto *más alto*. Este es otro punto en el cual se necesita más investigación, pero, mientras tanto, estas son mis observaciones:

1. La personalidad del apóstol es indudablemente la variable más importante. Algunos individuos por naturaleza pueden establecer y sostener más relaciones personales que otros. La experiencia también cuenta igualmente. Mientras más maduro y experimentado sea el apóstol, más iglesias puede manejar.
2. Si el apóstol puede reunir y manejar un equipo apostólico a nivel de iguales, el número de iglesias puede ser más elevado. Por ejemplo, un equipo de cinco apóstoles supervisando ciencuenta iglesias cada uno habría ya elevado el número de iglesias en la red a doscientos cincuenta.
3. Si las iglesias de la red están cerca geográficamente, el número total puede ser más elevado. Uno de los requisitos previos para mantenerse en contacto con las iglesias de una red es visitarlas personalmente, porque la red se basa en relaciones personales. La proximidad geográfica permite que lo que de otra manera sería tiempo gastado en viajar se usaría para «estar con la gente», para usar una frase favorita apostólica.
4. Los apóstoles que tienen una baja necesidad de control de calidad pueden probablemente supervisar más iglesias. En este aspecto un apóstol sanguíneo tal vez tendría una ventaja sobre un apóstol melancólico.
5. Una red apostólica que tiene personal administrativo altamente eficiente, que ha desarrollado un sistema de comunicaciones bien aceitado en toda la red, puede ser más grande que la que se inclina hacia el lado caótico.
6. Las redes apostólicas que insisten en normas más estrictas de rendir cuentas genuinamente tenderán a ser más pequeñas que las redes más flojas.

## MANDATO DOS: CULTIVAR CONSTANTEMENTE NUEVO CARISMA

No olvidaré fácilmente que cuando leí el informe de Brenda Brasher sobre la capilla Calvario y llegué a la sección «Cultivo del nuevo carisma», me sentí como un minero que se encuentra de casualidad una pepita de oro de veinte libras. Era algo que no había hallado en los escritos de Max Weber, quien había postulado la *rutinización* del carisma sin sugerir la otra alternativa de *cultivarlo*. El cultivo del carisma, si se hace bien y persistentemente, puede llegar a ser la salvación de la Nueva Reforma Apostólica. Afortunadamente, uno de los primeros y más visibles nuevos líderes apostólicos en los Estados Unidos, Chuck Smith, ha provisto un modelo que podemos seguir.

Brasher descubrió que la principal manera en que Chuck Smith cultiva el carisma en el movimiento de la Capilla Calvario es mediante megaiglesias. Ella dice: «Con su elevado número de megas, Calvario sostiene no una sola fuente de autoridad carismática, sino múltiples».[27]

---

*El cultivo del carisma, si se hace bien y persistentemente, puede llegar a ser la salvación de la nueva reforma apostólica.*

---

¿Cómo lo hace Chuck Smith? Primero, reconoce y anima públicamente a los pastores carismáticos de las megaiglesias. También incluye «permitir y aceptar que las megaiglesias usen nombres originales, tales como Horizonte y Cosecha, y permitir o aceptar que las megas desarrollen sus propios programas, empiecen sus propias escuelas para el ministerio y diferencien sus propios estilos hasta el punto en que las conexiones entre Calvario y las megas más exitosas ahora son difusas en el mejor de los casos».[28]

Un tema consistente entre los nuevos líderes apostólicos es que no están para controlar. Algunos viven según este ideal mejor que otros. Chuck Smith es un ejemplo de cómo se lo debe hacer bien. Los otros apóstoles en el movimiento de la Capilla Calvario, es decir, los pastores de las megaiglesias, tienen libertad que otras redes no permitirían. Estas libertades incluyen el implementar sus propios programas de misiones foráneas, educar a sus propios pastores y sembrar iglesias hijas que no necesariamente se afilian con el movimiento de la Capilla Calvario.

Brenda Brasher dice: «En las principales reuniones de Calvario he observado interacción cálida y personal entre la mayoría de los mega pastores y Smith. En las entrevistas los mega pastores describen una relación activa y afectuosa con Smith que ha influido profundamente en sus vidas; pero el ministerio que se desarrolla en las megaiglesias hace cada vez más difícil percibir la gentil toma de cuentas entre las megas y el movimiento».[29]

En contraste al *modus operandi* de Chuck Smith, John Wimber, quien irónicamente empezó como uno de los pastores de megaiglesias de Calvario, pero que más tarde decidió retirarse y unirse al movimiento Vineyard de Ken Gullickson, desarrolló una historia de severo conflicto con muchos de sus pastores de nivel apostólico en las megaiglesias Vineyard. La relación de Wimber con sus apóstoles iguales fue muy parecida a la de Pablo y Bernabé.

En la red de Pablo había evidentemente espacio solo para un apóstol, así que se separó de Bernabé respecto a un asunto relativamente trivial en cuanto a si Juan Marcos debía acompañarlos. De manera parecida, varios pastores de megaiglesias tales como Tom Stipe, Mike Bickle, Ken Blue, John Arnott, Ché Ahn y Ken Gullickson mismo, se vieron obligados a dejar la Asociación de Iglesias Vineyard después de que descubrieron que su carisma, por lo menos desde su punto de vista, no estaba siendo afirmado, estimulado y cultivado por su apóstol.

Este puede haber sido un factor contribuyente de uno de los contrastes que Donald Miller notó entre los dos movimientos: «El Vineyard se identifica ahora como una denominación, mientras que la Capilla Calvario prefiere verse a sí misma como un compañerismo estrecho de iglesias».[30] Los líderes apostólicos que están decididos a no permitir que sus redes se vuelva rutina como denominaciones cultivarán el carisma. Esto nos lleva al tercer mandato.

## MANDATO TRES: MULTIPLICAR LAS REDES APOSTÓLICAS

Si los apóstoles cultivan constantemente el carisma en sus redes, uno de los productos inevitables serán más apóstoles. Es claro, aun cuando todavía no bien definido, que en el Reino de Dios es posible toda una variedad de papeles apostólicos. La clase de apóstoles que he estado describiendo en este libro es un apóstol supervisor que tiene autoridad sobre cierto número de iglesias. Indudablemente varias otras clases de apóstoles funcionan autoritativamente en otros aspectos del ministerio del Reino o dentro de ciertos delineamientos sociales o en ciertas regiones geográficas, tales como ciudades, pero no tiene supervisión directa de varias iglesias locales. Espero que pronto tendremos una tipología que nos ayudará a reconocer y comprender mejor estos diferentes papeles.

Sea como sea, muchos apóstoles son del tipo que Dios ha llamado a dirigir redes apostólicas propias. Es, por consiguiente, imperativo que los apóstoles existentes proactivamente den los pasos que sean necesarios para dar poder a los líderes carismáticos que están surgiendo dentro de su esfera de influencia para que *empiecen sus propias redes apostólicas.*

El hacer esto ayudará a inmunizar a la nueva reforma apostólica en cuanto a volver rutina el carisma, por dos razones:

1. Mantendrá el número de iglesias por red más bajo y más manejable.
2. Proveerá para cada red liderazgo de primera generación, que no ha caído en la rutina.

En tal caso la única red susceptible de caer en la rutina del carisma será la que permanece como la red fundadora. Las nuevas tendrán por lo menos una generación más para funcionar bajo el líder carismático fundador. Si el apóstol de la red fundadora original se toma el trabajo de escoger un sucesor a nivel de igual (no un subordinado) en quien se ha cultivado genuinamente el carisma, en lugar de dejar que un grupo escoja su sucesor, las probabilidades de que se vuelva rutina disminuirán notablemente incluso para esa red.

Así es como Brenda Brasher ve a la Capilla Calvario:

> Muchos pastores perciben el potencial de las megas para separarse del movimiento después de que Smith se jubile. Algunas lo consideran probable. Un pastor, en su respuesta, identificó los grupos que pensaban hacerlo con mayor probabilidad: «Lo que estoy diciendo es que es posible que grupos tales como la Horizon Christian Fellowship de San Diego, Harvest Crusade de Riverside, Applegate Christian Fellowship, o Calvario San José tal vez se conviertan en movimientos individuales de Capilla Calvario por sí mismos».[31]

## LOS PADRES ENTREGAN A LOS HIJOS

Mi pregunta sería respecto a por qué no se podría estimular a que tal cosa ocurra mientras que el apóstol fundador todavía vive. Me parece que mientras más el apóstol es un verdadero padre, más probable es que esto ocurra. ¿Por qué los apóstoles, como parte de su visión, no producen y entregan nuevas redes apostólicas rutinariamente? En el capítulo anterior cité a Paul Daniel que decía: «Los padres, según creo, nunca deberían sentirse amenazados por los hijos, sino que deberían regocijarse cuando ellos logran éxito».[32]

Mi esposa y yo tenemos tres hijas. Invertimos mucho tiempo, enormes cantidades de energía y una considerable porción del dinero que ganamos en nuestra vida para criarlas. Nos atamos emocionalmente con todas ellas; *y a todas las entregamos.* Así fue como siempre comprendí lo que se suponía que los padres debían hacer.

Larry Kreider de la Dove Christian Fellowship International dice:

> Solo un padre disfuncional trataría de aferrarse a sus hijos y usarlos para cumplir su propia visión. Los padres saludables esperan que sus hijos dejen el hogar y empiecen sus propias familias. Los padres espirituales saludables deben pensar de la misma manera. Esta generación de líderes cristianos está llamada a «entregar» a muchos de los creyentes en sus iglesias para que empiecen sus propias familias espirituales: nuevos grupos, células y nuevas iglesias.[33]

Muchos de los apóstoles actuales concordarán plenamente con el principio de Kreider. Por lo general lo aplican, sin embargo, como Kreider dice, solo al nivel de multiplicar iglesias dentro de una red dada. Creo que para prevenir la rutinización generacional del carisma en la Nueva Reforma Apostólica, este mismo principio tiene que aplicarse a multiplicar *redes*. Presumiblemente cuando las iglesias se multiplican se relacionan unas a otras en la red apostólica que les dio a luz, formando una familia de iglesias que tienen ADN similar. La red apostólica es una *familia de iglesias locales*.

¿Qué tal respecto a una red de redes? ¿Qué tal en cuanto a varios apóstoles supervisores que tienen ADN espiritual similar relacionándose unos con otros como líderes iguales de sus propias redes en una *familia de redes?* Tal cosa no solo evitaría que el carisma se vuelva rutina, sino que también iría lejos en cuanto a resolver el problema recurrente de toma de cuentas de los apóstoles supervisores.

## ¿PUEDEN CAMBIAR LAS DENOMINACIONES?

Una pregunta principal, y legítima, que plantearán muchos lectores de este libro es si las denominaciones que se vuelven rutina pueden revertir la tendencia y convertirse en redes apostólicas. Otra manera de expresar la pregunta podría tener que ver con si se puede reacondicionar a los odres viejos para que puedan contener el vino nuevo. Mi comprensión de la cultura de los tiempos del Nuevo Testamento es que muchos de los odres viejos podían ser reacondicionados, y se los trataba de una manera especial sumergiéndolos en salmuera, frotándolos con aceite y restaurando su flexibilidad para que puedan contener el vino nuevo. Por supuesto, ciertos odres viejos estaban tan resquebrajados o descompuestos que su vida útil ya era historia. Con esfuerzo se podía lograr que algunos odres viejos volvieran a ser útiles, pero los odres preferidos eran los nuevos que se usaban por primera vez.

Algunas de las redes apostólicas están conscientes de esto, y procuran mantener su odre flexible para que no se resquebraje y se vuelva inútil. Don Atkin describe a las Iglesias y Ministerios Antioch bajo esta luz:

> John Kelly, nuestro apóstol supervisor, es un estratega sabio. Dios está rodeando al apóstol Kelly con personas de calidad con la pericia necesaria para continuamente «frotar el aceite del Espíritu Santo» en nuestro odre. Esto nos asegura que el vino, o el ministerio, continuamente dictará la forma del ministerio. No es como solía ser. Y, ¡no es como será! Pero hemos escogido «seguir la corriente» del vino, y hacer ajustes diarios, semanales y mensuales al odre. De esta manera seguiremos siendo contemporáneos, en el filo cortante del movimiento de Dios.[34]

## LAS ASAMBLEAS DE DIOS EN AUSTRALIA: ¡SE PUEDE HACER!

Especialmente desde los años sesenta los «movimientos de renovación» denominacional han proliferado en casi toda denominación tradicional. Todos han sentido el llamamiento de

Dios para seguir en su denominación para orar por una renovación y esforzarse por ella. Hasta donde yo sepa, ninguno ha tenido éxito. Los líderes denominacionales, fieles a su ideal de pluralismo, los han tolerado, pero los problemas de control, poder, y particularmente manejo de los recursos financieros les ha llevado a domesticar a los movimientos de renovación, habilidad en la cual son más bien competentes. Cualquier renovación que haya podido tener lugar es más bien cosmética.

Otras denominaciones se han reestructurado organizacionalmente para librarse de las abrumadoras burocracias y agencias que se han multiplicado a través de los años. Sin embargo, cuando todas las comisiones han rendido sus informes, cuando se ha pagado a todos los consultores, cuando las convenciones y asambleas recargadas a menudo emocionalmente han concluido y cuando se ha anunciado la nueva estructura, por lo general poco ha cambiado. El viejo odre puede parecer algo diferente, pero todavía es el viejo odre. La denominación no se ha convertido en una red apostólica, y por lo general la tasa de crecimiento de la denominación no ha cambiado.

Dado este trasfondo, usted puede imaginarse mi deleite cuando mi amigo David Cartledge empezó a informarme que las Asambleas de Dios en Australia, claramente un viejo odre, en realidad lo habían logrado. Habían hecho la transición de una denominación tradicional a una red apostólica. El fruto del cambio se muestra dramáticamente en el gráfico denominacional de crecimiento.

Empecemos con el gráfico.

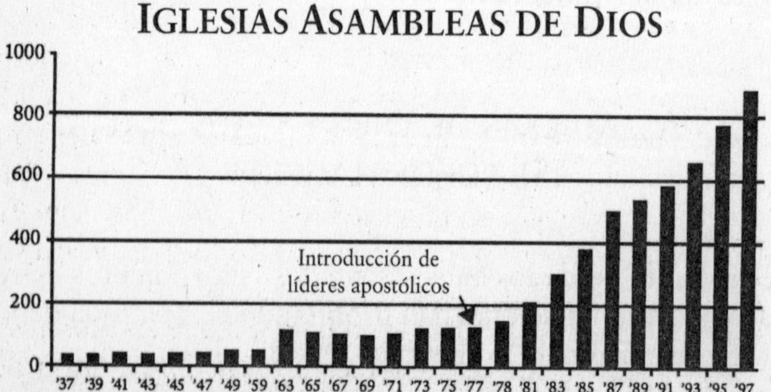

## LA REVOLUCIÓN APOSTÓLICA

El proceso que tuvo lugar quedó documentado en un ensayo escrito por David Cartledge, presidente de la Universidad Southern Cross, titulado: «The Apostolic Revolution in the Assemblies of God in Australia» [«La revolución apostólica en las Asambleas de Dios en Australia»]. Las Asambleas de Dios en Australia empezaron en 1937 y por cuarenta años funcionaron como una denominación típica. «La mayoría de las conferencias dessde 1937 hasta 1977 se caracterizaron por añadir reglas, cambiar la constitución, y erosionar la autonomía de las iglesias».[35] El patrón de crecimiento reflejaba eso con deslustrado aumento de cincuenta iglesias en 1957 a ciento cincuenta en 1977, con un promedio de dos a tres iglesias añadiéndose cada año.

Una crisis surgió a principios de los años setenta cuando algunos líderes de las Asambleas de Dios intuitivamente observaron que el carisma de su movimiento estaba cayendo en la rutina, y lanzaron un esfuerzo agresivo para retornar a sus raíces. Este pentecostalismo abierto, hasta cierto punto primitivo, tal vez matizado con influencia de la «lluvia tardía» echó raíces, entre muchos otros lugares, en la Townsville Asamblea de Dios de David Cartledge. En poco tiempo la iglesia había llegado a ser la más grande en la ciudad. Esto causó gran preocupación entre los oficiales denominacionales de las Asambleas de Dios, particularmente cuando nuevos estilos de adoración, producto de algunas iglesias de Nueva Zelandia, empezaron a esparcirse a otras asambleas fuera de Townsville.

Cartledge informa: «Se convocó a un presbiterio especial y sin precedentes en 1972 para tratar de sofocar el impulso de la marea. La controversia continuó sin tregua con más iglesias siendo renovadas y hallándose en contraposición con los líderes ejecutivos que se oponían tanto a las manifestaciones y ministerios que las iglesias renovadas invitaban a predicar».[36] En la próxima conferencia nacional se hicieron mociones (sin éxito) de expulsar de la denominación a todos los pastores de las iglesias renovadas.

Cartledge dice: «En realidad, el debate sobre las manifestaciones del Espíritu fue más bien superficial. La cuestión real que surgió en la conferencia fue la autonomía de las iglesias y su derecho de participar en formas de adoración que los ejecutivos no aprobaban. Las otras cuestiones principales fueron el reconocimiento de los dones de ministerio más allá del pastor, maestro y evangelista».[37] Téngase presente que la implicación de esta última declaración era que las Asambleas de Dios habían persistido en rehusar reconocer y estimular el ministerio de profetas y apóstoles dentro de sus iglesias.

El cambio ocurrió en la conferencia nacional en 1997, cuando voces que clamaban: «Queremos ministerios apostólicos que nos dirijan», empezaron a oírse por los delegados. Cartledge dice: «Aun cuando no se dictó ninguna resolución sobre el tipo de ministros que debían componer el Ejecutivo, cada conferencia desde entonces siempre ha nombrado ministerios demostrados apostólicos y proféticos como liderazgo nacional del movimiento».[38]

## LIDERAZGO DE PASTORES DE MEGAIGLESIAS

¿Quiénes son estos nuevos líderes? Como hemos observado en el caso de la Capilla Calvario, fueron pastores de megaiglesias. Previamente las Asambleas de Dios no tenían megaiglesias, y los pastores normalmente se mudaban a un nuevo pastorado cada pocos años. Reginald Klimionok, por ejemplo, cambió el patrón al quedarse en la Iglesia Garden City Christian en Brisbane por veinte años, y la edificó de cien a tres mil miembros.

Andrew Evans fue a la Paradise Assembly en Adelaide en 1970, teniendo una congregación de ciento cincuenta, y hoy tiene cuatro mil miembros. David Dartledge edificó su iglesia en Townsville de sesenta a más de mil miembros. Frank Houston sembró la iglesia Christian Life Centre en Sidney y ahora tiene dos mil quinientos miembros. Su hijo Brian empezó una iglesia hija de la Christian Life Centre, y ahora tiene cinco mil miembros, la iglesia más grande en Australia. Esta clase de líderes carismáticos forman el liderazgo de las Asambleas de Dios renovadas en Australia. Brian Houston es al presente el superintendente nacional.

Cambios asombrosos han ocurrido. Por ejemplo, las Asambleas Australianas ahora permiten que sus pastores siembren iglesias y desarrollen redes apostólicas que pueden optar por no afiliarse con las Asambleas de Dios, si así lo desean. Cartledge dice: «Esto creó movimientos dentro del movimiento, pero hasta este punto no ha sido de valor negativo, y ha contribuido al rápido crecimiento de las Asambleas de Dios».[39]

La denominación también permite que sus ministros establezcan y operen sus propias organizaciones itinerantes paraeclesiásticas, y se hace la publicidad de muchas de ellas indicando que tienen ministerios proféticos y apostólicos, algo que hubiera sido imposible antes de 1977. Por ejemplo, Brian Houston, el superintendente nacional, tiene su propia conferencia cada año y atrae a más participantes que la misma conferencia nacional de las Asambleas de Dios.

Es posible, por consiguiente, que los viejos odres sean frotados lo suficiente con el aceite del Espíritu Santo para que puedan recibir el vino nuevo que Dios desea verter. Si otras denominaciones pudieran dar algunos de los intrépidos y decisivos pasos que han dado las Asambleas de Dios australianas, el futuro se vería brillante. Cuántas en realidad decidan hacerlo falta por verse.

# Adoración conectada

Yo diría que, inicialmente, la diferencia más visible, a ojos de casi cualquier observador, entre las iglesias tradicionales y las nuevas iglesias apostólicas es la cantidad de cables eléctricos que cruzan la plataforma en todas direcciones. Ninguna iglesia tradicional jamás ha tenido tantos micrófonos, y semejante elevado número de altoparlantes al frente. A uno le viene la idea de que si hubiera un apagón no habría otra alternativa que suspender el culto. Alguien dijo: «¡La nueva adoración apostólica está conectada e inspirada».

El ver tantos cables eléctricos despertó el adjetivo «conectada», para describir a la nueva adoración apostólica. Sin embargo, va mucho más allá. Según he podido analizar la situación, la nueva adoración apostólica está «conectada» a tres fuentes importantes de poder:

- Está conectada al sistema de amplificación de sonido.
- Está conectada al Espíritu Santo.
- Está conectada a la cultura contemporánea.

## VERIFICACIÓN DE LA REALIDAD

No solo que la adoración contemporánea de las nuevas iglesias apostólicas es una de las diferencias más observables con los tradicionalistas, sino que de todos los cambios que están teniendo lugar, este también se ha extendido fuera de los nuevos círculos apostólicos más que cualquier otro cambio. Las iglesias tradicionales de casi cualquier denominación están empezando a darse cuenta de que las formas de adoración de generaciones pasadas no sobrevivirá mucho en el futuro. Sin embargo, no todas han escogido todavía subir a bordo.

George G. Hunter III, experto en crecimiento de la iglesia dice: «Ocho de cada diez iglesias están estancadas o declinando, en parte a que lo que hacen de 11:00 a.m. a las 12:00 del mediodía el domingo, no es "culturalmente relevante" para las personas de su área de ministerio que no asisten a la iglesia».[1] Esto vendrá como verificación de la realidad para muchas iglesias que hasta ahora no han notado o tal vez no les gusta los cambios radicales que ya han empezado.

Así es como lo observa Barry Liesch, profesor de la Universidad Biola en La Mirada, California:

> Nada menos que una revolución en los estilos de adoración está barriendo en toda Norte América. [Podía haber dicho «el mundo».] Los líderes de adoración, pastores y músicos preparados enfrentan nuevas y poderosas fuerzas de cambio; fuerzas que traen renovación a algunas iglesias y temor en otras. Ninguna denominación o grupo puede soslayar el acalorado debate entre los beneficios de himnos *versus* coritos, coros *versus* grupos de adoración, órganos *versus* sintetizadores electrónicos, y alabanza que fluye *versus* cantar un canto a la vez.[2]

## ¿QUÉ QUEREMOS DECIR POR «ADORACIÓN»?

Durante los últimos años se han publicado muchos libros excelentes sobre la adoración. Después de leer varios de ellos, empecé a notar que los autores al parecer no han llegado a un consenso respecto a lo que es realmente la adoración. Al buscar una definición estándar llegué a preguntarme si acaso tal cosa siquiera existe. Los líderes de adoración son, por naturaleza, personas que usan más el lado derecho de su cerebro que el izquierdo. Al leer lo que han escrito concluyo que casi todos ellos *sienten* más o menos lo mismo en cuanto a la adoración, pero que, comprensiblemente, tienden a *verbalizar* en formas diferentes esos sentimientos.

Quiero aclarar que enfoco este asunto estrictamente como no profesional. Yo no soy *productor* de adoración, como la mayoría de los autores de esos libros lo son, sino que soy puramente un *consumidor* de la adoración. No tengo más idea de cómo dirigir la adoración que cómo hacer un bistec estroganof. Sin embargo, puedo decir bastante bien la diferencia entre lo bueno y lo malo en ambos casos. Parte de lo que quiero decir con esto es que dejaré la cuestión de definiciones a los productores, y esto es lo que algunos de ellos dicen:

- LaMar Boshcman: «A*dorar*, como verbo, quiere decir tributar homenaje y respeto. En el mundo cristiano se usa el término para la devoción reverente, el servicio u honor, sea público o individual, que se tributa a Dios».[4]
- Sally Morgenthaler:» La adoración cristiana no es solo ofrecerle a un Dios (espíritu) santo todo los que somos. Es una respuesta intencional de alabanza, acciones de gracias y adoración *al* Dios, al Único revelado en la Palabra, dado a conocer y accesible para nosotros en Jesucristo, y de quien el Espíritu Santo (verdad) testifica en nuestros corazones».[5]
- Bruce Leafblad: «Adorar es ese proceso en el cual hacemos a Dios lo primero en nuestras vidas».[6]
- Donald Hustad: «Adoración es toda y cualquier respuesta digna a Dios».[7]

## LOS OCHO CAMBIOS MÁS SIGNIFICATIVOS

En el resto de este capítulo trataré de lo que considero los ocho cambios más significativos entre la adoración tradicional y la nueva adoración apostólica:

1. De lo clásico a lo contextual
2. De presentación a participación
3. De himnos a cantos
4. De órgano de tubos a percusión
5. De cerebral a celebración
6. De asombro de Dios a intimidad con Dios
7. De liturgia a libertad
8. De meditación a misión

## 1. DE LO CLÁSICO A LO CONTEXTUAL

Probablemente el factor que más ha contribuido al impresionante esparcimiento de la nueva adoración apostólica por todo el Cuerpo de Cristo es el hecho de que está conectada en la cultura contemporánea. Sin embargo, la decisión de una iglesia local en particular respecto al uso de adoración contemporánea no quiere decir, por sí mismo, que sea una nueva iglesia apostólica. Muchas otras consideraciones entran en el cuadro.

La apelación transcultural de la adoración contemporánea me interesa. Por varios años he viajado a toda una variedad de naciones en seis continentes. He quedado asombrado que la adoración contemporánea corporativa suena muy parecido. Esto no se puede atribuir por entero a la traducción de cantos compuestos en las naciones occidentales, aun cuando eso ocurre en gran medida. En la mayoría de los casos, muchos de los cantos de adoración han sido compuestos por músicos cristianos de esa cultura en particular. Tal vez yo no pueda leer las palabras que aparecen en la pantalla, pero incluso así puedo sentir un ambiente espiritual y la presencia de Dios mediante la adoración tanto como la siento en mi propia iglesia en Colorado Springs.

Con frecuencia me pregunto si los historiadores de la música de la iglesia no concordarían en que ahora mismo tenemos el sonido más universal de la adoración cristiana desde los cantos gregorianos.

## LA CULTURA ES EL FACTOR DETERMINANTE

Los líderes de la nueva adoración apostólica fuertemente, y sin apología, miran a la cultura contemporánea como el factor determinante principal del estilo de música que usan, particularmente si se concentran en alcanzar a los no salvos en la comunidad. Al hacerlo así rechazan la noción formal de la música que diría que ciertas clases de música son intrínsecamente superior a otras. En lugar de eso, se inclinan hacia la noción más funcional de la música, que es considerablemente más pragmática, argumentando que la mejor música es la que atrae la atención de los que la oyen.

---

*George Hunter dice: «Todos los cultos de adoración son contemporáneos, pero la mayoría son "contemporáneos" para alguna otra cultura o generación».*

---

La palabra «contemporáneo» se ha usado con frecuencia en esta parte. Me gusta la manera en que George Hunter pone «contemporáneo» en el cuadro completo: «Todos los cultos de adoración son contemporáneos, pero la mayoría son "contemporáneos" para alguna otra cultura y/u otra generación. Por ejemplo, las iglesias que tienen música de órgano de tubos del siglo dieciocho son "contemporáneas" a la cultura de Alemania del siglo dieciocho».[8]

## LAS RAÍCES CULTURALES DE LA MAYORÍA DE IGLESIAS

¿Cómo se aplica esto a lo que estamos notando en muchas de nuestras iglesias hoy? Hunter sigue diciendo:

> Dos raíces culturales profundas moldean a la mayoría de nuestras iglesias. Primero, su iglesia típica «de la guardia vieja» está enraizada en el suelo de la cultura europea de, digamos, Inglaterra, Escocia, Alemania o

> Suecia, de donde vino la tradición denominacional. Segundo, la iglesia está enraizada en la década del cincuenta, cuando el cristianismo «de corriente tradicional» prosperó por última vez e influyó significativamente en la sociedad. El problema es que la cultura de la comunidad que rodea a la iglesia es diferente de la cultura europea de donde vino la denominación, y la cultura de la comunidad es cada vez más diferente de la que tenía en la década del cincuenta.[9]

Una de las iglesias de los Estados Unidos, firmemente arraigada en el suelo cultural del luteranismo alemán, que en su mayoría ha tomado la decisión de contextualizar la vida de su iglesia a la cultura suburbana estadounidense de la década del noventa es miembro de la denominación Iglesia Evangélica Luterana de los Estados Unidos; es decir, la Community Church of Joy en Phoenix, Arizona. Como resultado directo ha llegado a ser la iglesia más grande y que más rápido crece en la denominación. Su pastor es Walther Kallestad, y su líder de adoración es Tim Wright. En su libro *A Community of Joy* [Una comunidad de gozo], Tim Wright recalca que en el pasado la mayoría de estadounidenses escogían una iglesia en base a tres criterios:

- Afiliación denominacional
- Doctrina de la iglesia
- Ubicación

¡Esto ya no es así! dice Tim Wright. «La gente escoge ahora iglesias de la misma manera en que escoge otras cosas: como consumidores (no necesariamente como creyentes). Van a donde está la acción, donde piensan que sus necesidades serán suplidas, independientemente de la denominación, doctrina aparente, o ubicación. Para los consumidores, el culto de adoración es una de las principales razones para escoger una iglesia».[10]

## TREINTA Y UN SABORES DE ADORACIÓN

Cuando era niño mis sabores favoritos de helados eran vainilla, chocolate o fresa. Ahora, la compañía Baskins-Robbins me permite escoger entre treinta y un sabores. El pan era blanco o de trigo entero. Ahora lleva una eternidad pararse frente a la sección de pan en el supermercado y decidir qué clase de se llevará a la casa. Parte de la cultura en que vivimos demanda que a la gente se le de una variedad de alternativas en casi todo aspecto de sus vidas.

Lo mismo se aplica a la adoración contemporánea. Una vez que hemos decidido separarnos de la cultura de adoración tradicional que George Hunter describe, nos vemos frente a muchas otras decisiones. LaMar Boschman dice: «Hay muchos estilos diferentes de nueva adoración apostólica. Desde los que son sensibles a los simpatizantes a Integrity, Vineyard, Maranatha, Promise Keepers [Guardadores de promesa] y muchos otros. Esa proliferación de variedades de estilos de adoración sigue creciendo y desarrollándose. Es un fenómeno de nuestra era digital».[11]

## «ESTO ES DAÑINO EN TODA FORMA POSIBLE»

No a todo el mundo le gusta lo que está sucediendo. Hace pocos años estaba dictando un seminario sobre la guerra espiritual con Yonggi Cho en Suiza, en donde los momentos diarios de adoración los dirigía un equipo suizo de adoración contemporánea de la ciudad de Ibeto.

Finalizando las sesiones del seminario recibí una carta de los asistentes, que decía: «Una adoración cargada de alabanza es extremadamente importante como arma de la guerra espiritual, como usted lo mencionó en una de sus conferencias. Sin embargo, siento que ese ruido extremadamente fuerte, ensordecedor que hemos oído hasta aquí de parte de los jóvenes de Ibeto es, en mi humilde opinión, muy dañino espiritualmente, físicamente ¡y en toda forma posible!

Me encanta la cita que descubrió mi amigo Gary MacIntosh del Seminario Talbot en La Mirada, California. Las palabras son las de un pastor estadounidense que objetaba las nuevas tendencias en la música de la iglesia.

Hay varias razones para oponerse a eso. Una, es dema-

> siado nuevo. Dos, con frecuencia es mundanal, incluso blasfemo. La nueva música cristiana no es agradable como el estilo más establecido. Debido a que hay tantos cantos nuevos, no se pueden aprender todos. Se pone demasiado énfasis en la música instrumental antes que en la letra piadosa. Esta nueva música crea perturbación que hace que la gente actúe indecente y desordenadamente. La generación precedente se valió sin ella. Es una escena para hacer dinero y algunos de estos nuevos astros musicales que están surgiendo son libidinosos y de vida liviana.[12]

¿Quién lo dijo? Era un pastor que atacaba a Isaac Watts, ahora considerado como el padre de la himnodia estadounidense, ¡en 1723! ¿Qué más hay de nuevo?

## ¿«CANTINELAS RELIGIOSAS»? ¿«CANTOS CALLEJEROS VULGARES»?

En su libro *Reinventing American Protestantism*, Donald E. Miller anota un fenómeno similar cien años más tarde, a principios del siglo diecinueve, citando al historiador Nathan Hatch:

> Hatch indica: «A la vuelta del siglo diecinueve una oleada de músicos auto nombrados, indiferentes a la himnodia autorizada, creó sus propios versos sencillos y les puso tonadas populares enervantes». Dice que la música para estos cantos se la tomó prestada indiscriminadamente de «una variedad de tonadas seculares de amor, guerra, añoranza, piratería, robo y asesinato». Las iglesias establecidas de la época (es decir, episcopales, presbiterianas y congregacionales) vieron a estas «cantinelas» religiosas como canciones callejeras vulgares, inapropiadas para la religión respetable.[13]

Tales comentarios no eran raros a principios del siglo veinte. Muchos líderes cristianos todavía objetan fuertemente a la adoración contemporánea, aduciendo, por ejemplo, que los cantos no tienen la profundidad teológica de los himnos tradicionales. Si esta hipótesis se la examinara en un proyecto de investigación seria, dudo que podría sostenerse. Sencillamente estamos oyendo buena teología expresada de maneras nuevas.

### LAS «GUERRAS DE ADORACIÓN» CONTINUAS

En la literatura reciente en cuanto a la adoración cristiana se hacen frecuentes referencias a las «guerras de adoración».[14] Debo decir, sin embargo, que todavía tengo que hallar una nueva iglesia apostólica que se considere librando tal guerra, aun cuando las facciones en guerra tienden a echarle la culpa a la adoración contemporánea. Es evidente que la guerra ocurre, no en las iglesias que han aceptado la innovación, sino en las que resisten la innovación, iglesias que los científicos sociales llamarían «adoptadores tardíos».

¿Quiénes son los que todavía se sienten incómodos con la nueva adoración apostólica? Hablando en forma general, son los siguientes grupos:

- Ancianos, las generaciones que se conocen como los «constructores» y «mayores».
- Generaciones más ancianas para las cuales el cambio se presenta como una amenaza insuperable.
- Pastores viejos que se han acomodado pacíficamente en sus zonas de comodidad.
- Congregaciones que tienen alta conciencia europea de la gente tales como los luteranos, episcopales, menonitas, Ejército de Salvación, presbiterianos, etc.
- Músicos clásicos que tienen títulos universitarios en música y que se adhieren a la noción formal de la música, antes que a la funcional.

## 2. DE PRESENTACIÓN A PARTICIPACIÓN

Por cuarenta y tres años adoré en iglesias evangélicas cristianas como espectador. Mi papel era cantar acompañado por el órgano de tubos, inclinar la frente durante la adoración, dar una ofrenda, ponerme de pie o sentarme cuando se me decía, tratar de prestar atención al sermón y mantener a mis hijos bajo control. William Easum y Thomas Bandy tienen razón cuando dicen: «En la adoración de la cristiandad [su palabra para referirse a lo que yo llamo iglesias tradicionales] lo que más importaba era sencillamente que tú estuvieras allí. Simplemente el estar allí comunicaba tu fe en Dios, tu dedicación a la membresía en la iglesia, y tu conformidad con el *status quo* de la cristiandad».[15] Esto es lo que yo hice fielmente desde que acepté a Cristo en 1950 hasta 1993.

Durante las partes musicales del culto me quedaba sentado más que de pie. El director de canto, o «director del culto», usualmente batía sus brazos (en mis iglesias era invariablemente un hombre) y entre los himnos insertaba comentarios improvisados destinados a mantener mi atención. El enfoque recaía sobre el coro, elegantemente vestido con túnicas al frente y al centro del santuario. El himno del coro, recalcado con sobrios interludios por el órgano, se consideraba el punto clímax de la adoración. Se esperaban aplausos diplomáticos al final de cada presentación, durante los cuales el director del coro daba frente al público y modestamente reconocía la aclamación.

Cuando en los años ochenta alguien empezó a expresar algo de incomodidad con esto, con frecuencia el director de música nos decía que el coro «real» de la iglesia era la congregación. ¿Qué quería decir con eso? Cuando, después de oírlo unas cuantas veces, empecé a procesarlo, surgieron dos conclusiones:

1. A los que formamos la congregación ahora se nos consideraba actores, al igual que lo eran los miembros del coro. Esto se explicaba diciendo que éramos, en verdad, ejecutantes, y que el público era Dios. Eso tenía sentido para mí, por lo menos intelectualmente.
2. Nosotros, como el coro, estábamos programados y controlados por un director que ocupaba la plataforma y que estaba a cargo durante la adoración. Dirigía a la congregación como si fuera un coro, y siempre tenía el control.

## EXPERIENCIA CON LO SANTO

Un cambio importante ocurrió en 1993 cuando nuestra iglesia empezó la adoración conectada. Por primera vez sentí como si fuera *participante* en lugar de *ejecutante*. Me sentí como si el Espíritu Santo, no el director de música, estaba en control. Uso la palabra «sentí» porque la diferencia está indudablemente más en el corazón que en la cabeza. Teníamos un director de adoración que dirigía el evento, pero de alguna manera nos hizo sentir diferentes.

William Esaum y Thomas Bandy expresan bien el contraste: «La *presentación* linda, reverente, ordenada, autóctona, intergeneracional, y cuidadosamente contenida de lo santo ha sido reemplazada por una *experiencia* inestable, irreverente, impredecible, fuera de este mundo, que cruza culturas y a duras penas contenida, de lo santo».[16]

LaMar Boschman concordaría. Así es como lo explica.

> Ha habido un cambio del modo de espectador del pasado a la participación. La gente determina el resultado de la adoración porque se dan cuenta que su experiencia de adoración no depende de los profesionales al frente. Es la conexión que los individuos hacen con el Señor en la adoración lo que cuenta. Es la activa participación de todo creyente lo que en conjunto suple el necesario sabor y experiencia de la adoración corporativa.[17]

## SUBSISTE LA ALTA CALIDAD

Todo esto no sugiere que la nueva adoración apostólica use música de calidad inferior a la de la adoración tradicional. Si se evaluara la calidad de la música por su función antes que por su forma, se podría argüir que la nueva tiene una calidad más alta. Los músicos que dirigen la nueva adoración apostólica por lo general son tan hábiles en su arte como los que han dirigido la adoración tradicional por décadas.

Barry Leisch, profesor de música en Talbot, trata del uso de la palabra «ejecución» y sugiere que tal vez estará en uso por algún tiempo todavía. Dice lo siguiente:

> Los pastores, no obstante, necesitan comprender que en sus relaciones con los músicos la palabra *ejecución* sencillamente no va lejos. Para los músicos es una palabra que han usado en toda su preparación y *continuarán* usando en sus conversaciones con coros, solistas, y grupos de adoración; y tal vez incluso en el púlpito.[18]

Técnicamente, por supuesto, Barry Liesch tiene razón. Al mismo tiempo, nosotros los consumidores intuitivamente sabemos la diferencia entre un coro que *ejecuta* para nosotros como público, y un grupo de adoración *que nos lleva* como participantes a una experiencia con Dios.

## 3. DE HIMNOS A CANTOS

Sentí algo cómico en 1996. Me habían invitado a hablar un domingo por la mañana en una iglesia bautista en Canadá. Antes de que yo predicara, cantamos dos himnos de los himnarios. Al abrir el himnario traté, infructuosamente, de recordar cuándo fue la última vez que había cantado una canción de un himnario. Para todo fin y propósito, me había olvidado de cómo cantar con un himnario. En mi mente las palabras de los cantos deberían haber estado en el proyector o en computador.

LaMar Boschman llama a este fenómeno «el renacimiento de la música» que es el título de uno de sus libros.

¿Dónde tuvo su origen este renacimiento de la música? No se originó con músicos profesionales, sino de las filas autóctonas. Creyentes comunes empezaron a oír estos nuevos cantos fuera de sus cultos de adoración en la iglesia, y empezaron a cantarlos. Querían comprar cintas de Vineyard y Maranatha porque querían continuar adorando en sus casas y en sus vehículos. Lo siguiente que supimos es que ¡la adoración contemporánea se convirtió en una industria multimillorania!

Nada parecido jamás ha ocurrido cuando todavía estábamos cantando principalmente himnos.

## VILLANCICOS ACOMPAÑADOS DE TAMBORES

Una pregunta que invariablemente aflora en los debates relativos a las «guerras de adoración» tiene que ver con el valor intrínseco de los himnos viejos y tradicionales. Para algunos como yo, que se acercan a los 70, hay un valor personal increíble en esos viejos cantos. Especialmente me encanta cuando se canta un himno antiguo de una manera contemporánea. Mes tras mes hay una correlación directa entre los momentos cuando las lágrimas afloran a mis ojos durante los cultos de adoración y cuando ocasionalmente se canta un himno tradicional.

Nunca olvidaré mi primera visita a la Iglesia New Life en Colorado Springs (mi iglesia) en diciembre de 1994. La Navidad se acercaba y cantamos «Oid un Son en Alta Esfera» y «Gloria en Excelsis Deo», ¡acompañado con *tambores!* Me dominó tanto la emoción que no pude cantar ni una sola palabra de esos cantos.

Eso estuvo bien para mí, pero al mirar a mi alrededor noté que los jóvenes evidentemente no estaban sintiendo lo mismo que yo. Los cantos, para ellos, eran para disfrutar y apropiados, pero no profundamente conmovedores. Yo pertenezco a una generación diferente.

---

*Los que pertenecen a la generación X se refieren a la música de la generación del setenta como «el rocanrol de los ancianos».*

---

Una de las cosas que complica grandemente las vidas de nosotros, los más viejos, es la *rapidez* con que las generaciones están cambiando. Mi generación, para ser franco, era ligeramente diferente de la generación de mis padres, pero no *tan* diferente. Los «hijos de la posguerra» son radicalmente diferentes de nosotros. Su generación se calcula en el período de 18 años entre 1946 y 1964. La generación del setenta abarca un rango de 11 años, 1965 a 1976. El período de la generación X a la generación milenial será más corto. William Easum y Thomas Bandy dicen: «Una nueva generación emerge cada tres años; no cada treinta años».[19] Los que pertenecen a la generación X ya se refieren a la música de la generación del setenta como «el rocanrol de los ancianos».

Enfrentando esta realidad, Tim Wright dice lo siguiente:

> La música que se usa [en la iglesia] debe reflejar los estilos de música que se oyen en la radio *hoy*. La música cristiana contemporánea, campo en la industria musical que está expandiéndose siempre, ofrece una herramienta invaluable para la adoración orientada al alcance. La música es sofisticada, actual y teológicamente sólida. En cuanto a estilo, la música cristiana contemporánea se parece a la música que se toca en las radioemisoras «seculares». En sus palabras, la letra se enfoca en Jesucristo».[20]

## ESTO PUEDE INCOMODAR A LOS MÚSICOS PROFESIONALES

Barry Liesch, que tiene un doctorado en música, se siente un poco incómodo con el cambio de himnos a canciones. Considera esto como «una condición insalubre de asuntos».

Liesch dice: «Enseño en una buena universidad cristiana, y he observado una tendencia que perturba. En forma creciente los estudiantes nuevos, a quienes considero representantes de la población evangélica, ignoran incluso los himnos históricos más conocidos. Nuestros jóvenes son creyentes consagrados y muchos son estudiantes ejemplares, pero cuando se trata de su conocimiento de la himnodia ¡son ignorantes! Sus iglesias locales les han fallado».[21]

Me imagino que pocos de los alumnos actuales del profesor Liesch podían siquiera deletrear o definir «himnodia» antes de matricularse en sus clases.

A Barry Liesch le gusta y aprecia la música de alabanza contemporánea. Cree, sin embargo, que toda generación joven necesita un centro de gravedad de la adoración desde el cual partir, y ese centro de gravedad debe ser un repertorio de himnos.

William Easum, Metodista Unido, está tan irritado con los

músicos profesionales por hacer tanta alharaca de su noción formal de la música que hace una declaración fuerte:

> La fuente del conflicto surge primordialmente de los músicos preparados que a menudo hallan repugnantes estos conceptos, y resisten cualquier cambio en el estilo de la música. Los músicos de la iglesia hacen más que cualquier otro ministro en ella para impedir que las congregaciones disfruten de una nueva vida. Muchos están más interesados en la apreciación musical que es ayudar a las personas a hallar una vida nueva. Son músicos en primer lugar, y líderes de adoración después. Su amor por la música rivaliza con su amor por Cristo. Hacer discípulos no es tan importante como hacer buena música. Es tiempo de que reconozcamos este problema y lo tratemos en su debida medida».[22]

Mi opinión personal es que se deben usar regularmente los viejos himnos, de tiempo en tiempo, incluso en las iglesias más contemporáneas. Me doy cuenta de que los «viejos himnos» necesitarán tal vez alguna explicación para algunos. Recuerdo haber conversado al respecto con un líder de adoración en Colombia. Me replicó: «¡Ah, sí. En nuestra iglesia cantamos los viejos himnos. Cantamos "Majestad", y "Este es el Día que el Señor ha hecho" y otros como esos!»

## 4. DE ÓRGANO DE TUBOS A PERCUSIÓN

Una de las ocasiones memorables de mi vida fue cuando asistí al culto de adoración en la noche del sábado 24 de septiembre de 1993, en la Iglesia Congregacional Lake Avenue en Pasadena, California. Mi esposa y yo empezamos a asistir a esta iglesia en 1952, y por los primeros cuarenta y un años la adoración era cuestión de costumbre. ¿Cuán tradicional era la iglesia? Una vez seleccioné al azar un período de seis semanas, durante el cual guardé los boletines semanales de la iglesia. Entonces miré las fechas en las cuales fueron compuestos los himnos congregacionales. Durante esas seis semanas, ¡ni un solo himno fue compuesto en el siglo XX!

El culto al que Doris y yo asistimos fue un nuevo culto contemporáneo, planeado y anunciado por el pastor Gordon Kirk. Al entrar al centro de adoración (que tiene asientos para cuatro mil quinientas personas) inmediatamente notamos que las gradas del coro y el órgano de tubos habían sido cubiertas con cortinas. En el centro de la plataforma ¡habían puesto una batería de tambores! Instantáneamente supe, tan solo con la vista, ¡que teníamos un ganador!

El cambio del órgano de tubos a la percusión fue un para nosotros un sacrificio mayor de lo que pudiera ser para otras iglesias. ¡Habíamos pagado ochocientos sesenta y cinco mil dólares por ese órgano de tubos! Por supuesto, continuamos usándolo los domingos.

Como ya anoté, las generaciones están cambiando rápidamente. En diciembre de 1996 tuve el privilegio de asistir al primer culto de adoración de la generación X en la Iglesia Lake Avenue. Empezó a las 11:05 a.m (¡los cultos tradicionales empiezan a las 11:00!), y se celebró en una parte inconclusa del edificio. El culto se tituló «La Bodega». ¡La plataforma no tenía tambores! Cuando pregunté al respecto, se me dijo: «No nos gusta el escándalo sobrecargado del estruendo de los sábados por la noche. ¡Los tambores no son reales!»

No puede dejar de notar que el correcto deletreo y gramática no parecen seguir siendo valores altos. Un verso de uno de los cantos decía: «No me voy a preocupar porque están resolviéndolo hoy».

## COROS: OBSOLETOS Y DE MODA

En la mayoría de las nuevas iglesias apostólicas, los sintetizadores electrónicos, guitarras y tambores han reemplazado al órgano de tubos, y los grupos de adoración han reemplazado al coro. El coro está regresando, sin embargo, pero en una forma y función diferentes. El nuevo coro apostólico típicamente no usa togas, porque no se tiene la intención de separarlo del resto de los adoradores o de atraer la atención. No ejecuta. William Easum dice: «Cuando los coros están presentes forman parte del grupo de adoración. Ayudan para dirigir la adoración todo el tiempo que están presentes, no solo cuando cantan. Su presencia pone el tono y el ambiente».[23]

## 5. DE CEREBRAL A CELEBRACIÓN

Estoy en deuda con Tim Wright por la frase «de cerebral a celebración». Describe perfectamente la diferencia entre lo que hemos sabido en el pasado y lo que estamos experimentando en el presente.

En el pasado el culto en la iglesia era un tiempo de reverencia quieta. El mobiliario en la iglesia era color oscuro, y vitrales catedrales eran la norma. Con frecuencia había velas encendidas. Cuando íbamos a la iglesia, si había que decir algo, se decía en voz baja. Algunos de nuestros versículos favoritos eran: «Estad quietos, y conoced que yo soy Dios» (Salmo 46.10), y «Mas Jehová está en su santo templo; calle delante de Él toda la tierra» (Habacuc 2.20). Muchas iglesias ponían un rótulo a la entrada: «Entre en silencio. El culto ya ha empezado».

Tim Wright, que es luterano, habla de las tradiciones europeas que se han introducido en nuestras iglesias estadounidenses. Dice: «Estas tradiciones tienden a ver a las emociones con sospecha. La fe cristiana se entiende como consentimiento intelectual basado en la fidelidad de Dios, antes que una sensación emocional de seguridad o bienestar mejorada por la presencia de Dios. Como resultado, la adoración y la predicación en las iglesias litúrgicas tiende hacia una orientación cerebral».[24]

En las nuevas iglesias apostólicas el culto que en un tiempo se caracterizaba por *pacífico* se ha convertido en una atmósfera que se describiría mejor como *pulsación.* Hay cuatro diferencias principales, incluyendo (a) la música, (b) el lenguaje corporal, (c) el aplauso y (d) el flujo. Echemosle un vistazo.

## (A) MÚSICA

Tim Wright dice: «Las generaciones actuales se criaron con música de fondo. Para muchos, especialmente los que no asisten a la iglesia, la completa quietud no es la experiencia espiritual que muchos piensan. El silencio más bien los intimida. El silencio hace que la gente se sienta incómoda».[25]

La duración de la parte musical del culto de la nueva adoración apostólica es impresionante para los que no están acostumbrados. Treinta minutos es la duración más corta. Cuarenta minutos es lo más común. Una hora es largo, pero no es raro, en muchos ambientes. William Easum astutamente compara el pasado con el presente en esta observación:

> La música está reemplazando la liturgia escrita con la que muchos cristianos crecieron. La música logra los mismos resultados que una vez había con las lecturas alternadas, credos, salterios, y oraciones corporativas. Es el vehículo o conducto mediante el cual se transmite el mensaje. Es un ambiente en el cual los cristianos alaban y adoran a Dios ... No es raro que la música abarque el cuarenta por ciento del culto [lo que quiere decir la totalidad del culto en la iglesia] en las comunidades del paradigma.[26]

## (B) LENGUAJE CORPORAL

En las nuevas iglesias apostólicas los adoradores no hacen lo mismo al mismo tiempo. Tienen la libertad para quedarse sentados o arrodillarse, ponerse de pie o caminar, postrarse o danzar, o cualquier combinación de lo anterior. En un momento dado alguien puede estar palmoteando rítmicamente, otro tal vez tiene las manos arriba, algunos tal vez tengan sus ojos cerrados y otros tal vez estén mirando al cielo raso. A nadie parece preocuparle lo que otros a su alrededor están haciendo. Cada persona disfruta de la presencia directa de Dios en la manera que mejor encaja en su estilo individual de adoración.

Recuerdo una vez cuando Doris, mi esposa, y yo almorzábamos con nuestro pastor, Ted Haggar, y Gayle, su esposa. Ted mencionó el nombre de una mujer a quien Gayle pareció no reconocer. Para darle una indicación, él dijo: «¿Sabes quién es? ¡La mujer de los trampolines!» ¡Por supuesto! Era la mujer que en ocasiones daba trampolines cuando el culto subía en intensidad. En cierta ocasión vi a un hombre dar literalmente una voltereta de espaldas durante un culto en una nueva iglesia apostólica en Canadá. De alguna manera, cuando lo hizo, sus pies se salieron de sus zapatos, y estos se quedaron en el sitio en donde él había estado de pie. Nunca había visto nada parecido en mi iglesia congregacional.

No pude evitar contrastar el lenguaje corporal tradicional de los Bautistas del Sur con esta escena. Hace un tiempo estuve en una reunión con veintisiete de los directores de música de las Iglesias Bautistas del Sur más grandes de la nación. Para empezar la reunión, naturalmente tuvieron un tiempo de adoración. Durante ese período conté que veinte de ellos tenían las manos en los bolsillos, cinco tenían sus manos ligeramente por arriba de la cintura, y dos movían la mano ligeramente, pero solo a la altura de los hombros. En las nuevas iglesias apostólicas se usa más el lenguaje corporal que el que se usa incluso en sus funerales.

### (C) APLAUSO

El aplauso es mucho más prominente en las nuevas iglesias apostólicas que en las tradicionales. Se lo usa no tanto para expresar aprecio por una ejecución de calidad sino para honrar a Dios. Es la clase de aplauso que uno podría esperar si Jesús entrara en persona en el santuario y se dirigiera al frente de la iglesia. Frecuentemente el público estalla en aplausos al final de un canto de adoración o de una oración. Palmotear ruidosamente es otra manera de decir: «¡Amén! Nos gusta lo que está ocurriendo y queremos más».

### (D) FLUJO

Si la quietud, como lo diría Tim Wright, es intimidante e incómoda para las generaciones más jóvenes, el flujo del culto de adoración entonces se vuelve muy importante. No hay brecha entre el fin de un canto y el comienzo del siguiente. Los más hábiles líderes de adoración harán que la congregación empiece a cantar el siguiente canto antes de que se den cuenta de que han terminado el anterior. La transición con frecuencia se hace mediante oración, algunas veces el líder de adoración solo acompañado por música de fondo, y otras veces dirigiendo a la congregación en oración en concierto y todo el mundo elevando oraciones individuales en voz alta al mismo tiempo.

Una destreza que no todas las iglesias apostólicas han desarrollado todavía es la transición ininterrumpida entre la sección de adoración del culto y el sermón. Algunos lo describen como «de la adoracion a la palabra». En la mayoría de los casos hay un tiempo de aplauso al que sigue una declaración del pastor que sube al púlpito, tal como : «Alabemos al Señor», o «Por favor, vuélvase y salude a los que tiene a su lado». Esto mantiene el flujo, pero no tan raudamente como otros pastores que suben a la plataforma, reciben el micrófono de parte del líder de adoración, dirige a la congregación durante los últimos dos o tres minutos de adoración y en seguida pasa a la oración y a la palabra. Mi amigo Jim Marocco de la Primera Asamblea de Dios de Maui en Hawaii es el mejor que he visto para mantener el flujo de la adoración a la palabra.

He hallado relevante e informativa la siguiente sugerencia de William Easum y Thomas Bandy: «La mejor manera de determinar si su culto está en la pista de la experiencia es grabar en vídeocinta el culto y tocarlo en un televisor junto a otro en el que tenga sintonizado el canal de MTV (Música de roncanrol pesado). Mientras más similar sean, es más probable que su culto pueda proclamar el evangelio a la gente, especialmente a los nacidos después de 1965».[27]

## 6. DE ASOMBRO DE DIOS A INTIMIDAD CON DIOS

Otra de las bien pulidas frases de Tim Wright es la siguiente:

> Los cultos de adoración litúrgica y música clásica ins-

> piran asombro, conmoviéndonos con la majestad y el poder de Dios. Nos hacen darnos cuenta de la universalidad y grandeza de Dios. Los cultos contemporáneos, por otro lado, hacen la adoración más personal. La música y adoración contemporánea hablan el lenguaje del corazón; consecuentemente, mueven a los adoradores a la intimidad. Es mucho más fácil que la música contemporánea mueva a la gente al asombro que la música clásica y adoración litúrgica los mueva hacia la intimidad.[28]

En la mayoría de las iglesias apostólicas la emoción por lo general no es algo que se debe evitar, sino más bien estimular. Recuerdo una iglesia grande en la cual ponían una caja de pañuelos desechables estratégicamente cada dos o tres sillas en todo el centro de adoración. Una de las maneras en que los líderes de adoración se dan cuenta de que el Espíritu Santo está verdaderamente presente en ciertos puntos del servicio de canto es por el número de personas que están secándose los ojos o sonándose las narices.

Sin embargo, también va más allá de eso. Ron Kenoly, líder de adoración del Centro Cristiano Jubilee en San José, California, dice lo siguiente respecto a los líderes de adoracion:

> La función del líder de adoración es llevar a otras personas a la presencia de Dios. Con frecuencia se me pregunta cómo sé que he cumplido con mi trabajo. La verdad es que no es algo que veo con el ojo natural. No tengo ninguna fórmula escrita. Algunas veces se que he terminado cuando puedo sentir la presencia del Señor en el salón tan fuertemente que sé que lo único que me queda por hacer es darle paso a Dios. Muchas veces no es apropiado que yo diga o haga algo.[29]

## 7. DE LITURGIA A LIBERTAD

Los cultos de adoración litúrgica son altamente predecibles. El pastor lee el orden del culto de un libro, y domingo tras domingo es lo mismo. La liturgia se puede memorizar, y con frecuencia lo es. Incluso las iglesias que no tienen una liturgia prescrita con frecuencia caen en la rutina para que ocurran las mismas cosas, en el mismo orden, semana tras semana. Las nuevas iglesias apostólicas asiduamente tratan de evitar producir una nueva forma de liturgia. Concedo que en general en las nuevas iglesias apostólicas hay mucha más libertad que, digamos, en un culto griego ortodoxo, luterano o episcopal. Pero «dejar que el Espíritu se haga cargo» es un ideal elevado que se tiende a lograr en variados grados. No todos lo logran bien o consistentemente.

LaMar Boschman dice: «Aun cuando la mayoría de iglesias del nuevo paradigma ponen gran importancia a un culto bien planeado, también valoran en alto grado la espontaneidad. El líder de adoración puede introducir un canto que no se había planeado o pasar el tiempo de ministerio según le impulse el Espíritu. En algunas congregaciones las dirigen a "cantar en el Espíritu", que es un flujo de cantos espontáneos sin letra o melodía prescrita. La adoración se expresa conforme cada creyente empieza a cantar su propia canción al Señor».[30] Este canto espontáneo es un comportamiento adquirido, y algunas nuevas iglesias apostólicas son mucho mejores que otras en este asunto.

En general, no obstante, la libertad prevalece en la nueva adoración apostólica. Lyle Schaller dice: «El movimiento cristiano contemporáneo consiste de varias hebras. La primera es un cambio de una herencia europea, en términos de forma de adoración, a una forma mucho más estadounidense: menos formal, menos predecible, más espontaneidad, y mayor énfasis en la comunicación visual».[31] No hay duda de que la forma estadounidense se ha exportado, así como la Coca-cola, McDonald y Levis. Esto se puede ver claramente en muchas partes del mundo, aun cuando esto no es negar que las varias culturas lo contextualizan en diferentes maneras.

### COREA ES DIFERENTE

La excepción es Corea del Sur. Debido al alto grado de tradicionalismo entretejido en la cultura coreana, el cambio parece tener lugar con extremada lentitud. La Nueva Reforma Apostólica probablemente está más retardada en Corea que en cualquier otra nación que tiene significativa población cristiana. Esto, sin duda, es uno de los factores que ha causado el estancamiento del crecimiento de la iglesia nacional en Corea en los años noventa. Al momento de escribir esto, sin embargo, hay nuevos informes que están llegando que indican que las cosas tal vez estén cambiando, y que será bueno para la salvación de la generación más joven de coreanos el que las cosas cambien.

Una de mis nuevas iglesias apostólicas favoritas es la Iglesia Coreana Grace en Anaheim, California, de la cual hablé anteriormente. El pastor David Kim escribió un excelente capítulo en mi libro *The New Apostolic Churches* [Las nuevas iglesias apostólicas] (Regal Books). Aun cuando es una nueva iglesia apostólica, en su liturgia se halla un alto grado de formalidad. Las congregaciones cantan unos pocos cantos siguiendo las palabras que un proyector proyecta en una pantalla, pero el culto de adoración se realiza mayormente alrededor del credo de los apóstoles, el Padre Nuestro, la doxología e himnos que canta un coro vestido con togas.

## 8. DE MEDITACIÓN A MISIÓN

Hace años el pastor Walt Kallestad de la Iglesia Community of Joy en Phoenix, Arizona, se matriculó en uno de mis cursos en el Seminario Teológico Fuller, para un doctorado en ministerio. Una de las tareas era escribir un artículo para su publicación, así que escribió sobre la «Evangelización de entretenimiento», y lo publicó en *The Lutheran* [El luterano], revista oficial de la Iglesia Evangélica Luterana de los Estados Unidos.

El artículo de Kallestad, que abogaba por adaptar el alcance de la iglesia a la cultura contemporánea, recibió muchas más cartas al editor que cualquier otro artículo que la revista jamás había publicado. La mayoría de los que escribían estaban furiosos. Un pastor, el domingo después de haber leído el artículo, subió a su púlpito luterano, gastó la mayor parte de su sermón denunciando a Kallestad, y como clímax, colérico lanzó su ejemplar de la revista desde el púlpito al suelo del santuario.

Más recientemente Kallestad ha ampliado su artículo en un libro titulado *Entertainment Evangelism* [Evangelización de entretenimiento] (Abigndon Press). El hecho de que esta filosofía de ministerio ha abierto la puerta para que su iglesia crezca a más de siete mil miembros, ha contribuido para que el mensaje penetre en el pensamiento de muchos líderes luteranos que quieren ver mejores cosas para su denominación. Ahora critican mucho menos la contextualización que lo que solían criticarla.

## ¿A QUIÉN QUIERE IMPRESIONAR?

Un pionero en cuanto a enfocar la *misión* de la iglesia al mundo que la rodea es Robert H. Schuller, fundador de la Catedral de Cristal en Garden Grove, California. A principios de los setenta Schuller dictaba conferencias sobre cómo aplicar los «siete principios de venta al por menor» del crecimiento de la iglesia local. En su libro *Your Church Has a Fantastic Future* [Su iglesia tiene un futuro fantástico] Schuller amplía estos principios sobre mercadeo al por menor, basándolos en su enfoque primario de alcanzar a los que no asisten a la iglesia en su comunidad. Relata como el arquitecto, Richard Neutra, judío, le convenció a que no instalara vitrales catedrales en su primer santuario. La pregunta de Neutra, que contribuyó a que Schuller cambiara su modo de pensar fue: «¿A quién realmente quieres impresionar?»

Schuller explica su respuesta:

> «Pues bien», pensé, «en realidad no quiero impresionar a los creyentes; ellos ya han aceptado el mensaje». Así que tuve que transformar una decisión a ser secular y convertirla en una afirmación arquitectónica. *Seremos primero una misión y una iglesia en segundo lugar.* Esto quería decir abandonar los vitrales catedrales en todo el edificio y todo el conjunto de coloridos símbolos santos. Ser una misión primero quería decir un edificio que sea cómodo para el no iniciado, comprensible, pero también hermoso ... No dijimos: «Ven y encuéntrame en mi nivel; yo no voy a encontrarte en tu nivel».[32]

## MERCADEO DE LA IGLESIA

Esto plantea el tema del «mercadeo de la iglesia», método por el que Robert Schuller abogaba fuertemente, y todavía lo hace. Hace veinticinco años Schuller dijo lo siguiente respecto al mercadeo:

> A principios de mi ministerio dije que la iglesia del futuro no debía pensar de sí misma tan solo como un centro de adoración, sino que debía ser un «centro comercial» para Jesucristo. Debe pensar de sí misma como supliendo todas las necesidades de una comunidad que no están siendo suplidas por ninguna otra institución. Ahora lamento el día en que usé ese término porque continúa brotando por todas partes, como si mi motivación fuera comercial.[33]

Tim Wright, el líder de adoración de Walt Kallestad, concuerda:

> No todos los valores que los invitados traen al culto son compatibles con el cristianismo; ni tampoco tales valores están confinados solo a lo irreligioso. Los creyentes también abrazan algunos de estos mismos valores al buscar una iglesia. Sin embargo, para alcanzar eficazmente a nuevas personas, las congregaciones de-

> ben buscar las maneras de captar su atención. Al responder creativamente a los valores de los consumidores, sin hacer acomodos respecto a la integridad, las iglesias pueden impactar a las personas con el evangelio.[34]

Permítame recordarle que nuestro enfoque en esta sección es la *misión,* y que la mayoría de las nuevas iglesias apostólicas dan a la misión una alta prioridad.

Varios autores influyentes han hecho recientemente afirmaciones fuertes en contra de toda noción de que se deba hacer el «mercadeo» de la iglesia. Piensan que esto compromete la pureza de la iglesia. Me refiero a libros tales como el de Douglas Webster *Selling Jesus* [Vendiendo a Jesús] (InterVarsity Press), el de Os Guinness *Dining with the Devil* [Cenando con el Diablo] (Baker Book House), el de John MacArthur *Ashamed of the Gospel* [Avergonzado del evangelio] y otros. Dos de los que más han irritado a John MacArthur somos George Barna y yo. Uno de los libros de Barna se titula *Marketing the Church* [El Mercadeo de la iglesia]. En él dice: «Creo que desarrollar una orientación de mercadeo es precisamente lo que la iglesia necesita para hacer una diferencia en la salud espiritual de esta nación por el resto de este siglo».[35]

Busque en las bibliotecas de los nuevos líderes apostólicos y, sobra decirlo, lo más probable es que encuentre allí el libro de George Barna pero no los otros.

## ¿PUEDE LA ADORACIÓN ATRAER A LOS NO CREYENTES?

Bill Hybels, nuevo pastor apóstolico de la iglesia Willow Creek Community en Barrington, Illinois, concuerda con que los pastores tienen la responsabilidad de determinar el propósito de cada reunión corporativa. Ha llegado a la conclusión radical de que los cultos del sábado y del domingo se deben programar primordialmente para los no creyentes, y no solo para creyentes. La iglesia de Hybels es conocida como «impulsada por los simpatizantes», y explica su filosofía de ministerio en su capítulo en mi libro *The New Apostolic Churches* [Las nuevas iglesias apostólicas] (Regal Books). ¿Resulta este método? Al presente la asistencia semanal a Willow Creek se calcula en alrededor de diecisiete mil personas.

La Asociación Willow Creek, que Hybels ha formado, ha ayudado a cientos de pastores a desarrollar bien sea el método de impulso para el simpatizante o el método más moderado de sensibilidad al simpatizante en sus comunidades, y han logrado resultados sobresalientes. Uno de los rasgos de estas iglesias es que por lo general incluyen muy poca adoración, según se lo ha descrito en este capítulo, en sus cultos de fin de semana diseñados primordialmente para comunicarse con los no creyentes. Los miércoles por la noche celebran «reuniones para creyentes» en la cual se incluye la adoración.

Al mismo tiempo muchas, si no la mayoría, de las nuevas iglesias apostólicas más grandes, particularmente las de la variedad carismática (Willow Creek no es carismática), no se considerarían sensibles al simpatizante. Muchos líderes de iglesias tradicionales caracterizarían sus cultos de adoración como «desenfrenados». No obstante, muchas de estas iglesias centradas en la adoración también están creciendo. Es verdad que algunas tienen altos porcentajes de crecimiento por transferencia, pero muchas también están experimentando substancial crecimiento por conversión que resulta mediante la alta alabanza y adoración.

El libro *Worship Evangelism* [Evangelización de adoración] de Sally Morgenthaler provee un tratamiento detallado de este fenómeno. Ella dice: «Discrepo con la contención de Willow Creek de que los simpatizantes y la adoración no se mezclan. Si realmente comprendemos lo que es la adoración, apreciaremos por qué los cultos de adoración son parte esencial de la estrategia de Dios para edificar el Reino y atraer a otros a Él».[36] En el capítulo sobre el alcance hablaré más sobre las útiles contribuciones de Sally Morgenthaler.

## ¿QUÉ HACE LA DIFERENCIA?

Ya que tanto las iglesias sensibles a los simpatizantes como las orientadas a la adoración están creciendo en los Estados Unidos, ¿que hace la diferencia? Se requeriría considerable investigación y otro libro para responder adecuadamente a esta importante pregunta. Mientras tanto ofrezco una hipótesis de que una de las variables podría ser la orientación espiritual de los no creyentes antes de llegar a la iglesia. Si su orientación es secular, teniendo muy poca o ninguna sensibilidad a las fuerzas sobrenaturales del mundo invisible, con mayor probabilidad encontrarán a Dios en una iglesia impulsada hacia el simpatizante.

Sin embargo, si los no creyentes han tenido contacto previo con el ocultismo, si han creído en horóscopos, si han tanteado en la filosofía de la Nueva Era, si han participado en música de metal pesado y, por ello, tienen una sensibilidad por el mundo invisible, el poder espiritual de la alta adoración y alabanza con mayor probabilidad tendrá más sentido para ellos y percibirán un encuentro de poder. Cuando se enteren de que Dios tiene más poder que las «fuerzas» o la «energía» o la «canalización», o los «espíritus», agradecidamente aceptarán a Jesús como su Señor y Salvador. Esto es más probable que ocurra en una iglesia carismática antes que en una no carismática, aun cuando ambas pueden ser de la nueva variedad apostólica.

CAPÍTULO OCHO

# Alcance en alta velocidad

Para los que tienen la mirada en el crecimiento de la iglesia no es misterio alguno el porqué las nuevas iglesias apostólicas constituyen el segmento del cristianismo que más rápido está creciendo hoy. El alcance agresivo es parte del nuevo ADN apostólico. Las nuevas iglesias apostólicas quieren crecer y están dispuestas a pagar el precio del crecimiento. Su alcance se concentra intencionalmente en cuatro tareas: (1) agrandar la iglesia local, (2) sembrar nuevas iglesias, (3) ministerios de misericordia en la comunidad aledaña, y (4) misiones cruzando culturas. Estudiemos estas cuatro.

## 1. AGRANDAR LA IGLESIA LOCAL: ¡COMBUSTIÓN ESPONTÁNEA!

Pienso en dos títulos de libros actuales como ejemplos. El subtítulo del libro de Ted Haggar *Primary Purpose* [Propósito primordial] es *Haciendo difícil ir al infierno desde su iglesia* (Creation House). El libro de Mike Berg y Paul Pretiz sobre el crecimiento explosivo de las nuevas iglesias apostólicas en América Latina se titula *Spontaneous Combustion* [Combustión espontánea] (William Carey Library).

Rick Warren plantó la iglesia Saddelback Valley Community en California del Sur en 1980. En su primer sermón fraguó la visión de la iglesia mediante sus «siete sueños». Entre otras cosas Warren dijo: «Es el sueño de dar la bienvenida a veinte mil miembros al compañerismo de la familia de nuestra iglesia: amando, aprendiendo, riéndonos, y viviendo juntos en armonía».[1] En veinte años más de veinte mil personas asisten a su iglesia en el fin de semana de resurrección y más de doce mil el resto de los fines de semana del año. En su mente no había otro pensamiento sino que su nueva iglesia no haría otra cosa que crecer.

Mi amigo Joseph G. Wongsak empezó el movimiento Esperanza de Dios en Tailandia en 1981 cuando este país era un desierto espiritual en lo que se refiere al cristianismo. Hasta ese tiempo cuarenta y siete misiones cristianas habían trabajado en Tailandia por ciento cincuenta años, y el resultado neto eran ciento cincuenta iglesias con un promedio de algo así como cien miembros cada una. La meta que fijó Wongsak en ese tiempo fue establecer seiscientas ochenta y cinco iglesias en Tailandia antes del año 2000.

Al momento de escribir esto se han sembrado en Tailandia más de setecientas iglesias Esperanza de Dios. Una de ellas tiene seis mil miembros. El criterio de Wongsak para evaluar la cualidad de la vida cristiana de un individuo es el siguiente: «Todo miembro de la iglesia debe participar personalmente en sembrar por lo menos una iglesia antes de morir».[2] Su meta más reciente es establecer ochenta mil iglesias en Tailandia antes del año 2015.

## LOS ORGANISMOS VIVOS CRECEN

Rick Warren cree que no tiene que recalcar el crecimiento de la iglesia. Lo que recalca es la *vida* de la iglesia, y ocurre. Así es como lo ve:

> Todas las cosas vivas crecen; uno no tiene que *hacerlas* crecer. Es natural en los organismos vivos si están sanos. Por ejemplo, no tengo que *ordenar* a mis tres hijos a que crezcan. Crecen naturalmente. De la misma manera, puesto que la iglesia es un organismo vivo, es natural que crezca si tiene salud. La iglesia es un cuerpo, no un negocio. Es un organismo, no una organización.

> Está viva. Si la iglesia no está creciendo, se está muriendo.[3]

Mike Berg y Paul Pretiz han hallado que las nuevas iglesias apostólicas son inherentemente «expansionistas». Dice: «Es solo cuestión de esperarse que los nuevos puntos de predicación y nuevas iglesias locales estén siendo continuamente sembrados por los principales movimientos [autóctonos]».[4] No hay apología alguna por un impulso agresivo hacia el crecimiento.

## LO NUEVO Y LO VIEJO

Muchas iglesias tradicionales ponen un letrero: ¡Visitantes bienvenidos! El hecho es que si algún visitante llega alguna vez sería una gran sorpresa. La mayoría de las nuevas iglesias apostólicas han dado la vuelta a la frase. Su palabra es: ¡Bienvenidos, visitantes! ¡La sorpresa sería si *no* se asoman visitantes algún domingo!

Asombrosamente, un marco mental se ha implantado en muchos de los líderes de las iglesias tradicionales, de que es mejor *no* crecer que crecer. Kirk Hadaway y David Roozen han hallado lo siguiente:

> La cultura liberal principal, por ejemplo, no es particularmente amistosa a las congregaciones que crecen. En las denominaciones de corriente tradicional, a las iglesias que crecen y a sus líderes con frecuencia se les considera «sospechosos». El pastor de una iglesia Unida de Cristo grande y creciente en Connecticut incluso sugirió que los otros pastores de corriente tradicional pensaban que su iglesia debía haberse «vendido» para crecer; recurriendo a las técnicas cuestionables de mercadeo y otros «trucos».[5]

Si esto estuviera limitado a la «corriente principal liberal», sería una cosa. La soteriología predominante allí no es particularmente conversionista y la salvación o condenación eterna por lo general no se percibe como estando en juego. Sin embargo, aun las iglesias evangélicas, que profesan soteriología bíblica y enseñan que «usted tiene que nacer de nuevo», parecen estar cayendo en un marco mental parecido. Así es lo que ha mostrado la investigación de John y Sylvia Ronsvalle:

> Esta tendencia de las congregaciones de concentrarse en sí mismas, en su propia vida y actividades, mientras que muestran menos dedicación a la misión más amplia de la iglesia parece ser común en todas las líneas teológicas. Las cifras de las iglesias evangélicas tanto como de las iglesias protestantes de corriente tradicional sugieren que las congregaciones están volcándose hacia su interior, y reduciendo su respaldo a las estructuras denominacionales y a los programas que ellas proveen.[6]

## MALAS NOTICIAS Y BUENAS NOTICIAS

Esto trae malas noticias y buenas noticias. Las malas noticias, como hemos visto, es que en muchos sistemas denominacionales, desde arriba hasta abajo, no hay gran cosa de alcance abierto. Las buenas noticias es que en muchos casos congregaciones individuales, frustradas por la falta de entusiasmo y la relativamente inconsecuente visión de su denominación, han estado explorando maneras de dar un rodeo respecto a sus sistemas atrincherados. Lyle Schaller dice esto:

> Una consecuencia que perturba a muchos líderes de la iglesia es la reducción de dólares que se envían a la sede central de la denominación. Conforme los laicos se involucran más en formular la estrategia para la misión y para hacer el ministerio, no es sorpresa que la financiación de estos nuevos ministerios locales de alcance toman precedencia por sobre el envío del dinero a otros para que les permitan hacer misiones.[7]

El nuevo paradigma que surge en las iglesias denominacionales más apostólicamente inclinadas es que la *congregación* inicia el alcance en lugar de sostener los programas iniciados por la denominación. George G. Hunter III considera cuatro principales diferencias entre estas iglesias y las más tradicionales y conformes con el *status quo*:

- Primero, las iglesias apostólicas están alcanzando un significativo número de personas que no asisten a ninguna iglesia, personas no cristianas, y personas seculares en los campos misioneros de los Estados Unidos. (En verdad, ese es su esfuerzo principal.)
- Segundo, emplean el lenguaje, música, y otras cosas de la gente a la que son llamados a alcanzar, en lugar de su lenguaje, música y otras cosas tradicionales.
- Tercero, se hallan al borde de su denominación (o no tienen ningún vínculo denominacional para nada).
- Cuarto, tanto los establecimientos protestantes conservadores como liberales se muestran preocupados por las nuevas congregaciones apostólicas; con frecuencia son prontos para criticar, y sin embargo envidian su capacidad para alcanzar a las personas precristianas que no asisten a ninguna iglesia.[8]

## EL PRAGMATISMO PREVALECE

Aun cuando, como Hunter dice, los líderes tradicionales se inclinan a criticar a las nuevas iglesias apostólicas, lo opuesto también se aplica. Las iglesias que tienen una visión de alcanzar a los perdidos están hartas de los métodos tradicionales. ¿Por qué? ¡Porque no han resultado! Entre los líderes de las nuevas iglesias apostólicas, sean denominacionales o no, hay poca aversión al pragmatismo. Dicen: «Si Dios nos ha dado un trabajo para hacer, ¡hagámoslo! Si una metodología sirve, úsela; si no sirve, ¡deséchela!» Esto no es una declaración de carnalidad; es una declaración de consagración de impulso. La obra de Dios tiene que hacerse a la manera de Dios, es cierto. Sin embargo, a través de la historia las maneras de Dios han cambiado y vuelto a cambiar de nuevo. La manera de Dios de hacer algo ayer frecuentemente no es la manera en que Dios lo hará hoy.

Los líderes de las nuevas iglesias apostólicas constantemente buscan la manera de actualizar y contextualizar sus ministerios de alcance. Donald Miller dice:

> La evangelización ocupa un lugar central en las iglesias de nuevo paradigma, pero con un giro. El énfasis no está en convertir a las personas a un conjunto fijo de valores culturales. Más bien el objetivo es una vida transformada. El cristianismo no tiene nada que ver con vestir trajes de poliéster, cantar himnos del siglo dieciocho, o adorar en espacio arquitectónico rodeado de iconos históricos de tradición cristiana. Uno puede ser cristiano y llevar varios aretes, gustarle himnos de rock pesado, e irse a capear olas en tablón el domingo por la mañana.[9]

Eso me recuerda uno de los ejemplos más radicales de esta filosofía: La Iglesia New Vine de Fullerton, California. Su misión es «alcanzar a las personas que el mundo ha desechado». Es una iglesia de exbrujas, exconvictos, exadictos y motociclistas cubiertos de tatuajes. El pastor Robert Nixon ha pasado más tiempo en las celdas de las cárceles que en las aulas de un seminario. Pocas otras iglesias en los Estados Unidos prosperarían si siguieran el código de vestir de New Wine, el lenguaje de la calle, las danzas rap, teología pop y horarios sosegados. Los nuevos líderes apostólicos afirman a New Wine, sin embargo, porque su alcance *resulta* para evangelizar a un público que muy pocos están alcanzando.

## DIRIGIDAS A LOS QUE NO ASISTEN A LA IGLESIA

Las iglesias que han roto con los métodos tradicionales de alcance tienden a caer en una tipología de tres filosofías de ministerio, cada una con ciertos puntos fuertes:

- IGLESIAS IMPULSADAS A LOS SIMPATIZANTES. La filosofía entera de ministerio de la iglesia se coloca en prioridad alrededor de las necesidades que se perciben en los que no asisten a la iglesia. La arquitectura, la ropa, los horarios, la música, los sermones, actividades y ministerios de la iglesia, todo está diseñado para comunicarse con los no creyentes. La iglesia también atiende a los creyentes, pero el éxito último de la iglesia se mide por su eficacia al convertir a los no creyentes antes que por nutrir a los creyentes. La iglesia Willow Creek Community es un ejemplo sobresaliente de una iglesia impulsada hacia los simpatizantes que buscan.

- IGLESIAS SENSIBLES A LOS SIMPATIZANTES. Esta es una versión modificada de las iglesias impulsadas hacia los simpatizantes, en que a los creyentes y sus necesidades se les da, en la mayoría de casos, una prioridad similar a la de alcanzar a los que no asisten a la iglesia. En todas las actividades de la iglesia, sin embargo, se hace un esfuerzo concertado para eliminar o reducir grandemente los elementos de la vida de la iglesia que sabe que irritan o desalientan al que no asiste a la iglesia.
- IGLESIAS ORIENTADAS AL PODER. En estas iglesias el magnetismo del poder sobrenatural, tanto en la adoración como en el ministerio público, localizado en ambientes de iglesias no tradicionales, apela a los que no asisten a ninguna iglesia. Las nuevas iglesias apostólicas que más se inclinan a carismáticas encajan en esta categoría. En las iglesias impulsadas hacia los simpatizantes, por ejemplo, la clase de adoración de alta energía, sostenida y de gran participación que describimos en el capítulo anterior no sería apropiada, pero sí lo es en las iglesias orientadas al poder.

También mencioné en el capítulo anterior que a los estadounidenses que no asisten a la iglesia se les puede ver como de dos tipos: seculares y espirituales. Según mi hipótesis, las filosofías de ministerio orientadas hacia los simpatizantes por lo general atraerán más a las personas seculares que no asisten a ninguna iglesia. Las iglesias orientadas al poder tenderán a atraer más a las personas con sintonía espiritual y que no asisten a ninguna iglesia.

La noción de que todas o la mayoría de las iglesias que más rápido están creciendo son orientadas a los simpatizantes no es correcta. Algunas lo son, pero como Sally Morgenthaler arguye en su excelente libro *Worship Evangelism* [Evangelización de adoración], iglesias que presentan adoración expresiva, esencialmente dirigida a los creyentes, también están entre las que más rápido crecen. Es más, fuera de los Estados Unidos, una gran mayoría de iglesias que crecen son de filosofía de ministerio orientada al poder, mucho más que «impulsadas a los simpatizantes».

Un testimonio que cita Sally Morgenthaler es especialmente instructivo. Un líder de la iglesia dice:

> El evento para simpatizante que ofrecíamos no fue cortado para algunos de los simpatizantes que venían. Dijeron que estaban buscando algo que se dejara sentir más «espiritual». Así que decidimos proveer una clase diferente de culto, un tiempo de celebración que a la vez energice a los creyentes e ilumine a los simpatizantes. Queríamos que sea de la clase de adoración como en 1 Corintios 14.22, en la cual el incrédulo mira a su alrededor y dice: «¡Oigan, Dios está aquí!», un tiempo en el que invitábamos a Dios a «invadir nuestro espacio» y en realidad conectar a las personas con Él».[10]

## 2. SEMBRAR NUEVAS IGLESIAS

Las iglesias de corriente tradicional empezaron a declinar en 1965. Diez años más tarde empezaron a preguntar: «¿Por qué?» Les llevó otra década hallar algunas de las respuestas, y cuando las hallaron, las alternativas en la mayoría de los casos no fueron aceptables para los líderes de la iglesia. Sembrar nuevas iglesias era una de las soluciones inaceptables.

Para ilustrar, un problema que acompañó la declinación denominacional fue un creciente número excesivo de clérigos. Había iglesias cerrándose a diestra y siniestra, pero los seminarios continuaban graduando a los que esperaban pastorear iglesias. Jackson Carroll y Robert Wilson hicieron un estudio del mercado de trabajo para clérigos y publicaron sus hallazgos en un libro titulado *Too Many Pastors?* [¿Demasiados pastores?] (The Pilgrim Press).

En su libro Carroll y Wilson describieron el compromiso de los pastores sin iglesias, y luego resumieron sus sugerencias para una solución al problema en un capítulo titulado «Tácticas de supervivencia para el Clero». Allí hicieron una lista de ocho sugerencias sobre lo que se podría hacer en el futuro para aliviar el problema. Sorprendentemente, ¡ninguna de las sugerencias fue sembrar nuevas iglesias! Al parecer la idea nunca se les ocurrió, ni a los autores ni a quienes entrevistaron. Si lo hicieron, la rechazaron como una oportunidad principal para utilizar a los pastores que no tenían iglesia.

Sé que muchos de los nuevos pastores apostólicos contendrán una risita de incredulidad al leer respecto a ese estudio. Con pocas excepciones los nuevos pastores apostólicos concuerdan en lo que yo llamo «el teorema Wagner», que dice: *¡La metodología más eficaz de evangelización debajo del cielo es sembrar nuevas iglesias!*

Algunos hacen la pregunta: ¿Por qué sembrar nuevas iglesias cuando nuestra comunidad ya tiene demasiadas iglesias vacías existentes? ¿Por qué no gastar el tiempo y el dinero en revivirlas? La respuesta es que se desperdiciaría tanto el tiempo como el dinero que se podría dirigir para alcanzar a los que no asisten a la iglesia. Tenemos pocos ejemplos de cómo los esfuerzos por renovar las iglesias existentes han aumentado la eficacia evangelizadora. Lo que se pudiera llamar como «el corolario Wagner» dice: *¡Es más fácil tener bebés que criar muertos!*

> *Las nuevas iglesias sembradas son, por naturaleza, más jóvenes y más pequeñas que la mayoría de las iglesias. El vino nuevo todavía necesita odres nuevos.*

La investigación muestra que las iglesias jóvenes crecen mucho más rápido que las viejas, y que las iglesias pequeñas crecen más rápido que las más grandes. Es por eso que el multiplicar nuevas iglesias es un principio de crecimiento tan dinámico. Las nuevas iglesias sembradas son, por naturaleza, más jóvenes y más pequeñas que la mayoría de las iglesias. El vino nuevo todavía necesita odres nuevos.

## ¿ESTAMOS ALCANZANDO A LOS QUE NO ASISTEN A LA IGLESIA?

Casi todos los líderes de las nuevas iglesias apostólicas afirmarán que su ministerio de sembrar iglesias está destinado a alcanzar a los que no asisten a ninguna iglesia. Con firmeza proclamarán que no ven con buenos ojos el *crecimiento por transferencia,* sino que quieren que sus nuevas iglesias crezcan por *crecimiento de conversión.* Concuerdan con Robert Schuller, quien dice: «Aparte de nuestra comisión que nos dio Cristo, *el desafío de la gente que no asiste a la iglesia, más que ninguna otra cosa, fija las metas de nuestra iglesia.* Si alguna vez eso cambia, usted verá que la Catedral de Cristal empieza a morirse».[11]

Aun cuando este puede ser el deseo, con frecuencia una fastidiosa brecha existe entre el deseo y la realidad. Tengo una sospecha inherente respecto a las estadísticas de crecimiento por conversión generadas desde adentro. Algunas pueden ser acertadas, pero recuerdo que alguien me afirmó: «Nuestro crecimiento por conversión es alto; hemos bautizado el setenta por ciento de nuestros miembros». Más investigaciones sugirieron que esto bien pudiera ser tanto su noción del bautismo como de su eficacia evangelizadora. Un presbiteriano que ha nacido de nuevo y recibió rociamiento cuando niño y después fue sumergido quedaría incluido en ese setenta por ciento. A un misionero cuáquero que nunca ha sido bautizado en agua se le exigiría que se bautizara antes de poder unirse a la iglesia, y también se le contaría como crecimiento por «conversión».

Uno de los proyectos más confiables de investigación respecto al crecimiento por conversión fue hecho en el estudio de la Universidad del Sur de California respecto a la Capilla Calvario, la Capilla Hope y Vineyard, dirigido por Donald Miller. Se hicieron tres preguntas: ¿Cuántos años tiene usted? ¿A qué edad nació de nuevo? ¿Cuánto tiempo ha estado asistiendo a esta iglesia? El estudio halló lo siguiente:

- Capilla Calvario: 44% de crecimiento por conversión
- Capilla Hope: 39% de crecimiento por conversión
- Vineyard: 18% de crecimiento por conversión[12]

La mayoría de los nuevos pastores apostólicos concordarían con que este es un aspecto en el cual esperamos ver una mejora substancial en los años venideros.

## CÓMO EMPIEZAN LAS NUEVAS IGLESIAS

Hay toda una variedad de buenas maneras para sembrar iglesias. Hice una lista de doce de ellas en mi libro *Church Planting for a Greater Harvest* [Sembrar iglesias para una siega mayor] (Regal Books). Sin embargo, las nuevas iglesias apostólicas, por lo menos en los Estados Unidos, han establecido un modelo prevalente, aun cuando no exclusivo:

1. La base para sembrar una nueva iglesia es ordinariamente una congregación local existente. Se da por sentado de que si somos una iglesia bíblica, debemos reproducir y sembrar nuevas iglesias.
2. El que siembra la iglesia y el equipo surge dentro de la congregación de la iglesia madre. James Fenney dice: «La congregación local [es] un centro de siembra de iglesias. La persona más significativa al respecto ... es el individuo singularmente llamado por el Señor Jesús a encabezar y pastorear esa nueva iglesia».[13]
3. El pastor principal reconoce y comisiona al que siembra la iglesia. En algunas redes apostólicas se llama al apóstol supervisor. En otras la autonomía de la iglesia local descarta eso.
4. Acuerda en qué sitio está el blanco. A esta clase de acuerdo se llega ordinariamente por una de varias maneras:
   a. Mediante profecía;

b. Mediante llamado específico de Dios al que siembra la iglesia;
c. Al aplicar sólidos principios de selección del sitio:
   - En donde las iglesias están creciendo al presente;
   - Donde se están mudando nuevas personas;
   - Donde la cultura es la misma del que siembra la iglesia;
   - Donde el público vive o vivirá.

5. Se mudan al sitio. Algunas veces esto es solo para la familia del que siembra la iglesia. Algunas veces incluye todo un equipo.
6. Empiezan estudios bíblicos en su casa. Conforme esto crece se van a algún local rentado, como por ejemplo una escuela, un centro comercial, un salón de conferencias en un hotel o algo similar. Si la iglesia continúa creciendo, compran terreno y construyen un edificio.
7. Continúan relacionándose con la iglesia madre. En algunos casos es una relación de satélite; en otros casos la nueva iglesia es totalmente autónoma desde el comienzo. En casi todos los casos el pastor de la nueva iglesia sigue bajo la autoridad y cubierta espiritual del pastor de la iglesia madre y del apóstol.
8. Reciben adiestramiento sobre la marcha, lo que puede tomar diferentes formas, y lo que se espera que continuará indefinidamente.

## BOLETO DE TREN DE IDA SOLAMENTE

La descripción previa de cómo empezar iglesias es el método más común de sembrar iglesias en los Estados Unidos. Sin embargo, en otras partes del mundo las cosas pueden ser diferentes. Por ejemplo, este informe viene de China:

> Comprometidos a la evangelización y a las misiones, los creyentes chinos adiestran a los jóvenes terminando su adolescencia y que se acercan a los veinte años, para que sean misioneros por varios años. Estos evangelistas compran su boleto de ida en un tren a cual-

quier lugar que sienten que el Señor les está llamando; por lo general de tres a seis meses establecen una iglesia. De esta manera la evangelización y la siembra de iglesias están cubriendo a China, y el evangelio se está esparciendo como un incendio forestal.[14]

## CÓMO EMPEZAR NUEVAS REDES APOSTÓLICAS

En el capítulo seis expliqué cómo la multiplicación de las redes apostólicas es necesaria para prevenir que el carisma caiga en la rutina. Aquí quiero mencionarla de nuevo como una extensión radical de la evangelización de una región mediante la siembra de iglesias. En el Cuerpo de Cristo la diversidad es una cualidad positiva. Cada miembro individual de una iglesia es diferente de los demás, y tiene diferentes dones espirituales. En una familia de iglesias, cada iglesia local es diferente y se la conoce por sus características individuales. En el Reino de Dios hay muchas familias diferentes de iglesias, cada una de las cuales tiene sus propias cualidades singulares. En mi opinión, mientras más cristianos individuales tengamos, mejor; mientras más iglesias locales tengamos, mejor; mientras más redes apostólicas tengamos, mejor.

¿Cómo empiezan estas nuevas redes? El plan A es diseñarlas, darles cuerda y animarlas a relacionarse constructivamente unas con otras. Son comienzos amistosos. Sin embargo, en toda la historia hemos visto muchos comienzos nada amigables, pero sin embargo exitosos. La mayoría de nosotros nos alegramos, por ejemplo, de que ahora tengamos iglesias luteranas, aun cuando los católicos al principio hayan sido nada amistosos. De la misma manera, los anglicanos no se mostraron amigables con los metodistas; los metodistas no fueron amigables con los nazarenos, y la Capilla Calvario no se mostró amigable con Vineyard, tan solo para mencionar unos cuantos ejemplos escogidos al azar entre muchos. La mayoría concordaría, sin embargo, en que el Reino de Dios está mejor al tener a estas nuevas familias de iglesias que lo que estaría si no las tuviera.

## 3. MINISTERIOS DE MISERICORDIA

Por «ministerios de misericordia» me refiero al profundamente innato deseo de parte de los líderes de las nuevas iglesias apostólicas para alcanzar con compasión a los pobres, a los necesitados, a los indigentes y oprimidos que hay en sus comunidades. Esto es servicio social. Si estuviera escribiendo en un tono más teológico, como lo he hecho en otras ocasiones, me referiría a esta dimensión de alcance como el «mandato cultural» a diferencia del «mandato evangelizador».

Aun cuando otros pueden discrepar, continúo sosteniendo que poner en primera prioridad el mandato cultural por sobre el mandato evangelizador fue, con toda probabilidad, *la* causa principal para la declinación de las denominaciones de corriente tradicional durante los treinta años pasados, empezando en 1965. En el capítulo uno consideré esto bajo la sección: «El aprieto de las denominaciones».

---

*Según comprendo las Escrituras la responsabilidad social cristiana es, en verdad, obligatoria, no opcional, para las iglesias.*

---

Según comprendo las Escrituras la responsabilidad social cristiana es, en verdad, obligatoria, no opcional, para las iglesias. Si el mandato evangelizador se mantiene como la primera prioridad, se puede realizar al máximo el servicio social. Sin embargo, si al mandato cultural se le da igual o mayor prioridad, ambos sufrirán. Antes de 1965, por ejemplo, el Concilio Nacional de Iglesias era el cuerpo protestante más influyente socialmente en los Estados Unidos. Cuando cambiaron sus prioridades, empezó a perder fuerza, hasta que hoy no es sino una sombra de lo que fue. La única denominación de corriente tradicional que no cambió sus prioridades fueron los Bautistas del Sur, y han sido la principal excepción a la declinación general.

## ¿LA CAUSA DE LOS PROBLEMAS SOCIALES? ¡EL PECADO!

Basta de teoría. ¿Cómo sirve esto en la práctica? Donald Miller, quien se identifica como «un demócrata vitalicio y liberal teológicamente», dice que quedó algo sorprendido cuando descubrió la filosofía subyacente debajo de los ministerios sociales de las nuevas iglesias apostólicas (que él llama de «nuevo paradigma») que estudió. Miller dice:

> Los miembros del nuevo paradigma y sus pastores ven el egoísmo humano, o, para usar el término pasado de moda: *el pecado*, como la causa medular de todos los problemas sociales. No piensan que unos pocos programas sociales más harán seguras las calles, eliminarán la amenaza de drogas de las escuelas públicas o invertirán la ruptura de la familia estadounidense. Se necesita un cambio mucho más fundamental, uno que ataque el problema en sus raíces; es decir, que la gente necesita dejar de servir*se a si misma* y empezar a servir *a Dios,* y por lo tanto «nacer de nuevo».[15]

Debido a que las nuevas iglesias apostólicas ponen gran valor a ser iglesias *bíblicas*, en su mayoría realizan ministerios de misericordia como parte de la rutina normal de la vida de la iglesia. No puedo recordar siquiera haber oído algún debate en alguna nueva iglesia apostólica respecto a si debemos dar de comer al hambriento, ministrar a los indigentes, enseñar al analfabeto, ayudar a las madres solteras, advertir en contra de las consecuencias del aborto y adoptar una posición firme en contra del racismo. En la mayoría de los casos la limitación es el presupuesto. Las iglesias que tienen presupuestos substanciosos pueden hacer más que las iglesias que tienen presupuestos pequeños.

## CÓMO RELACIONAR LOS MINISTERIOS DE MISERICORDIA Y LA EVANGELIZACIÓN

¿Es el servicio social un medio hacia un fin (siendo la evangelización el fin, por ejemplo), o puede el servicio social ser un fin en sí mismo?

Las iglesias tradicionales más liberales han dicho que el servicio social nunca debe ser un medio para la evangelización. Arguyen que si es un medio, entonces no es más que una táctica de carnada y cambio. Algunos afirman que hacer bien a otros es el evangelio. La evangelización es, según esta definición, mostrar el amor de Cristo al *servir* a la gente, no al *convertirlas*.

Las nuevas iglesias apostólicas tienen una noción diferente. Uno de los portavoces más conocidos es Steve Sjogren, de la Iglesia Vineyard Community en Cincinnati, Ohio. Sus libros sobre el tema, *Conspiracy of Kindness* [Conspiración de bondad] y *Servant Warfare* [Guerra de siervos] (Servant Publications), se han leído ampliamente y se los aprecia. Sjogren aboga por la «evangelización servidora». Esta frase claramente establece la relación entre los dos ministerios: «evangelización» es el sustantivo y «servidora» es el adjetivo.

Steve Sjogren usa «bondad» y «amabilidad» como términos técnicos. Arguye que solo los cristianos pueden ser *bondadosos*. Otros seres humanos pueden ser *amables*. Su idea de bondad se origina en Romanos 2.4 (véase la NVI). La bondad de Dios nos lleva al arrepentimiento. Sjogren dice: «La Biblia parece distinguir entre la cualidad divina de bondad y la cualidad humana de amabilidad. En breve, si la bondad se origina en el corazón de Dios, entonces solo los cristianos tienen la capacidad de ser bondadosos en el sentido bíblico de la palabra».[16]

Para mostrar cómo se aplica esto en la vida real, Sjogren relata que el productor del programa de televisión de Oprah Winfrey una vez lo invitó para un programa respecto a «inusitados actos de bondad». Steve dice: «Le expliqué que lo que hacemos no se basa en nuestro deseo de ser amables, sino para mostrar la bondad y el amor de Dios. "Estamos llenos del Espíritu de Dios y hacemos actos de bondad para mostrarles a las personas la realidad de Dios, y esperanzadamente traerlos a Cristo. Según somos bondadosos en el nombre de Jesucristo, aquellos a quienes servimos abrirán sus corazones a una relación con Dios". ¿La respuesta del productor? "Interesante ...

volveré a llamarlo"».[18] Sobra decirlo, ese fue el fin de la invitación.

En cierto sentido el acto de bondad puede verse legítimamente como un fin. Suple la necesidad de la persona y no tiene ningún motivo ulterior. Si la persona recibe ayuda, eso cuenta. Sin embargo, el propósito del acto a largo alcance es eterno, no temporal. Una de las cosas que la gente de Steve Sjogren hace es poner monedas en los parquímetros vencidos, como actos de bondad. ¿Por qué cosas oran mientras lo hacen? No piden que el conductor culpable sea librado de una multa. Eso es secundario. Oran porque Dios sea glorificado y que ese conductor, si no es creyente, sea salvo. Comprenden que el mandato evangelizador cobra prioridad por sobre el mandato cultural.

## LA JUSTICIA Y EL REINO DE DIOS

John Wimber arraiga sus ministerio de misericordia en su teología del Reino de Dios. Dice:

> Si estamos en comunión con Dios y si estamos viviendo bajo su Reino, buscaremos justicia para todos los que nos rodean. La justicia social no es un nuevo evangelio (el llamado «evangelio social» del protestantismo de principios del siglo XX); fluye directamente del evangelio del perdón y la nueva vida en Cristo. Buscar justicia en la sociedad ha marchado mano a mano con los pasados despertamientos espirituales; los grandes líderes en la historia de la iglesia han comprendido la relación entre el evangelio y la justicia.[19]

Los nuevos ministerios de misericordia apostólicos son con mayor frecuencia ministerios de *servicio* social antes que de *acción* social, si es que «acción social» implica intervención abierta sociopolítica destinada a cambiar las estructuras sociales. Varias redes apostólicas abogan por formas de lo que llaman la «teología del dominio», queriendo decir que se espera que los cristianos se infiltren en las estructuras sociales a todo nivel y, una vez allí, usen su influencia para inculcar valores bíblicos en toda la sociedad. Se anima, por ejemplo, a los cristianos para que se postulen para cargos públicos, y al ser elegidos, que hagan lo que puedan para promover la moralidad bíblica y la justicia social. En su mayor parte, sin embargo, los nuevos líderes apostólicos no promueven demostraciones públicas motivadas políticamente, tales como la Operación Rescate, aun cuando algunos lo hacen. La mayoría prefieren las Marchas por Jesús o las concentraciones de los Guardadores de Promesa, que son apolíticas.

## DISTRIBUCIÓN DE ALIMENTOS

En 1979 el pastor Kenny Foreman de la Catedral de Fe en San José, California, estableció un banco de alimentos en su iglesia. Esto se ha desarrollado en un ministerio sin fines de lucro llamado Reaching Out, Inc. El ministerio ahora se ufana de un presupuesto de un millón de dólares, una bodega de almacenaje de mil quinientos metros cuadrados equipado con congelador y cuartos refrigerados, montacargas, camiones y todo lo necesario para la distribución de alimentos. Lo dirige un matrimonio al cual la iglesia le paga un salario, y cuenta con la ayuda de un equipo de ministerio de sesenta voluntarios. Más de cien mil personas reciben alimentos cada año, lo que arroja un promedio de entre doscientos a trescientos cada día. Cada Navidad se distribuyen más de dos mil cajas de comida, incluyéndose un pavo en cada una. Reaching Out, Inc., continúa siendo una de las más grandes fuentes de alimentos de emergencia en el norte de California.

Un ministerio subsidiario de la Vineyard Christian Fellowship de Anaheim, fundado por John Wimber, se llama Compassion Ministries [Ministerios de compasión]. Por una parte el ministerio distribuye treinta y una toneladas de comida al mes, a diez mil personas. Durante una Navidad reciente se recogió una ofrenda especial para los pobres que ascendió a más de setecientos mil dólares. Al año la organización distribuye 1,6 millones de dólares en comida, ropa y otros artículos de primera necesidad. Para mí es difícil no notar que pocas iglesias locales que han hecho gala de su teología de poner en prioridad el mandato cultural por sobre el mandato evangelizador jamás han ayudado a tantos pobres al año como la Catedral de Fe o la

Vineyard de Anaheim, y muchas otras nuevas iglesias apostólicas.

## FIESTA DE NAVIDAD PARA LOS POBRES

El Jubilee Christian Centre de Calgary, Alberta, Canadá, sirve a los pobres de su ciudad en una manera diferente. Cada año, el domingo antes de Navidad, el pastor Phil Nordin invita a los pobres para una fiesta multitudinaria de navidad. Entrega boletos gratis a través de bancos de comida y otros lugares donde se pueden encontrar a los pobres. La fiesta es financiada por corporaciones y empresas locales. El año pasado había cuatrocientos voluntarios para servir la comida: políticos, gerentes de compañías petroleras, gente de negocios, sus empleados y miembros de la iglesia. Mil seiscientas personas acudieron y recibieron comida caliente y completa, se distribuyeron cincuenta y cinco mil artículos de ropa usada, y entre doscientos y trescientos niños recibieron presentes de Navidad envueltos como regalo; para algunos sería el único regalo que recibirían esa Navidad. Una súper estrella cristiana muy conocida presentó un mensaje de diez minutos en la reunión, y se entregaron valiosos premios al final para asegurarse de que la gente se quedara para oír el mensaje.

¿Cuál es la oración que eleva la iglesia? Que muchos pobres de la ciudad hallen nueva vida en Cristo.

## CONCIERTOS DE ROCK EN LOS TUGURIOS

Hace poco visité Goiania, Brasil, en donde conocí al pastor César Augusto de la Iglesia Comunidad Cristiana. En ese entonces tenía doce mil miembros y un promedio de asistencia de ocho mil cada culto. Su centro de adoración tenía asientos para cuatro mil personas, y tuvo que construir catorce templos adicionales en toda la ciudad, con asientos para trescientas cincuenta personas cada uno, a fin de poder alcanzar a los que no asisten a ninguna iglesia en esos vecindarios.

La iglesia auspicia regularmente conciertos de rock en el estadio municipal, al cual asisten entre once y doce mil jóvenes cada vez. ¿La entrada? Un kilo de comida para los pobres. En cada concierto recogen quince toneladas de comida, que entregan a los que viven en los tugurios y en los barrios llenos de miseria de la ciudad.

Encima de eso, las familias de la iglesia han adoptado legalmente treinta y tres niños callejeros para darles el amor y protección de un hogar cristiano. La iglesia también tiene un consultorio dental completamente equipado, con personal voluntario, y servicios disponibles gratuitamente para los pobres de la ciudad.

## 4. MISIONES CRUZANDO CULTURAS

Uno de los principales matices del término «apostólico» en la Nueva Reforma Apostólica es la raíz del griego *apóstolos* (uno enviado con una comisión). Aun cuando técnicamente hablando «apóstol» no es sinónimo de «misionero», en el pensamiento popular los términos están inseparablemente ligados. Por consiguiente, ninguna iglesia se consideraría verdaderamente «apostólica» si no estuviera enviando misioneros cruzando culturas.

Las iglesias que entienden correctamente esto pueden evitar el «síndrome de bendíceme», que es una tentación continua, especialmente para las iglesias que han sido influidas por ciertas manifestaciones de «avivamiento». También es demasiado fácil poner en prioridad la bendición de Dios para los cristianos como individuos, familias e iglesias, por sobre el deseo de Dios de salvar a los perdidos. La mayoría de las nuevas iglesias apostólicas saben esto y tratan de mantener su mirada sobre el alcance a los que no asisten a la iglesia. Uno de mis cantos favoritos, que oigo con frecuencia en las nuevas iglesias apostólicas dice esto:

*Que tu gloria caiga en este cuarto;*
*¡Que salga de aquí a las naciones!*

### GRIETAS EN LOS VIEJOS ODRES MISIONEROS

El movimiento misionero moderno empezó cuando Guillermo

Carey fue a la India en 1792. Por los siguientes doscientos años el Reino de Dios avanzó por toda la tierra como nada que el mundo había visto antes. Los «odres nuevos» que llevaron este fenomenal movimiento fueron las agencias misioneras, tanto denominacionales como interdenominacionales.

Dos cambios importantes han entrado ahora en el cuadro:

- El movimiento misionero fue mayormente occidental hasta la década del noventa. Ahora la mayoría de los misioneros proceden del Tercer Mundo, y el porcentaje continúa creciendo.
- En el mundo occidental lo que en un tiempo eran odres nuevos, ahora son odres viejos, y están deteriorándose.

Por 25 años el número de misioneros enviados por las agencias occidentales ha ido declinando. Las denominaciones más antiguas de corriente tradicional (excluyendo a los Bautistas del Sur) indicaban tener 8 471 misioneros profesionales en 1868, y 3 235 en 1992.[20]

Como ejemplo de esto, el estudio de John Leith sobre los presbiterianos halló lo siguiente:

> La declinación en el número de misioneros de 1 738 misioneros de carrera en 1960 a alrededor de 400 (personal que recibe salario, a largo plazo) en 1996 es una indicación crucial del problema de la iglesia [presbiteriana]. Cuando el liderazgo de la iglesia y seminarios apasionadamente creen que Jesucristo es el Verbo hecho carne, que en Jesús Dios ha comprado la salvación para todos los pueblos, que Dios resucitó a Jesucristo de los muertos, entonces el enviar misioneros evangelizadores a proclamar el evangelio y edificar iglesias llega a ser una alta prioridad.[21]

Desafortunadamente, si acaso, los presbiterianos han visto

más apropiado dar a eso una baja prioridad. El odre viejo está agrietado malamente.

Las agencias misioneras evangélicas afiliadas con la I.F.M.A y la E.F.M.A. (por sus siglas en inglés; Compañerismo Evangélico de Agencias Misioneras), creció de 12 393 misioneros de carrera en 1968 a 14 473 en 1992. Sin embargo, llegaron a su punto máximo en 1988, así que la tendencia presente es hacia abajo. Los pentecostales y carismáticos tenían 3 838 misioneros en 1988, y se han reducido a poco más de 2 000 en 1992.[22]

## ODRES DEL TERCER MUNDO

El movimiento misionero de iglesias del Tercer Mundo empezó a surgir hace apenas veinte años. No obstante, el número de misioneros enviados ya ha sobrepasado el número de misioneros de las iglesias occidentales. Están sobresaliendo porque están haciendo las cosas en forma diferente, y usando odres nuevos. Por ejemplo:

- Hay menos estructura burocrática y más afán de empresa.
- Hay más confianza en los misioneros como individuos antes que en las juntas o comités de campo.
- Están aprendiendo de la experiencia actual en lugar de la teoría arraigada en el pasado.
- El costo es mucho menor. Por ejemplo, en 1993 el costo para cada misionero metodista unido era de 31 541 dólares al año. Las iglesias del Tercer Mundo no pueden darse el lujo de esta clase de presupuestos.

## ¡UNA «IGLESIA DE HOGAR» DE 20 000!

Mi amigo David Wang hace poco visitó una «iglesia en hogar» en China, en una ciudad de 6,5 millones de habitantes. Hay cuatro mil doscientas iglesias (de la nueva variedad apostólica) en la ciudad y 1,2 millones de creyentes (veinte por ciento de la población). Wang había sido invitado a la dedicación de una nuevo templo que podía acomodar a cinco mil personas. Interesantemente, el edificio se parecía mucho a una iglesia ortodoxa rusa porque el arquitecto, que el gobierno había asignado a la iglesia, había estudiado arquitectura en Moscú. ¡La congregación asciende a veinte mil miembros!

Mientras estaba allí David entrevistó al pastor principal, quien no tenía preparación bíblica formal y cuya esposa era analfabeta, respecto a su alcance misionero. Halló que habían enviado seis equipos misioneros para sembrar iglesias en el Tibet, Malasia, Tailandia, Birmania y dos equipos a Vietnam.

David le preguntó:

—¿Tienen ellos pasaportes?

—No.

—¿Tienes visas?

—No.

—¿Tienen cheques de viajeros?

—No.

—¿Qué es lo que tienen?

—Tienen pies, y sencillamente cruzan las fronteras. Saben cómo cuidarse.

La misión de David Wang, Asian Outreach, que tiene su sede en Hong Kong, prepara a esta clase de misioneros. Entre otras cosas, tienen un programa de preparación de dos semanas al año en un lugar cerca del Tibet. Hay tres requisitos para la inscripción: (1) Los estudiantes deben supervisar de cinco a diez mil creyentes. (2) Deben buscar su propio medio de transporte. (3) Deben traer suficiente comida para las dos semanas. La escuela está ordinariamente repleta.

Historias como estas, que se pudieran multiplicar en el Tercer Mundo nación tras nación, dejan escasa duda de que el futuro de las misiones cristianas se caracterizará por odres nuevos.

## NUEVOS ODRES APOSTÓLICOS OCCIDENTALES

Conscientes en buen grado de lo que está ocurriendo en el Tercer Mundo, los líderes de las nuevas iglesias apostólicas en los Estados Unidos y otras naciones occidentales están listos para hacer la obra misionera de nuevas maneras. Por ejemplo, John Eckhardt de los Ministerios Crusaders en el interior de Chicago, está tratando de romper la «mentalidad de importación» de muchos creyentes, y reemplazarla con una «mentalidad de exportación». Dice:

> Las culturas del Tercer Mundo con frecuencia han tenido una mentalidad colonial, creyendo que otras culturas son más capaces de enviar. Pero Dios está rompiendo ese pensamiento viejo ... y reemplazando una mentalidad de *importación* con una mentalidad de *exportación* para llevar globalmente el mensaje de redención ... Las iglesias del Tercer Mundo están ahora enviando más misioneros que todas las naciones occidentales combinadas. Necesitamos establecer redes que cruzan culturas para facilitar esta expansión. Esto no puede hacerse, y no se hará, sin estas iglesias apostólicas.[23]

John Kelly concuerda con que establecer relaciones personales y redes con el liderazgo apostólico que Dios ya ha establecido en el Tercer Mundo es una manera viable de hacer la obra misionera foránea. Cuenta su propia experiencia en la cual las Iglesias y Ministerios Antioch enviaron tres parejas de misioneros para sembrar iglesias en México, junto con varios otros solteros que les ayudaron. En tres años habían levantado una iglesia de trescientas personas.

Durante el mismo período de tiempo observó a tres mexicanos de «tipo apostólico» a quien servía de mentor. John Kelly dice:

> Fuimos en varios viajes breves a México, reuniéndonos con estos hombres en casas, sin hacer grandes reuniones, pasando horas tras horas entrenándolos. Cada uno tiene ya una iglesia de alrededor de mil personas, y otras cuatro o seis iglesias que se relacionan con ellos. Esto daba un total de alrededor de veinte iglesias, para empezar. Hoy podemos contar alrededor de seiscientas ochenta iglesias que han surgido de esa obra misionera.[24]

John Kelly calcula que el modelo más tradicional de sembrar iglesias cuesta alrededor de ciento cincuenta mil dólares al año mientras el modelo apostólico cuesta cerca de trainta mil dólares al año. El precio por iglesia al usar el modelo regular de sembrar iglesias fue de cuatrocientos cincuenta mil dólares, contra ciento treinta y dos dólares al usar el modelo apostólico.

## DOMINGO DEL PASAPORTE

Para facilitar el rompimiento de la «mentalidad de importación» de su iglesia afroestadounidense en Chicago, John Eckhardt organizó el «domingo del pasaporte». Dice:

> Empecé a predicar respecto a ir a las naciones, y eso era algo que nuestra iglesia nunca había oído. Antes de eso, nunca habíamos tenido una clase sobre misiones. Nadie había predicado sobre misiones. Nuestro marco mental era edificar una iglesia en nuestra comunidad y ministrar a nuestra comunidad. Pero el Espíritu de Dios empezó a tratar con nosotros respecto a ir a las naciones.[25]

Esto empezó a resultar. El viejo marco mental empezó a cambiar. John Eckhardt entonces dice:

> Para impulsar a nuestros miembros a ir a las naciones, animé a todos los miembros de la iglesia Crusaders para que obtuvieran su pasaporte. Entonces celebramos el «domingo del pasaporte» en el cual todos los miembros trajeron el suyo para recibir oración para que el Señor abriera la manera para que pudieran ir a la naciones. Como resultado muchos de nuestros miembros han realizado viajes de oración a las naciones de la ventana 10/40 y se han unido a equipos para otros viajes misioneros.[26]

¡El alcance marcha a toda velocidad!

# Multiplicación de ministros

La cita más conocida de John Maxwell es la siguiente: *«¡Todo se levanta o cae según el liderazgo!»*

Ha llegado a ser un refrán moderno, apenas unos pocos grados por debajo de la inspiración divina.

Las organizaciones, por consiguiente, no crecen en ninguna medida significativa sin multiplicar los líderes. Consecuentemente, sobra decir que la Nueva Reforma Apostólica nunca podría haberse convertido en el segmento de más rápido crecimiento del protestantismo contemporáneo sin un sistema eficiente para seleccionar y adiestrar a los líderes. A los líderes se les designa como «ministros», de modo que una clave esencial en el crecimiento de las nuevas iglesias apostólicas es la multiplicación de ministros.

## LA CONGREGACIÓN ES LA INCUBADORA

¿Cómo se multiplican los ministros en las nuevas iglesias apostólicas? Todo empieza cuando una persona se hace miembro en una nueva iglesia apostólica. La membresía no es un contrato legal; más bien, es un pacto espiritual. Para ser considerado como miembro activo, se exige participación activa en tres aspectos:

- Adoración.
- Recibir ministerio.

- Ministrar a otros.

Sin embargo, aun cuando se admite que pocas iglesias lo alcanzan, el ideal es que todo miembro de cada iglesia sirva como ministro. Los nuevos líderes apostólicos toman muy en serio su papel como apóstoles, profetas, evangelistas, pastores y maestros, según se halla en Efesios 4.11. Su tarea primordial se detalla en el siguiente versículo: «A fin de perfeccionar a los santos para la obra del ministerio» (Efesios 4.12). Cuando esto ocurre bien, la congregación entonces se convierte en la incubadora principal de ministros, tanto laicos como ministros profesionales.

Lyle Schaller observa cómo esto ha estado ocurriendo en todos los Estados Unidos, en mayor o menor grado. Dice: «Las congregaciones, no las instituciones académicas, de nuevo están llegando a ser el lugar primordial para el programa de preparación de los ministros para las congregaciones grandes. Esto es consistente y compatible, y mucho más avanzado, que una tendencia paralela: que las iglesias grandes reemplazarán a los seminarios teológicos como la fuente primordial para el clero».[1]

## APUNTALAR EL MINISTERIO

Los nuevos pastores apostólicos han reconocido por largo tiempo que en el grado en que intenten hacer solos todo o la mayoría del ministerio de la iglesia, colocan una tapa impenetrable en el crecimiento de su congregación. Por consiguiente, expresamente hacen todo esfuerzo para adiestrar a otros para ministrar. Reggie McNeal dice: «Los líderes de la iglesia de hoy saben que la manera estratégica de apuntalar sus esfuerzos de ministerio es «investir de poder» a otros para que ministren. Ayudan a los creyentes a descubrir y desarrollar oportunidades para el ministerio».[2] La palabra «empoderar» que usa McNeal es muy importante. A los laicos se les debe tanto preparar como «empoderar» para el ministerio si es que la iglesia va a llegar a ser algo más que una iglesia pequeña y estática.

Cuando visité por primera vez el Jubilee Christian Centre en Calgary, Alberta, Canadá, quedé sorprendido. Allí había una iglesia vibrante, que crecía, que tenía más de seiscientos asistentes, y que tenía una increíble influencia en la comunidad. Esperaba que habría como seis o siete ministros con salario, así como buen personal de respaldo. ¿Qué hallé? El pastor Phil Nordin tenía un pastor asistente, un pastor para jóvenes, un administrador, y dos secretarias a tiempo parcial. ¡El resto eran voluntarios laicos! Eso es lo que Reggie McNeal quiere decir como «apuntalar» el ministerio del pastor principal.

## PARTE 1: MINISTERIO LAICO

Esto no está confinado a Calgary. Una de las primeras cosas que los líderes tradicionales empiezan a notar cuando visitan las nuevas iglesias apostólicas es la abundancia de voluntarios. Cuando me invitan a una nueva iglesia apostólica, no puedo menos que asombrarme por la atención personal que recibo. Algunos voluntarios van a recibirme, me llevan a donde sea que tenga que ir, a la hora que sea, y se aseguran de que mi habitación en el hotel sea cómoda. También me dan una atractiva canasta de frutas, me dan el número de teléfono de su domicilio, me llevan a la iglesia y me sirven café o agua, o cualquier cosa que pida. Verifican que el sistema de amplificación esté funcionando en buen orden, y lo ajustan si no me gusta, hacen citas y están a mi mandar para cualquier cosa que posiblemente podría necesitar.

¿Dónde consiguen tantos voluntarios?

### LA TEOLOGÍA APOSTÓLICA DEL MINISTERIO LAICO

La teología apostólica del ministerio laico es un descubrimiento relativamente reciente en la historia de la iglesia; es decir, un descubrimiento que se ha hecho en los pasados veinticinco o treinta años. No hallamos esto en Martín Lutero, ni en Juan

Calvino, ni en Juan Wesley u otro de los teólogos clásicos, sean protestantes o católicos. Hay algo de esto en el movimiento británico de los Hermanos Plymouth, y algo en el movimiento de Restauración en los EE. UU, dirigido por Alexander Campbell y Barton Stone y en algunos movimientos marginales aquí y allá. Sin embargo, no entró en la corriente principal del Cuerpo de Cristo, por lo menos en los Estados Unidos, sino hasta cuando se publicó el libro *Body Life* [Vida del Cuerpo] (Regal Books) de Ray Stedman, en 1972. Esta fue la primera teología bíblica del ministerio laico ampliamente reconocida y aceptada, aun cuando fue escrita en estilo popular.

El concepto echó raíz. Ahora tenemos abundante bibliografía sobre el ministerio laico. Algunos de mis libros favoritos sobre el tema recientemente publicados son *The New Reformation* [La nueva reforma] (Zondervan) de Greg Ogden, *The Open Church* [La iglesia abierta] (The Seed Sowers), de Jim Rutz, y *The Lay-Driven Church* [La iglesia impulsada por laicos] (Regal) de Melvin Steinbron. Por ejemplo, Jim Rutz detalla diez problemas crónicos de la iglesia, y entonces declara esto: «Estoy afirmando que todos estos males, y otros más, son causados por un mal maestro: la iglesia cerrada, en la cual los laicos tienden a ser observadores pasivos mientras que los ministros tienden a ser los de adentro sobrecargados de trabajo».[3] La mayoría de los nuevos pastores apostólicos concordaría con él.

## TODO MIEMBRO DE LA IGLESIA ES UN MINISTRO

La idea de dar por sentado que todo miembro de la iglesia es un ministro brota de la Biblia. El apóstol Pedro escribe: «Cada uno según el don que ha recibido, *minístrelo* a los otros, como buenos administradores de la multiforme gracia de Dios» (1 Pedro 4.10, énfasis añadido). Pedro está escribiendo esta carta a los creyentes en general, así que «cada uno» quiere decir todos nosotros. La primera carta a los Corintios, capítulo 12, es uno de los principales pasajes del Nuevo Testamento sobre los dones espirituales. En él Pablo dice: «Pero todas estas cosas las hace uno y el mismo Espíritu, repartiendo [dones espirituales] *a cada uno* en particular como Él quiere» (1 Corintios 12.11, énfasis añadido). Todos tenemos uno o más dones espirituales y se nos han dado para que ministremos.

¿Cómo, entonces, se supone que debemos ministrar? Lo hacemos como partes de un cuerpo: «Porque así como el cuerpo es uno, y tiene muchos miembros, pero todos los miembros del cuerpo, siendo muchos, son un solo cuerpo, así también Cristo» (1 Corintios 12.12). Jesucristo es la cabeza del cuerpo, así que ministramos de acuerdo a lo que la cabeza nos dice que hagamos. Recuerdo haber oído a Greg Ogden decir una vez: «La cabeza no le dice a la mano que le diga al pie lo que tiene que hacer. La cabeza se lo dice al pie».

## RECONSIDERACIÓN DE «CLERO» *VERSUS* «LAICO»

Los nuevos líderes apostólicos toman literalmente la «vida del cuerpo». Sin embargo, tan pronto como lo hacen la obligan a reconsiderar la distinción tradicional de la iglesia entre «clero» y «laico». Greg Ogden, tomando como base *Liberating the Laity* [Liberación de los laicos] (InterVarsity Press) de Paul Steven, describe la mentalidad tradicional de esta manera:

> Los ministros son los que van «al ministerio». ¿Cómo hablamos muchos de nosotros respecto al «ministerio» en que estamos? Si estamos en «el ministerio», ¿qué queda para los demás? Los sacerdotes son confesores. El clero es representante de las instituciones de la iglesia. Los laicos son aficionados espirituales a quienes no se puede confiar el ministerio real. Así es como usamos el lenguaje hoy.[4]

Concedo que esto nos pone en un dilema hasta cierto punto. Las palabras «clero» y «laico» están allí sea que nos guste o no. Tal vez se requerirán un par de generaciones para cambiarlas, aun cuando yo favorecería acelerarlo todo lo posible. Así que, mientras tanto, si usamos las palabras (lo que yo mismo continuaré haciendo), es importante que añadamos las necesarias aclaraciones y explicaciones. Con el correr del tiempo tendremos mejor vocabulario. Una mejora posible que oigo en muchas iglesias estos días es «personal» y «voluntarios». La idea es que todos son ministros, pero ocurre que a algunos se les paga y son contratados como personal.

## EL DISEÑO ESTRATÉGICO

Hace pocos años escribí todo un libro sobre este tema del ministerio laico, *Leading Your Church to Growth* [Cómo dirigir a su iglesia al crecimiento] (Regal Books). En ese libro traté de ayudar a los pastores a comprender su papel primordial a diferencia del papel primordial de los laicos en sus iglesias. Recuerdo haber oído una vez a Rick Warren decir: «¿Cuáles son las cosas que usted está dispuesto a dejar a un lado si quiere que su iglesia crezca? Para empezar, los pastores deben dejar a un lado su *ministerio,* y los laicos tendrán que dejar a un lado su *liderazgo*». Esto penetra directamente al corazón del asunto. El concepto tradicional es que la congregación posee la iglesia y que contrata a un pastor para que haga el ministerio por ellos. Las nuevas iglesias apostólicas, como la de Rick Warren, hace girar esto 180 grados, como lo explica en su exitoso libro, *The Purpose Driven Church* [La iglesia impulsada por un propósito] (Zondervan).

He hallado útil usar un par de diagramas para aclarar este concepto. A la izquierda del primer diagrama, el pastor hace la mayor parte del liderazgo, pero al avanzar hacia la derecha, la congregación hace más liderazgo. La investigación muestra que mientras más nos movamos hacia la izquierda, mayor es el potencial de crecimiento de la iglesia.

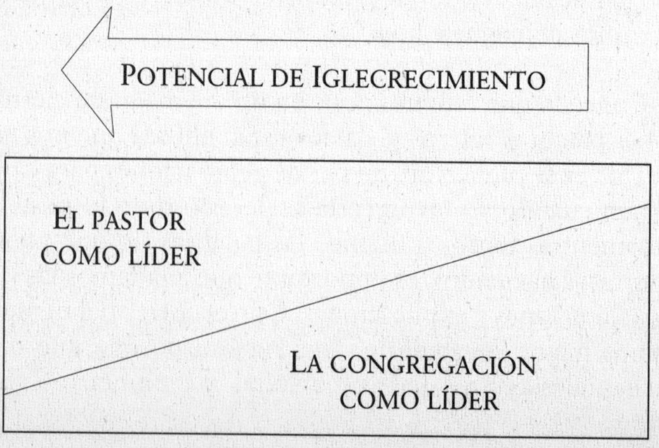

A la izquierda del segundo diagrama, el pastor es quien hace la mayor parte del ministerio de la iglesia. A la derecha, la congregación es la que hace la mayor parte del ministerio. Esta vez, mientras más nos movamos hacia la derecha, mayor es el potencial de crecimiento de la iglesia.

## EL PASTOR COMO «ENTRENADOR»

Varios nuevos líderes apostólicos abogan por el término «entrenador» como designación apropiada para la función del pastor. Bill Hamon dice: «El cargo que ahora se designa como "pastor" de una iglesia se definirá de nuevo. Los que ocupen ese cargo funcionarán más como entrenadores de un equipo deportivo antes que como el dueño».[5]

Greg Ogden concuerda: «Pienso que el mejor término moderno para el pastor es "entrenador". Si usted viniera a mi oficina ahora encontrará un letrero que dice: "Greg Ogden, Entrenador. En este equipo todo el mundo juega"».[6]

¿Qué hace el entrenador? El entrenador determina el plan de juego y distribuye todo el personal disponible para jugar y ganar el partido.

Si todo el mundo juega en el equipo, ¿en qué posiciones juegan? Funcionalmente esto se determina por los dones espirituales que Dios le ha dado a cada creyente. Le corresponde al pastor o entrenador ayudar a cada uno a descubrir cuál don o dones tiene, desarrollarlo y luego usarlo al máximo posible para el ministerio.

## LA CUESTIÓN DE LOS DONES ESPIRITUALES

Aun cuando virtualmente todo nuevo líder apostólico concordaría con lo que acabo de decir, no todos parecen captar todas sus implicaciones. Una de mis desilusiones personales en mi asociación con muchos (no todos) de los nuevos pastores apostólicos ha sido su relativamente subdesarrollada comprensión de la enseñanza bíblica sobre los dones espirituales. Los dones espirituales, no obstante, se mencionan con frecuencia en la nueva predicación y enseñanza apostólica.

Muchas veces me he preguntado: «¿Qué es lo que está ocurriendo aquí? ¿Cómo puede ser que tantos nuevos líderes apostólicos acaben en el lado superficial de la doctrina que dicen profesar?» La mejor respuesta que he podido concebir es que tal vez estemos viendo una resaca del pentecostalismo clásico, en el cual muchos de estos líderes tienen sus raíces espirituales. Los pentecostales clásicos prestaron un gran servicio al Reino de Dios al sacar del armario los dones espirituales a principios del siglo veinte y esparcir el concepto mediante palabra y hecho tan poderosamente que el ministerio mediante dones espirituales ahora se lo acepta ampliamente en todas partes. Sin embargo, en el pentecostalismo clásico hay dos notables puntos débiles en la noción de dones espirituales:

1. Para la mayoría de los pentecostales clásicos la lista de «dones espirituales» está limitada a los nueve dones mencionados en 1 Corintios 12.8-10. No dan igual énfasis ni atención a por lo menos otros dieciséis dones espirituales mencionados en el Nuevo Testamento. Esto produce una situación tirante nada diferente a la del entrenador que envía a la cancha a un equipo de fútbol consistente solo de defensas pero no de delanteros.
2. Algunos de los pentecostales clásicos adoptan la posición de que todos los creyentes tienen acceso a todos los dones cuando quieran y donde los necesiten. Esta

> «noción situacional» de los dones espirituales se desarrolló como razón para explicar por qué todos los creyentes deben esperar hablar en lenguas por lo menos una vez en sus vidas, como evidencia inicial del bautismo del Espíritu Santo. La noción más bíblica, en mi opinión, es la «noción constitucional» de los dones espirituales, basada en la analogía de los miembros del cuerpo. Mi mano siempre funciona como mano, y no algunas veces como oído o hígado. Para volver a la idea del entrenador, no se debe esperar que el centro delantero de un equipo de fútbol algunas veces juegue como delantero derecho o como capitán del equipo. Considero los dones espirituales como atributos dados por Dios.

Creo que este no es el lugar para elaborar ampliamente sobre la doctrina de los dones espirituales, pero sí quiero recalcar que el fenómeno de que algunos creyentes que no tienen el *don* de hablar en lenguas, o de que algunos creyentes no tienen el *don* de orar por la sanidad de los enfermos y ver que se curan, y así suscesivamente, puede bíblica y racionalmente comprenderse al distinguir entre los *dones espirituales* y *papeles del creyente.* Todo esto queda explicado con considerables detalles en mi libro *Your Spiritual Gifts Can Help Your Church Grow* [Sus dones espirituales pueden ayudar a que su iglesia crezca] (Regal Books).

Uno de los mejores nuevos modelos apostólicos que he descubierto para movilizar el ministerio de laicos mediante los dones espirituales es la Iglesia Hillcrest al norte de Dallas, Texas, pastoreada por el Dr. Morris Sheats. En catorce años la iglesia creció continuamente de cero a cinco mil miembros. Los nuevos miembros deben (1) comprometerse a ministrar, (2) comprometerse a dar el diezmo y (3) asistir por trece semanas a una clase de nuevos miembros. Se espera que se matriculen en una clase adicional de trece semanas: «Movilización de dones espirituales», para prepararse para cumplir su compromiso para ministrar.

Hillcrest está abierta a todos los dones espirituales del

Nuevo Testamento, y eso requiere una «noción constitucional» que les da la libertad para ayudar a los miembros a concentrarse en desarrollar sus dones específicos, y entonces hallar su ubicación designada por Dios para ministrar a largo plazo.

## EL SECRETO DEL ÉXITO

En muchas iglesias tradicionales si todo el mundo empezara a descubrir sus dones espirituales, se levantaría un problema porque no habrían suficientes ministerios en la iglesia para absorber a los que quieren ministrar. Tales ministerios no se podrían empezar rápidamente porque incorporar un nuevo ministerio parroquial ordinariamente requiere un largo proceso de estudio, seguido de repetidas revisiones para el permiso de las juntas y comités que los otorgan. Las nuevas iglesias apostólicas han descubierto una alternativa más viable.

---

*Robert Schuller dice: «El secreto del éxitoes hallar una necesidad y suplirla».*

---

La iniciación de un nuevo ministerio apostólico viene desde abajo, y se basa en el modelo de la libre empresa. El bien conocido dicho de Robert Schuller es: «El secreto del éxito es hallar una necesidad y suplirla». Ninguna iglesia puede hacerlo todo. Entonces, ¿qué debemos hacer? ¿Cómo escogemos? La nueva respuesta apostólica es sencilla: haga lo que resulta. Si el nuevo ministerio está supliendo una necesidad, resultará. Si no, fracasará.

¿Quién inicia el ministerio? No un comité o junta de iglesia, o agencia denominacional. *Cualquiera* puede iniciar un nuevo ministerio en las nuevas iglesias apostólicas. Cada nuevo ministerio, por supuesto, requiere aprobación de parte del personal, pero la mayoría de ministros, incluso el pastor principal, se inclinan más a decir: «¿Y por qué no?» en lugar de «¿por qué?» Esto tiene dos ventajas importantes:

1. Crea alternativas ilimitadas, primero para suplir las necesidades que se perciben en la congregación y la

comunidad, y segundo, para ampliar la variedad del servicio voluntario.

2. Cierne lo que no se necesita o que está siendo dirigido pobremente, porque tales ministerios no logran éxito. Si no resulta, ¡pruebe alguna otra cosa!

Las iglesias tradicionales por lo general tienen un cierto conjunto de ministerios que con seguridad continuarán año tras año, sean que tengan éxito o no. Al principio de cada año un «comité de nominaciones» se echa encima la responsabilidad de llenar todos los nombramientos necesarios. El resultado de esto es que demasiados cargos en la iglesia se llenan según la *disponibilidad* antes que por *los dones.*

Habiendo dicho esto, me apresuro a añadir que incluso en las nuevas iglesias apostólicas hay necesariamente algunos ministerios fijos que se originan desde arriba y que deben cubrir voluntarios año tras año. Equipos de adoración, coros, ujieres, ayudantes en la sala cuna, obreros en la Escuela Dominical y otros cargos similares son ejemplos. No obstante, se los mantiene al mínimo intencionalmente, mientras que los ministerios que empiezan desde abajo se recalcan al máximo posible.

## LAS DOS ESTRUCTURAS PRIMORDIALES PARA EL MINISTERIO LAICO

Las dos estructuras principales para organizar el ministerio laico en las nuevas iglesias apostólicas son los *equipos de ministerio* y los *grupos pequeños.* Algunas iglesias se especializan en una de las dos. Algunas las combinan. Algunas están en transición de la una a la otra. Por ejemplo, la Iglesia Willow Creek Community al principio puso todos sus huevos en la canasta del equipo de ministerio, pero más tarde introdujo un dinámico ministerio de grupos pequeños.

Aun cuando algunos equipos de ministerio, tales como los que tienen que ver con la adoración, están dirigidos por personal pagado, muchos de ellos operan según el modelo de la libre empresa. En su mayoría se dirigen a sí mismos y buscan financiación por su propia cuenta. Algunos enfocan hacia adentro de la congregación, con el propósito de suplir las necesidades internas, y otros se enfocan hacia afuera, hacia la comunidad.

Mencioné en el capítulo previo que la Catedral de Fe en San José, California, auspicia un programa de distribución de comida que ahora ocupa un edificio de un millón de dólares. ¿Cómo empezó? Un matrimonio de laicos habló con el pastor Kenny Foreman en 1979, y le pidió permiso para empezar a dar comida a los pobres. La respuesta de Foreman fue, como era de esperarse: «¿Y por qué no?» Al presente, junto con un matrimonio que recibe salario a tiempo parcial, sesenta voluntarios hallan oportunidades de ministerio en ese departamento.

Virtualmente toda nueva iglesia apostólica auspicia grupos pequeños de una clase u otra. Yonggi Cho de Corea popularizó la idea de iglesia basada en células, en la cual se espera que todos los miembros pertenezcan a alguna célula. El libro *Where Do We Go From Here?* (Touch Publications), de Ralph Neighbour, es el texto estándar para las iglesias de «puras células». Carl George, en *Prepare Your Church for the Future* [Prepare a su iglesia para el futuro], aboga por el «modelo de la megaiglesia». Afirma fuertemente a los grupos de células en los hogares, pero sugiere que otros grupos de tamaño y funciones variables pueden también servir a un propósito útil para proveer oportunidades de ministerio para los laicos.

## DARLES CARTA BLANCA A LOS LÍDERES DE GRUPO

Las iglesias tradicionales tienen reglas estrictas que separan las funciones del clero y las de los laicos. A los laicos nunca se les permite realizar las llamadas «funciones sacerdotales». Sin embargo, esta distinción tiende a desvanecerse en muchas de las nuevas iglesias apostólicas. Para abrir las puertas del ministerio laico al máximo, los líderes de los grupos pequeños con frecuencia reciben carta blanca: bautizan, sirven la Cena del Señor, celebran cultos, predican y enseñan, casan, sepultan y levantan los fondos necesarios. Rick Warren fue el primer pastor que conocí que concedió esta libertad, pero muchos otros han seguido sus pasos.

Carl George dice: «Estos clérigos del futuro han quitado el

letrero de PROHIBIDA LA ENTRADA de todo nivel del cuidado pastoral. Han reestructurado la preparación y organización de la iglesia entera para permitir que toda persona dispuesta halle una oportunidad de calidad para el ministerio que cambia la vida».[7]

## PARTE 2: EL PERSONAL DE LA IGLESIA

Cuando los laicos están ministrando en toda la congregación, esto provee la incubadora primordial para nuevos líderes del personal. La mayoría de las nuevas iglesias apostólicas se caracterizan por personal que ha crecido en ellas. En su mayoría los miembros del personal continúan ministrando como lo hacían antes, siendo la diferencia que ahora reciben paga por hacerlo, a fin de ministrar todo el tiempo.

Esto está en contraste con el modelo tradicional en el cual el que los laicos asuman cargos como personal es la excepción en lugar de la regla. Los nuevos ministros por lo general vienen de fuera de la iglesia. Un «comité de búsqueda» los ubica, los cierne y los presenta a la congregación. En muchos casos el pastor principal ni siquiera es miembro del comité de búsqueda. Más de una vez un comité de búsqueda ha seleccionado candidatos que no serían la primera selección de parte del pastor «para mantener nuestro personal equilibrado». El solo pensamiento de esto produciría una combinación de horror e incredulidad en la mente del nuevo pastor apostólico típico.

### VENTAJAS DEL PERSONAL CRIADO EN CASA

El conseguir nuevo personal de entre la congregación tiene cinco tremendas ventajas por sobre traer a alguien de afuera:

1. Los nuevos miembros del personal ya concuerdan con la visión del pastor y por la manera en que se está implementando en la iglesia. Si no, ya se hubieran ido de la iglesia hace tiempo.
2. Son leales al pastor. Esto es importante porque en la

mayoría de las nuevas iglesias apostólicas el pastor principal es quien emplea o despide.

3. Están motivados para hacer todo lo posible para implementar la visión del pastor. De otra manera, no hubieran respondido positivamente a las preguntas iniciales respecto a considerar un cargo ministerial.
4. Saben como opera la filosofía de ministerio de la iglesia, tanto formal como informalmente.
5. Han demostrado que tienen los dones espirituales necesarios para el trabajo, mediante su historial anterior en el ministerio laico.

Obsérvese que en las iglesias tradicionales todas estas cinco cosas son factores relativamente desconocidos cuando un nuevo ministro viene de afuera. Solo el tiempo puede decir si se aplican, y algunas veces cuando no es así, ya es demasiado tarde para evitar el daño.

## ORDENACIÓN

¿Pueden ordenarse estos laicos que llegan a ser ministros? Todo depende de lo que usted entiende qué es realmente la ordenación. Esta es mi definición:

> *La ordenación es el reconocimiento público por parte de los líderes espirituales calificados de que un creyente tiene dones espirituales para el ministerio al cual ha sido llamado, y la autorización de la iglesia para usarlos en un oficio apropiado.*

Los requisitos tradicionales para la ordenación incluyen llenar ciertas normas académicas, una recomendación de parte de una o más personas ordenadas, y el examen de parte de un comité de individuos ordenados. La agenda en la mayoría de los comités de examen para la ordenación se centra en la ortodoxia teológica, conocimiento bíblico, un testimonio personal de salvación y llamado al ministerio, y acuerdo con la política (reglas y regulaciones) de la denominación.

Aun cuando hay cierta superposición, la mayoría de los requisitos de la nueva ordenación apostólica por lo general no empiezan con las calificaciones académicas. Por ejemplo, John Eckhardt dice respecto a la ordenación:

> La relación entre la ordenación al ministerio y el logro académico no está en el mismo nivel en las iglesias apostólicas como en las iglesias tradicionales. En otras palabras, creemos en el éxito académico, pero no creen que sea la principal calificación para la ordenación. Tendemos a mirar más de cerca cosas tales como la unción, el llamamiento, los dones, el carácter y el conocimiento práctico de la Palabra de Dios. La aceptación para la ordenación se basa mayormente en si una persona reúne esos requisitos en particular.[8]

Me impresionó cuando leí por primera vez los requisitos de Bill Hamon para los «ministros verdaderos». Por un lado, en la lista no aparece ninguna declaración de sofisticación teológica o de credenciales académicas. Menciona sus criterios bajo diez palabras que en inglés empiezan con la letra *M:* calidad humana [implicando ambos géneros], ministerio, mensaje, madurez, matrimonio, métodos, maneras, dinero, moralidad y motivo.[9]

## LA NUEVA REALIDAD

El nuevo paradigma apostólico de personal criado en casas lleva consigo una serie de nuevas realidades. Las reglas del juego para preparar y ordenar el ministerio profesional están cambiando.

El proceso de ordenación con mayor frecuencia es iniciado por el pastor de la congregación, y no por el candidato. Previamente, cuando un joven se sentía llamado al ministerio, el pastor y la iglesia examinaban a la persona y la aprobaban, y el ordenando entonces se matriculaba en el instituto o seminario bíblico apropiado. Después de recibir la preparación académica requerida, se podía fijar la fecha de la ordenación. Ahora, en muchos casos, la decisión principal no es si la iglesia aceptará las insinuaciones del candidato, sino si el candidato aceptará las insinuaciones del pastor.

Uno de los resultados de esto es que los individuos ordenados en las nuevas iglesias apostólicas tienden a tener un perfil de edad más alto que en las iglesias tradicionales. El miembro de iglesia que ha demostrado destacados dones espirituales como laico con frecuencia se halla bien avanzado en su carrera. Cambios a media carrera al ministerio cristiano a tiempo completo están llegando a ser cada vez más comunes. Estos individuos no consiguen primero su ordenación y luego envían su hoja de vida, y se preguntan dónde acabarán a la larga. Su oferta de trabajo viene antes, no después, de la ordenación.

## PASANDO POR ALTO A LOS SEMINARIOS

Imagínese a un nuevo miembro del personal frisando ya más de cuarenta años, que tiene veinte años de experiencia como ingeniero de estructuras en una empresa importante de construcción. Ha vivido en la casa actual con su esposa y sus tres hijos por ocho años. Tiene una deuda hipotecaria elevada, sus hijos están profundamente involucrados en las actividades escolares y el mayor está a punto de entrar a la universidad. Si empacar y pasar tres años en un seminario teológico fuera requisito previo para su ordenación, ni siquiera podría considerar un cambio a media carrera para dedicarse al ministerio. No es que estas cosas nunca hayan ocurrido en el pasado, pero cuando han sucedido, la persona que lo ha hecho ha sido considerada como una figura heroica, y tales héroes eran escasos y muy de vez en cuando.

Los seminarios previamente funcionaban como escuelas de odontología o academias de policía. El mercado del trabajo estaba cerrado para quienes no hubieran asistido a escuelas aprobadas. Cuando este era el caso, los seminarios tenían abundancia de candidatos y podían funcionar casi indefinidamente. Pero ya no. La preparación sigue siendo importante para el ministerio de la iglesia a nivel de personal, pero la preparación preferiblemente viene *después*, y no *antes,* de la ordenación, y toma varias formas nuevas.

Esto es un desafió especial para los seminarios tradicionales. Su producto, es decir, la preparación de calidad para el ministerio, sigue en demanda, pero para que se utilice alguna extensión significativa en el futuro requiere un empaque radicalmente nuevo y que se vuelva a diseñar el sistema de entrega. De otra manera los seminarios teológicos, como dice Donald Miller, están en peligro de ser «vistos como anacronismos de una edad pasada».[10]

A su modo de ver, puede incluso ya ser demasiado tarde para cambiar.

Por algún tiempo la posición de aprendiz ha sido la principal forma para preparar pastores en las iglesias del Tercer Mundo, y ahora está ganando más y más lugar en el mundo occidental. Trabajar bajo la supervisión de un pastor exitoso y aprender por experiencia es un procedimiento que ahora está produciendo una cantidad cada vez creciente de líderes en el personal de la iglesia. Para suplementar eso, experiencias de preparación no formal, tales como seminarios y conferencias para pastores, al contrario de cursos acreditados y programas hacia títulos, son la preferencia de muchos. Por ejemplo, John Wimber llevó a la Asociación de Iglesias Vineyard a más de quinientas congregaciones usando las conferencias Vineyard para pastores como su formato primordial de preparación.

Esto puede presentar varios problemas para los que no están acostumbrados a las nuevas maneras. Ralph Moore, cuyo movimiento de la Capilla Hope es parte de la Iglesia Internacional del Evangelio Cuadrangular, cuenta esta reveladora historia:

> Hace poco recibí una llamado de un amigo. Estaba enfrascado en un debate campal respecto a otorgar licencias a los pastores de iglesias Cuadrangulares. Parecía que algún influyente hombre de negocios en una de nuestras iglesias se había quejado de que su hijo estaba asistiendo a la universidad bíblica LIFE (a expensas del papá) para conseguir su licencia como pastor. Un pastor del personal de su iglesia tenía ya licencia por virtud de su responsabilidad. El hombre se sentía frustrado de que el ministro ya tenía licencia sin haber

gastado ni el tiempo ni el dinero que le estaba costando al hombre de negocios y a su hijo. Nos vio como si estuviéramos repartiendo «licencias gratis».[11]

## ¿POR QUÉ A LOS SEMINARIOS A VECES SE LES LLAMA «CEMENTERIOS»?

En el ambiente seminarista, en donde yo pasé cuarenta años de mi vida adulta, el ocasional desliz de la lengua al llamar «cementerio» al seminario, es recibido con sonrisas diplomáticas, como si se dijera: «¡Sé lo que quieres decir!» Pues bien, tal vez no siempre cuando se habla frente a profesores de seminario, como yo. Pero a nuestras espaldas, ¿qué? Muchos, en verdad, realmente quieren decir precisamente eso. Pienso que es tiempo de que los que tenemos intereses creados en los seminarios empecemos a dejar de engañarnos nosotros mismos y que enfrentemos la realidad.

Reggie McNeal dice:

> ¿Dónde tendrá lugar la preparación para el liderazgo apostólico? El proceso tradicional para otorgar licencias, en su mayoría, hallará extraordinariamente difícil elevarse a la altura de este reto. Típicamente, en la cultura prevaleciente en la iglesia, las universidades bíblicas, seminarios y programas de respaldo denominacional han servido como terreno de preparación. Pero solo las más dinámicas e innovadoras de estas instituciones mantendrán viabilidad como fuentes fidedignas de preparación para el ministerio.[12]

## SIETE LÁPIDAS

Los seminarios tienen por lo menos siete características en común, como las conocemos, que con toda probabilidad no les permitirán convertirse en las instituciones «dinámicas e innovadoras» de las que habla Reggie McNeal. Los seminarios que de alguna manera rompan ese molde, florecerán. Los que no, a menos que cuenten con fondos inagotables, enfrentan un futuro lúgubre. Llamemos a estas siete características, «lápidas».

## LÁPIDA 1: EL LOGRO ACADÉMICO SE CONSIDERA MÁS IMPORTANTE QUE LAS HABILIDADES PARA EL MINISTERIO

Los seminarios tradicionales han escogido cultivar la imagen pública de que su producto, por así decirlo, es la «educación teológica». Su programa de estudios, consecuentemente, ha evolucionado para incluir algo así como un ochenta por ciento de teoría y un veinte por ciento de práctica. Por otro lado, las nuevas escuelas apostólicas quieren ser vistas como ofreciendo «preparación ministerial». Su programa de estudios es un veinte por ciento teoría y un ochenta por ciento práctica.

A modo de ilustración diremos que, las publicaciones de la facultad que invariablemente reciben la más alta aclamación de los colegas en las comunidades de seminarios, son las que dialogan con otros colegas eruditos de generaciones presentes y pasadas. Sus escritos:

- Están sazonados con largas y detalladas notas al calce.
- Usan frecuentes citas del alemán, latín, griego y hebreo.
- Se basan en la investigación bibliográfica.
- Exhiben apuntalamientos filosóficos.
- Se imprimen una o dos veces.
- Se abren camino hasta las bibliotecas académicas.
- Reciben revisiones en las revistas académicas.

La relevancia para el ministerio por lo general es una consideración secundaria.

Por otro lado, las publicaciones de la facultad que se escriben de la siguiente manera son ignoradas casi por completo por los colegas de la facultad. Son:

- Escritas en estilo popular.
- Se enfocan en la efectividad del ministerio a todo nivel.
- Están sazonadas con anécdotas.
- Tratan de simplificar las complejas cuestiones teológicas.
- Se basan en la investigación en el campo.
- Se imprimen muchas veces.
- Se abren camino hasta las bibliotecas de los pastores y librerías cristianas.
- Reciben revisión en revistas populares.

El presidente de un seminario, hablando a la facultad, con sorna se refirió a tales libros como «escritos baratos», implicando que consideraba por debajo de la dignidad de su facultad dedicarse a tales esfuerzos literarios baratos.

---

*Un comentario salaz entre los profesores es: «El seminario sería un gran lugar donde trabajar si no fuera por los estudiantes».*

---

### LÁPIDA 2: LA MAYOR PRIORIDAD CON FRECUENCIA ES IMPRESIONAR A LOS COLEGAS ACADÉMICOS, NO PREPARAR A LOS ESTUDIANTES

A muchos profesores de seminarios les encanta enseñar a sus alumnos, pero como regla general, son la minoría. Los profesores, con harta frecuencia, consideran que enseñar clases es un fastidio inescapable que les impide dedicarse al esfuerzo más sólido de la investigación erudita y de producir ensayos para las comunidades académicas. Un comentario salaz entre los profesores es: «El seminario sería un gran lugar donde trabajar si no fuera por los estudiantes».

En grandes segmentos de la iglesia tradicional, el implacable empuje por el arribismo académico y corrección política ha ayudado a pavimentar el camino al liberalismo. John Leith describe la situación en los seminarios de corriente tradicional tan bien como cualquiera:

> Los seminarios enfrentan una crisis de creencia. Muchas doctrinas cristianas básicas corren riesgo en los planteles de muchos seminarios actuales. Es más, hay escasa evidencia de alguna proclamación apasionada de las convicciones fundamentales de la fe cristiana o del evangelio cristiano de lo que Dios ha hecho para la salvación de los seres humanos. Convicciones apasionadas sí existen en los planteles de los seminarios, pero con frecuencia hallan su más vigorosa expresión en abogar por causas tales como la agenda del movimiento feminista, la defensa de la raza negra, u organizaciones políticas de izquierda. Hay poca evidencia de que las facultades de los seminarios tengan una pasión similar para proclamar las doctrinas fundamentales de la fe cristiana en una era secular. Censuran a los conferencistas por la corrección política de su lenguaje, pero no en cuanto a su ortodoxia o integridad de su teología.[13]

En los seminarios evangélicos, donde todavía persiste un residuo de convicción teológica, esta actitud se refleja de otras maneras. Un seminario evangélico, por ejemplo, vetó una invitación que se había extendido al conocido teólogo J. I Packer para que dictara una conferencia especial en el plantel, porque se supo que ponía en tela de duda la ordenación de mujeres, asunto que no constaba en la declaración de fe del seminario, pero elevado sin embargo a nivel de asunto no negociable por la facultad.

¿A dónde conduce todo esto? John Lieth side: «La consecuencia es que a los seminarios teológicos ya no se les ve como instituciones primarias para la preparación de pastores, sino como institutos para debatir y estudiar la religión».[14] Ese peligro se halla en tradiciones teológicas de toda clase.

## LÁPIDA 3: LA ACADEMIA TIENDE IRRESISTIBLEMENTE A ATRINCHERAR LA IRRELEVANCIA MEDIANTE LOS CARGOS PERMANENTE DE LA FACULTAD Y LOS CURSOS OBLIGATORIOS

El juego académico, según he observado por décadas cómo se juega, es fascinador. La meta de la facultad es elevarse al pináculo de su campo en particular.

Una manera de triunfar en esto es estrechar el campo tanto como sea posible, técnica y profundamente esculpida en el proceso del doctorado en filosofía. Si el campo llega a ser lo suficientemente estrecho, el pináculo está completamente abierto. Recuerdo, por ejemplo, que mientras estaba estudiando en la Universidad Rutgers, en las declaraciones de relaciones públicas regulares se recalcaba cuán orgullosa estaba la universidad de su experto mundial ¡en ostras! Una lectura al paso de los títulos de los artículos en *The Journal of Biblical Literature* mostrará cuán estrechos pueden ser los campos y especializaciones en religión. Sé personalmente que esto resulta, por cuanto mi propio campo de crecimiento de la iglesia fue lo suficientemente estrecho como para llegar al pináculo por un tiempo. Tenía muy poca competencia.

Una vez que un profesor llega a la cima o casi a la cima, la manera de permanecer allí es conseguir que lo nombren como profesor de planta, que quiere decir lo máximo en seguridad de empleo. Thomas Oden, distinguido profesor permanente, echa un vistazo penetrante al sistema interno del seminario en su destacado libro *Requiem: A Lament in Three Movements* [Requiem: Lamento en tres movimientos]. En él incluye una sección llamada «La irreformabilidad estructural de las facultades que se autorreproducen». Sobre el tema de profesores permanentes dice: «El principio de catedrático, que fue diseñado para proteger la libertad académica, ha llegado a ser tan explotado que ahora protege la licenciosidad académica, el ausentismo, la incompetencia y a veces la torpeza moral. Una vez que a alguien se le ofrece el cargo permanentemente, es virtualmente imposible retirarlo».[15]

## SEGURIDAD TOTAL PARA LA FACULTAD

Oden sigue diciendo: «El matrimonio tiene su anulación, separación y divorcio, pero no hay anulación, ni procedimiento fácil para separar al catedrático a quien se ha dado el cargo permanentemente ... No hay ninguna seguridad en ningún trabajo en nuestra sociedad tan fija en cemento como el de catedrático académico permanente. La preservación total del empleo se ha convertido en un arte perfecto, no en los salones de sindicatos, sino en los clubes de las facultades».[16]

¿Cómo conduce esto a la irrelevancia? Primero que nada, los miembros permanentes de la facultad determinan el programa de estudios. La tendencia es proyectar sus prioridades personales sobre los estudiantes.

Debido a que la erudicción es un valor elevado para los miembros de la facultad, se da por sentado que también debe ser un requisito para los pastores practicantes. De alguna manera se ha infiltrado un axioma de que si los pastores pueden leer el Antiguo Testamento en hebreo y el Nuevo Testamento en griego, aumentará su eficiencia en el ministerio. Las cifras que arroja la investigación muestra que la mayoría de los graduados de seminario nunca vuelven a leer la Biblia en los idiomas originales después de su graduación, pero eso no cambia el marco mental de la facultad. No se deja impresionar significativamente por el hecho de que pocos pastores de megaiglesias, que están guiando a las iglesias que están ejerciendo la mayor influencia en su comunidad, jamás se dedican a la exégesis en griego o hebreo.

El retoño de esto, como ya lo he señalado, es que el programa de estudios llega a ser un ochenta por ciento teoría y un veinte por ciento práctica. Mucho de la teoría es especialmente irrelevante debido a los cursos obligatorios. El modelo tradicional del programa de estudios del seminario da por sentado que los estudiantes son jóvenes que están colocando un cimiento para el ministerio futuro. Por consiguiente, no se espera que los alumnos tengan la sabiduría necesaria para decidir cuáles cursos serán los más relevantes para el ministerio, así que la presumiblemente más sabia facultad debe decidir por ellos. Debido a que los miembros de la facultad son académicos, el contenido teórico naturalmente será alto. Igualmente, debido a que algunos son tan especializados al punto que virtualmente nadie *elegiría* tomar sus cursos, tienen el poder para *exigir* el curso como requisito para graduación. La irrelevancia fácilmente se atrinchera.

Debido a que solo cierto número de cursos pueden caber en el programa de tres años de un seminario, es difícil lograr cambios e innovación. Los miembros permanentes de la facultad comprensiblemente no quieren que sus cursos sean reemplazados. Hace algunos años Kenneth Meyer, entonces presidente de la Escuela Teológica Evangélica Trinity en Deerfield, Illinois, participó en el estudio de seminarios auspiciado por el Fondo de Benevolencia Murdock. En su informe, afirmó: «El programa de estudios de la licenciatura en Biblia en la mayoría de nuestras escuelas ha cambiado muy poco en veinte años. En Trinity, cambiamos dos cursos entre 1975 y 1990. Sin embargo, piense en los cambios que tuvieron lugar en la iglesia durante el mismo período».[17]

Debido a que la facultad permanente son los que tienen la última palabra en cuanto a invitar a nuevos miembros de la facultad para su institución, una tendencia a autorreproducirse, como lo diría Thomas Oden, puede persistir de generación en generación. Solo un acto de Dios podría producir cambios significativos en muchos de los seminarios existentes.

## LÁPIDA 4: LOS MIEMBROS DE LA FACULTAD DE UN SEMINARIO RARA VEZ SON O HAN SIDO PASTORES, Y CASI NINGUNO HA SIDO UN PASTOR EXITOSO

La experiencia en la iglesia local no se considera como una cualidad particularmente deseable para reclutar a la nueva facultad de un seminario. Incluso la *membresía* activa en una iglesia local no siempre se considera importante y el tema con frecuencia no constituye parte significativa en el proceso de entrevista para el empleo. Kenneth Meyer dice respecto a esto:

> El programa de estudios pide profesionales de la academia en lugar de profesionales de la iglesia. La verdad es que los alumnos modelarán a sus profesores. En

> nuestro caso algo así como el setenta y cinco por ciento de la facultad nunca pastoreó una iglesia como no sea un internado durante los estudios para su grado. ¿Es sorpresa que los graduados salgan «cabezudos» y careciendo de habilidades para el ministerio? Los «profesionales de la iglesia» deben estar profundamente involucrados en enseñar y cambiar el programa de estudios.[18]

Por lo que hemos visto, sin embargo, tal escenario parece ser altamente improbable en nuestros seminarios de odres viejos.

## LÁPIDA 5: LOS SEMINARIOS RINDEN CUENTAS A LAS ASOCIACIONES ACREDITADORAS, NO A LAS IGLESIAS PARA LAS CUALES PRESUMIBLEMENTE ESTÁN PREPARANDO PASTORES

Las agencias acreditadoras, como el cargo permanente, empezaron por razones altamente recomendables. El nivel educativo de los miembros de las iglesias estaban elevándose con la escalada de las escuelas en nuestra sociedad, y los seminarios estaban supliendo la demanda de las denominaciones para mantener un nivel académico establecido para las personas a quienes se ordenaba. Se daba por seguro que el clero necesitaba mantenerse a la par con el nivel educativo de sus feligreses, para poder ministrar bien. Seminarios que pensaban de modo similar se unieron para formar asociaciones que les tomarían cuentas, a fin de mantener normas mínimas acordadas mutuamente para el control de calidad.

Conforme los seminarios empezaron a moverse de la *preparación ministerial* a la *educación teológica,* las asociaciones acreditadoras hicieron lo mismo. Con el paso del tiempo, las asociaciones acreditadoras, como tienden a hacerlo las instituciones en general, empezaron a tener vida propia. En lugar de controlar a las agencias acreditadoras, los seminarios individualmente se vieron bajo el control de ellas. Se vieron bajo un código y manual de normas en cuyo establecimiento no tuvieron ni voz ni voto y que, en muchos casos, eran contrarias a los mejores intereses de un seminario en particular. Para entonces, sin embargo, habían pocas alternativas para los miembros individuales de la asociación, excepto el abandonar la acreditación. La mayoría decidió someterse, al precio de acordar no introducir ciertas innovaciones creativas que las agencias acreditadoras hubieran considerado pintar fuera de la línea.

Un profesor de un seminario acreditado por la ATS (Asociación de Escuelas Teológicas, por sus siglas en inglés) me dijo que en un período de nueve meses no pudo hacer ninguna investigación original ni actualizar sus cursos, ni escribir algo para su publicación. Virtualmente todo su tiempo fuera del aula tenía que ser asistir a reuniones obligatorias de comités, y a llenar informes para la próxima visita de la asociación acreditadora.

## LOGRO ACADÉMICO Y EFICIENCIA EN EL MINISTERIO

Obsérvese que las asociaciones acreditadoras nunca han encontrado una manera de examinar a las instituciones miembros en cuanto a la eficiencia en el ministerio de parte de sus graduados. Por consiguiente, descansan en las pruebas de logros académicos, como si la pregunta de cómo los ministros están en realidad siendo preparados para realizar eficazmente el trabajo en la iglesia fuera un asunto secundario.

Tampoco podría imaginarme que la mayoría de las agencias acreditadoras alguna vez *querrían* realizar tales pruebas. Por años he tenido un deseo persistente, tal vez un poco pernicioso, de emprender un proyecto de investigación que examine la relación en el logro académico y la eficiencia en el ministerio. Usando las herramientas de la investigación social científica, tal proyecto sería eminentemente loable. Dudo que otros intereses alguna vez me permitan que ese asunto suba a la cabeza de mi agenda personal, pero tengo una fuerte impresión de que la evidencia mostraría una correlación *inversa*. Por ejemplo, un amigo mío que pastorea una megaiglesia presbiteriana (U.S.A.) de seis mil miembros me dijo una vez que rara vez emplea graduados de seminario como miembros de su personal de ministros. Cuando le pregunté por qué, me contestó: «¡Porque no sirven para nada!»

Robert Patterson, analizando la crisis en los seminarios evangélicos, en la revista *Christianity Today*, dice:

> Irónicamente, en el mismo momento en que la educación teológica evangélica parece haber llegado a la mayoría de edad, algunos líderes paraeclesiásticos y de megaiglesias ponen en tela de duda la idea entera de la educación teológica. Se hace la observación de que si hombres que jamás pasaron un día entero en un seminario pueden levantar ministerios exitosos tales como el de Prison Fellowship, Enfoque en la Familia, y la iglesia Willow Creek Community, ¿para qué tener seminarios después de todo? Es más, un título de un seminario en realidad descalificaría a un candidato para un cargo como ministro en algunas de las megaiglesias.[19]

## LÁPIDA 6: LA NATURALEZA DE LA ACADEMIA ES PRODUCIR UN ESPÍRITU DE CRÍTICA EN TODA LA COMUNIDAD

En círculos académicos el mostrar una «mente crítica» se considera etiqueta de distinción. En mi seminario se llena un formulario de evaluación para cada estudiante al final de cada curso. Uno de los asuntos por los cuales se califica al profesor es: «Se estimuló a los alumnos a pensar críticamente». Mientras más alta la calificación, más alto se cataloga al profesor.

Consistentemente yo saqué calificaciones bajas en este asunto porque prefería ayudar a mis alumnos a pensar positiva y creativamente, antes que críticamente. Detesto leer revisiones de libros en revistas, en las cuales el revisor piensa que por obligación debe concluir su revisión criticando al autor. El mensaje subyacente es: «Si el autor nada más fuera tan listo como yo, el libro hubiera podido ser mucho mejor de lo que es». Las revistas en cuya política editorial he podido influir a través de los años prohiben esta clase de arribismo académico, que es impulsado por la noción de que es mejor criticar astutamente que afirmar ingenuamente. Ted Haggard, nuevo pastor apostólico, caracterizaría esta mentalidad como surgiendo de una perspectiva del «árbol de la ciencia del bien y del mal» antes que de una perspectiva del «árbol de la vida».[20]

Lo siguiente es prevalente en la mayoría de los seminarios actuales:

- Se valora más al escepticismo que a la creencia (que se ve como «ingenuidad»).
- Se valora más al pesimismo por sobre el optimismo (que se ve como «irreal»).
- Se valora más perder que ganar (que se ve como «triunfalismo»).
- Se valora más a lo complejo que a la simplicidad (que se ve como «candidez»).
- Se confía más en los comités que en los individuos (de quienes se sospecha como «arrogantes»).
- Se valora más a los burócratas que a los emprendedores (a quienes se ve como «imperialistas»).

Nada de esto se debe interpretar como que estoy abogando por un anti-intelectualismo. El cuerpo de Cristo necesita las mejores y más preparadas mentes para el liderazgo. No estoy hablando de la calidad del intelecto, sino más bien de actitudes personales que gobiernan la aplicación de ese intelecto a cuestiones que tienen que ver con los demás seres humanos. El brillo mental necesita ser puesto en sumisión bajo el carácter espiritual.

## LÁPIDA 7: LA PREPARACIÓN EN EL SEMINARIO SE ESTÁ COLOCANDO A SÍ MISMA FUERA DEL MERCADO

Empecé a notar la desproporcionada elevación de la colegiatura cuando, año tras año, nuestro seminario la subió un diez por ciento, pero los salarios de los profesores aumentaban solo un tres por ciento. Algo, que no era precisamente la educación, estaba costando mucho dinero. Muchos nuevos líderes apostólicos han concluido que el tiempo y dinero que se invierte en la preparación en seminarios produce escasos dividendos.

Hoy mucho más que antes los estudiantes cuestionan si el producto que están comprando, es decir, un título académico, vale la pena por los interminables años de pagar los préstamos estudiantiles. Probablemente vale la pena como credencial de sindicato para cargos de enseñaza a nivel de graduado, para preparar ministros en Asia y para ministerios que están destinados al público en los planteles universitarios. Como vehículo para otorgar credenciales a una persona para un ministerio ordinario en una congregación autóctona, sin embargo, el valor del título del seminario no es lo que solía ser.

Como ejemplo, mi yerno, graduado de un prestigioso seminario y ahora como ministro en una nueva iglesia apostólica me dijo una vez: «Pagué ocho mil dólares para aprender griego y hebreo, y ahora que estoy en el ministerio considero que fue dinero desperdiciado. Nunca he hallado algún uso para lo que me fue enseñado».

Mientras realizaban la investigación de campo respecto a preocupaciones monetarias en la iglesia, John y Sylvia Ronsvalle descubrieron una brecha considerable entre los programas de estudio de los seminarios y las iglesias de hoy. Entre otras cosas, informan:

> Dan Conway observó: «La persona que se dedica al ministerio siente la dicotomía, y todo en el seminario refuerza eso. En el programa de estudios del seminario, la administración, el dinero, los recursos humanos son cosas incidentales que uno tiene que captar. Son asuntos electivos, no la substancia del cristianismo. La patrística, las Escrituras son las cosas importantes. Nadie dice: "¿Cómo compaginas la Palabra de Dios con la tarea de cuadrar una chequera?"» En la opinión de Conway, al futuro pastor se le debe dar ... el conocimiento general que recibe el ejecutivo de cualquier organización voluntaria de tamaño similar.[21]

## LAS NUEVAS ESCUELAS APOSTÓLICAS

Los líderes de las iglesias y educadores en la Nueva Reforma Apostólica se dan perfecta cuenta de los males presentes de los seminario teológicos. Esta es una razón por la cual la preparación para la ordenación está volviendo a la iglesia local. Los ministros criados en casa, preparados en conferencias, son cada vez más los candidatos preferidos. Casi toda nueva red apostólica tiene sus propias escuelas, pero no innovadoras y radicalmente diferentes de lo que hemos conocido en el pasado.

Difícilmente dos nuevas escuelas apostólicas de preparación son iguales. En la primera asamblea de nuevos educadores apostólicos, realizada en junio de 1998, las sesenta y cinco escuelas de base representadas se ubicaban en todo el espectro de variedad, desde redes que enfocaban universitarios, las cuales, por consiguiente, necesitaban cursos a nivel doctoral para sus obreros, hasta una escuela que dijo que con frecuencia tenían que leerles los exámenes a sus alumnos porque muchos de ellos eran analfabetos. Aun cuando son notoriamente diferentes, casi todas estas instituciones tienen seis características más bien comunes. Cada una de estas características es vista como un antídoto para las «lápidas» de los seminarios tradicionales.

## SIETE MANERAS DE EVITAR LAS LÁPIDAS

1. NO ACADEMIA. Las nuevas iglesias apostólicas no permiten que los grados o títulos sean un requisito previo para la ordenación. En la mayoría de las redes apostólicas, el tener un título o desearlo no descalifica a la persona para el ministerio. Los títulos son claramente opcionales. Las excepciones son la redes tales como la Morningstar International cuyo público blando son los universitarios y estudiantes superiores.

2. UNA NUEVA CAMADA DE FACULTAD ESTÁ SURGIENDO

   • A los historiadores se los ha reemplazado con visionarios.

- A los exégetas bíblicos se los ha reemplazado con exégetas culturales.
- A los teólogos se los ha reemplazado con empresarios.
- A los críticos se los ha reemplazado con animadores.
- A los eruditos distinguidos se los ha reemplazado con pastores dinámicos.

Se prefiere a los profesores que tienen la capacidad de impartir vida y visión, y unción a los alumnos. Cuando me invitan a enseñar en una nueva escuela apostólica, le pregunto al decano qué es lo que quieren que enseñe. A menudo replican: «¡Puede enseñar lo que quiera!» El mensaje detrás de esa declaración es, obviamente, que me están pidiendo que vaya a impartir algo, no a informar. Habrá información, desde luego, pero no es lo primordial.

### 3. EL PROGRAMA DE ESTUDIOS ES AMPLIO Y PRÁCTICO

- La historia del dogma es ahora historia de los despertamientos espirituales.
- El griego es ahora programas bíblicos para computadores, incluyendo la *Concordancia de Strong*.
- La homilética es ahora predicación.
- La exégesis de ciertos libros es ahora un estudio del Nuevo Testamento en el idioma nativo moderno.
- La epistemología es ahora la intercesión profética.

Hace poco me puse a hojear los catálogos de las nuevas instituciones apostólicas de preparación, y hallé muchos títulos de cursos que nunca esperaría verlos en la lista de cursos de muchos seminarios tradicionales. La mayoría de los miembros establecidos de facultades no tendrían ni siquiera idea de cuál sería el contenido posible de dichos cursos. Algunos ejemplos:

- La demonología expuesta; Destino y liderazgo; Peligros del pastorado (Instituto de Preparación Eagles Nest, Gary Greenwald).

- Nutrimento del ministerio profético; Las misiones y la visión de sembrar iglesias; Intercesión por despertamiento espiritual (Centro de Preparacion Grace, Mike Bickle).
- Raíces de carácter; Comprensión de la unción I y II; Cómo edificar un espíritu fuerte; Diplomacia, protocolo y tacto (Universidad Bíblica Spirit Life, Roberts Liardon).
- Visión; Estrategia para tomar la ciudad; Los apóstoles y el ministerio apostólico; Comunión con Dios (Escuela de Ministerio Impact, David Cannistraci).
- Teología de alabanza; Llegando a ser quien es usted; El dinero y el cristiano (Escuela de Teología Christian Life, Ron Cottle).
- Como comprender y recibir la unción; Viviendo por la Palabra de Dios; Cómo fijar metas y evaluar los logros (Universidad Bíblica Kingdom Faith, Colin Urquhart).

4. LOS SISTEMAS DE ENTREGA ESTÁN DISEÑADOS PARA CONVENIENCIA DE LOS ESTUDIANTES. El viejo odre de reunir a los jóvenes estudiantes antes de su carrera para que vivan por tres o cuatro años en una comunidad académica dirigida por eruditos en residencia que tienen una biblioteca teológica completa, está llegando a ser cosa del pasado. Los nuevos estudiantes apostólicos con mayor probabilidad son individuos de más edad que ya están empleados a tiempo completo en el ministerio o en carreras seculares. Los horarios de clases están, por consiguiente, diseñados no para conveniencia de la facultad y empleados, sino para conveniencia de los estudiantes.

   La duración de los cursos varía de entre seis a ocho horas de contacto, a quince o veinte, tal vez más. Un formato común para un curso consiste en reunirse el jueves y viernes por la noche, y también el sábado. Clases todo el sábado y el domingo por la tarde sirven para algunos. Casi cualquier horario es flexible, y se puede adaptar, por ejemplo, según la disponibilidad del profesor que tal vez esté de visita por breve tiempo en la ciudad.

5. LA RESPONSABILIDAD PRIMORDIAL ES ANTE LA IGLESIA LOCAL O ANTE LA RED APOSTÓLICA. Cada institución de preparación es establecida con el propósito expreso de preparar líderes, tanto a nivel de ministros en iglesias locales como líderes a nivel laico, que contribuirán a la visión en particular o declaración de misión, o filosofía de ministerio de la iglesia local o red de iglesias. Su éxito o fracaso se mide por lo bien que sus graduados están haciendo el ministerio para el que fueron llamados, no por un manual de normas preparado por una asociación acreditadora externa.

   Recuerdo cuando hablaba con Roberts Liardon dos años después de que la primera clase se graduó en su Universidad Bíblica Spirit Life. Se sentía muy orgulloso de sus estudiantes. ¿Por qué? ¡Porque en dos años los estudiantes de esa clase habían sembrado treinta iglesias nuevas! No me sorprendería que algunos seminarios tradicionales de tamaño similar no pudieran contar ni treinta iglesias nuevas entre las últimas diez clases que se graduaron.

6. LA RESPONSABILIDAD SECUNDARIA ES DE UNOS A OTROS. Los directores, presidentes o decanos de las nuevas escuelas apostólicas de preparación tienen un fuerte deseo de responsabilidad ante iguales. No quieren andar solos, haciendo lo suyo, sin referencia a lo que es Espíritu tal vez les esté diciendo a sus colegas educadores en otras redes apostólicas. Se dan perfecta cuenta de las limitaciones de las asociaciones acreditadoras institucionalizadas que acabo de describir. Como todos los nuevos líderes apostólicos, estos educadores está mucho más altamente motivados e impulsados por las relaciones personales que por su afiliación organizacional.

   Para explorar alternativas para suplir esta necesidad, un elevado número de nuevos educadores apostólicos se reunieron en junio de 1998 y formaron el Concilio Apostólico para la Responsabilidad Educativa (ACEA, por sus siglas en inglés). Esto está tomando forma, no como otra asociación acreditadora, sino más bien como un sustituto funcional para la acreditación en general. Relaciones personales a nivel de iguales, base de la responsabilidad apostólica, se establecen y nutren en las reuniones anuales del ACEA, tanto como en otras reuniones *ad hoc* e intercambio de facultades todo el año.

La membresía en el ACEA se la mantiene mendiante un auto estudio institucional anual que describe y evalúa cuánto bien la institución ha logrado durante el año anterior *sus propios propósitos establecidos*. Hago hincapié en «sus propios propósitos establecidos» porque cada institución tiene la libertad de establecer sus propios estándares de excelencia de acuerdo a la manera en que siente que Dios la está guiando, en lugar de hacer una evaluación según su adherencia a estándares establecidos por una asociación acreditadora externa. Otros dos miembros del ACEA leen y hacen sus comentarios sobre cada auto estudio, y luego lo envían de nuevo a la institución. Visitas al propio sitio de parte de consultores educativos aprobados por el liderazgo del ACEA están a disposición, por invitación de la institución que desea sus servicios.

Algunas instituciones miembros del ACEA también buscan y reciben acreditación a su discreción porque su público primordial lo requiere. Sin embargo, eso no los hace ciudadanos de primera clase en contraste con otros miembros del ACEA que no necesitan o no desean acreditación. La una nunca caracterizaría a la otra como «fábrica de diplomas» por cuanto todos los miembros mutuamente respetan la integridad de los apóstoles que encabezan las redes y su capacidad para oír claramente de Dios qué clase de empuje dar a su ministerio y cómo se debe ver el programa de preparación que lo acompaña.

7. SE ESPERA QUE LOS GRADUADOS SEAN LÍDERES. Mientras que el programa de estudios tradicional prácticamente omite la preparación para el liderazgo, probablemente

porque se da por sentado que la mayoría de los pastores serán empleados de las iglesias que pastorearán, en lugar de ser líderes, el nuevo programa apostólico de estudios se especializa en el desarrollo del liderazgo. Los modelos y ejemplos de la facultad con mayor probabilidad será pastores exitosos de megaiglesias antes que eruditos académicos. Es importante que ellos aprendan cómo dirigir un concilio de una iglesia antes que comprender los matices de las resoluciones del Concilio Niceno. Interesantemente, el logro académico y de erudición no es una característica ordinaria de los líderes en general. Recuerdo haber leído una encuesta que indicaba que la mayoría de los líderes de las corporaciones de Fortuna 500 fueron estudiantes que obtuvieron calificaciones de *B [muy buena]* o *C [buena]* en la universidad.

## CONCLUSIÓN

Las nuevas redes apostólicas están, en verdad, multiplicando ministros. La preparación del liderazgo está tomando nuevas y diferentes formas, como sería de esperarse en un movimiento que se caracteriza por odres nuevos. Los que todavía están preparando pastores y otros líderes de iglesia en instituciones de odres viejos harían bien en tomar nota. Tal vez no sea demasiado tarde para hacer los ajustes necesarios para continuar sirviendo a las iglesias del nuevo milenio.

# ¿Dinero? ¡No es problema!

Consciente no obstante del riesgo de empezar un capítulo respecto al dinero con una anécdota más bien mercenaria, empezaré hablando de los honorarios que se entrega a los predicadores invitados. Por qué este asunto es casi un tabú, no lo sé; pero parece serlo. Virtualmente todos mis colegas hablan en lugares en donde esperan recibir un honorario por su ministerio. Tal vez el temor de que lo tilden de mercenario, en oposición a espiritual, impide a muchos el mencionarlo. Tal vez se pueda atribuir al sencillo hecho de que, por lo menos para los estadounidenses, las finanzas personales se consideran casi al nivel de los aspectos más privados de nuestras vidas.

Aun cuando no es parte regular de mi calendario, de tiempo en tiempo acepto invitaciones para ministrar en congregaciones locales en sus cultos del fin de semana. Cuando empecé a hablar en las nuevas iglesias apostólicas no hace mucho, pronto discerní un patrón: Los nuevos honorarios apostólicos eran considerablemente mucho más altos que los que dan las iglesias tradicionales.

Por ejemplo, hace poco hablé en una iglesia tradicional un fin de semana, y después de un par de semanas hablé en una nueva iglesia apostólica. En la iglesia tradicional, que tiene alrededor de cinco mil miembros, hablé en su reunión del sábado por la noche y en los dos cultos del domingo por la mañana. Al salir, me entregaron un honorario de trescientos dólares. La nueva iglesia apostólica, que tiene alrededor de mil miembros, también tenía una reunión el sábado por la noche y dos cultos el domingo por la mañana. Me entregaron un honorario de dos mil quinientos dólares. Así que saqué mi calculadora. En la iglesia tradicional recibí cien dólares por culto, o menos de un centavo por miembro. En la nueva iglesia apostólica recibí ochocientos treinta dólares por culto, o sea alrededor de $2.50 por miembro.

Debido a que no estaba acostumbrado a esto, le dije al nuevo pastor apostólico:

—¡Esto es demasiado!

¿Su respuesta?

—No, no lo es. ¡Queremos bendecirlo!

## PROBLEMAS CRÓNICOS DE DINERO

Mis primeros treinta y cinco años como ministro ordenado los pasé en el ambiente de iglesias que parecían tener problemas crónicos de dinero. De eso brotó la idea de que ninguna iglesia tiene suficiente dinero para hacer todo lo que realmente piensa que debe estar haciendo. Durante los pocos años pasados, sin embargo, he descubierto que hay, en verdad, muchas iglesias que tienen relativamente pocos problemas monetarios y que parecen ser capaces de hacer casi todo lo que quieren hacer.

Con esto no quiero decir que las nuevas iglesias apostólicas nunca experimentan altas y bajas financieras. Todas las sufren. Lo que *sí* estoy diciendo es que las bajas son comparativamente pocas comparados con las que se hallan en las iglesias tradicionales.

Por ejemplo, John y Sylvia Ronsvalle de Empty Tomb, Inc., publicaron un informe «Estado de ofrendas de la iglesia» en 1995. Allí informaron los resultados de una encuesta entre veintinueve denominaciones tradicionales y hallaron lo siguiente:

- En 1968 los miembros dieron a la iglesia el 3.14 % de sus ingresos.

- En 1993 los miembros dieron a la iglesia el 2.52 % de sus ingresos.[1]

Otro informe de Empty Tomb reveló que en las denominaciones de corriente tradicional las ofrendas para misiones sufrió una pérdida mucho más severa que la pérdida de membresía. Durante el período de 1972 a 1996:

- La Iglesia Evangélica Luterana de los Estados Unidos perdió el 1% de sus miembros, pero perdió el 43.5 % de sus ofrendas misioneras.
- La Iglesia Presbiteriana (U.S.A.) perdió el 27% de sus miembros, pero perdió el 43% de sus ofrendas misioneras.
- La Iglesia Metodista Unida perdió el 14% de sus miembros, pero perdió el 40% de sus ofrendas misioneras.[2]

## IGLESIAS QUE PUEDEN HACERLO

En contraste, veamos a dos nuevas iglesias apostólicas que parecen tener todo el dinero que necesitan para lograr lo que sea que perciben que Dios está llamándolas a hacer.

CRENSHAW CHRISTIAN CENTER es una iglesia afroestadounidense en el interior de la ciudad de Los Ángeles, pastoreada por Fred Price. Cuando ya no cabían en el edificio que tenían en la Avenida Crenshaw, compraron el antiguo plantel de la Universidad Pepperdine y construyeron el Fedomo, centro de adoración que tiene 10 146 asientos. El costo total fue de veintiséis millones de dólares, catorce millones de dólares por el terreno y doce millones de dólares por el edificio.

Se me honró invitándome a hablar durante el culto de gala de tres horas, de dedicación. El gran final fue Fred Price tomando el micrófono y sacando una carta de su bolsillo. La carta procedía del Banco Security Pacific, y decía: «¡Pagado totalmente!»

IGLESIA LAKEWOOD en Houston, Texas, pastoreada por John Osteen, es una iglesia multiétnica, también ubicada en una enorme metrópolis. Empezó en 1959 teniendo doscientas treinta y cuatro personas y construyó edificios en 1973, 1975, 1977 y 1979 para acomodar a la congregación creciente. En 1979 habían más que duplicado la capacidad de asientos. Cuando ya no cupieron allí en 1986, tenían cinco mil miembros. Habían pensado en mudarse a un sector más afluente de la ciudad, pero Dios les dijo que debían construir allí mismo en donde estaban, en una comunidad en el noreste de Houston que se estaba deteriorando.

En 1985, Houston se hallaba en medio de una profunda depresión. La crisis de petróleo había estallado y la ciudad entró en un período de colapso económico. Cuando empresas e individuos estaban declarándose en bancarrota, y apenas dos meses después de que el pastor Osteen se había sometido a cirugía de corazón abierto, Dios le habló y le dijo: «Dile a la congregación esta mañana que van a construir un nuevo santuario que tenga ocho mil asientos y que quedará libre de deudas en un año. Sabrás que soy Yo y no tú». En un año se mudaron a su nuevo edificio, ¡libres de deudas!

Entonces en 1992 el Señor le habló nuevamente a John Osteen para construir el Centro de Vida Familiar y edificio de oficinas de seis millones de dólares. El Señor le dijo: «Dile a la gente dos cosas: (1) que sea fieles en dar el diezmo de sus ingresos, y (2) que me obedezcan cuando les digo que deben dar, y el edificio se construirá libre de deudas en un año sin recoger ninguna ofrenda». ¡Quedó terminado en un año, y se pagó en efectivo sin tomar ninguna ofrenda especial!

---

*John Osteen, quien dijo: «La iglesia es una buena inversión de su dinero», enseña que los dadores generosos regularmente crecen en la escala económica.*

---

¿El resultado? La iglesia tiene ahora más de quince mil miembros y ha sembrado nuevas iglesias en todas partes alrededor de Houston. Su presupuesto anual más reciente en el momento de escribir esto es de 14,5 millones de dólares, de los cuales 4,5 millones van para misiones. John Osteen enseña a su gente: «La iglesia es una buena inversión de su dinero. No ponga su dinero en tierra seca; ¡entréguelo a obras vivas!»

## TAMBIÉN EN AMÉRICA LATINA

Historias similares se cuentan por las nuevas iglesias apostólicas en otras partes del mundo. Mi esposa Doris y yo fuimos misioneros en Bolivia por dieciséis años al empezar nuestro ministerio. La gente entre la cual trabajábamos era muy pobre, y pensábamos que para que las iglesias crecieran necesitarían el subsidio de Norteamérica. Bajo tal política, que era el modo general de pensamiento misionero en esos días, las iglesias crecían muy lentamente.

Ahora las cosas son diferentes. La gente sigue siendo relativamente pobre, pero pueden suplir las necesidades de dinero para que la iglesia crezca. Cuando Mike Berg y Paul Pretiz hicieron su investigación de lo que llaman las «iglesias autóctonas» de América Latina, informaron algunos de sus hallazgos respecto al dinero usando este diálogo:

—Miren estas iglesias autóctonas —dijimos—. De alguna manera han captado el entusiasmo del pueblo de modo que realmente se sacrifican por el Señor. Algunas de ellas han construido enormes edificios y están llenos de gente.

—En realidad no puedo creer —replicó el pastor centroamericano de un grupo protestante tradicional— que los pobres de estos países estén levantado los fondos para construir esas iglesias. Deben estar recibiendo dinero del extranjero.[3]

El pastor centroamericano no es el único que tiene problemas para comprender cómo la nueva reforma apostólica está tan bien financiada.

## LOS CUATRO AXIOMAS DE LAS NUEVAS FINANZAS APOSTÓLICAS

Predeciblemente, la primera pregunta que se hace cuando afloran las diferencias en fondos entre las iglesias tradicionales y las nuevas iglesias apostólicas es: ¿Cómo sucede esto? ¿De dónde sale todo este dinero? En otras palabras, ¿qué están haciendo las nuevas iglesias apostólicas que el resto de nosotros no hemos estado haciendo? La respuesta reside en lo que yo llamo «los cuatro axiomas de las nuevas finanzas apostólicas».

Los primeros dos axiomas son enseñados: esto es *adoctrinamiento.* Los otros dos se imparten: esto es *unción.* Usaré el resto de este capítulo para explicar estos axiomas con tanto detalle como sea posible.

- Axioma 1: Se espera que se dé
- Axioma 2: Dar es provechoso
- Axioma 3: Dar responde a una visión
- Axioma 4: Dar es alegría

## AXIOMA 1: SE ESPERA QUE SE DÉ

A los miembros de las nuevas iglesias apostólicas se les enseña que todo buen cristiano da el diezmo de sus ingresos. Ciertamente algunos cristianos son extraordinarios, pero incluso de los cristianos sencillos y ordinarios se espera que exhiban ciertos patrones de conducta, incluyendo, entre otros:

- Asistir regularmente a la iglesia.
- Confesar sus pecados.
- Ser fieles a sus cónyuges.
- Orar.
- Dar el diezmo de sus entradas.

El principio general que se enseña en las nuevas iglesias apostólicas es que el primer diez por ciento de las entradas va a la iglesia local. Por encima de eso, las *ofrendas* van a la iglesia local o a las organizaciones paraeclesiásticas preferidas.

Un texto bíblico principal para esta enseñanza es Malaquías 3. Me gusta la manera en que Sam Taylor, de los Ministerios Luz Eterna de Bangalore, India, comprende el ofrendar. Taylor es un apóstol que encabeza una red de tres mil iglesias. Al presente tiene mil novecientos graduados de su Instituto Bíblico Palabra de Vida sembrando iglesias en las regiones resistentes del norte de la India, Nepal y Bhutan. Su meta es sembrar cincuenta mil iglesias.

## ROBÁNDOLE A DIOS

En su excelente foleto *Biblical Finances* [Finanzas bíblicas] Taylor dice:

> Una enseñanza precisa sobre el tema [de diezmos y ofrendas] se halla en Malaquías 3.8-12. El versículo 8 menciona dos tipos de robos: el robo de los diezmos y el robo de las ofrendas. El versículo 9 dice que hay una maldición que sigue a esos dos robos. ¿Es sorpresa alguna que mucha gente sufre debido a que no saben esta verdad?
>
> «¿Qué son los "diezmos" y qué son las "ofrendas"»?
>
> Dios es tan generoso que el noventa por ciento de nuestro dinero es nuestro, y solo el diez por ciento no nos pertenece. El diezmo es el diez por ciento del dinero o salario que ganamos. El diezmo le pertenece al Señor. Él lo recibe de nosotros. No tenemos ningún derecho sobre eso. Siempre hay algo en nuestras vidas que no nos pertenece. Este es un principio espiritual. Así que esto nos deja con un noventa por ciento restante, que es nuestro. De eso podemos determinar cuánto podemos dar como ofrenda.[4]

Esta clase de enseñanza rara vez se oye en las iglesias tradicionales. Como resultado, pocos miembros de las iglesias de corriente tradicional se acercan siquiera a dar a la iglesia el diezmo de sus entradas. En 1993 Michael J. Donahue, Patrick McNamara, Charles Zech y Dean Hoge estudiaron los patrones de ofrendas de seiscientas veinticinco congregaciones. Entre otras cosas hallaron:

- El hogar promedio católico da $386 por año. Si esto fuera el diezmo, sus ingresos anuales para la familia serían $3 860.
- El hogar promedio de la Iglesia Luterana Evangélica de los Estados Unidos da $746 por año. Si esto fuera el diezmo, la entrada anual de la familia sería $7 460.
- El hogar promedio presbiteriano (U.S.A) da $1 085 por año. Si esto fuera el diezmo, sus ingresos anuales serían $10 850.

Interesantemente, incluso algunas de las denominaciones más conservadoras están por debajo de lo normal. Por ejemplo,

- El hogar promedio Bautista del Sur da $1 154 dólares al año. Si esto fuera el diezmo, sus ingresos anuales serían de $11 540.
- El hogar promedio de las Asambleas de Dios da $1 696 dólares al año. Si esto fuera el diezmo el ingreso anual del hogar sería de $16 960.[5]

Dean Hoge, al analizar los resultados de esta investigación, dice: «[El estudio] sugiere que tanto el enfoque católico como el protestante a la mayordomía logran éxito para el objetivo básico de pagar cuentas y mantener las operaciones de la congregación ... A mi juicio, hay muchos cristianos que piensan en términos de mantener el lugar abierto».[6] Teniendo esta mentalidad, los fondos para el alcance en la comunidad inmediata o para las misiones en el extranjero o para la expansión de cualquier tipo son perennemente escasos.

## LA FILOSOFÍA ANTI-DIEZMO

Algunos pastores tradicionales en realidad enseñan *en contra* del diezmo. En su estudio de las iglesias de corriente tradicional y evangélica, John y Sylvia Ronsvalle descubrieron: «De ninguna manera hay un conseso sobre el diezmo como norma aceptada de mayordomía o como un aspecto del discipulado». Sólo el veintisiete por ciento de los laicos y el veinte por ciento del clero considera el diezmo como una norma mínima.

Los Ronsvalle siguen diciendo: «Un líder bautista se preocupaba de que se estaba enseñando el diezmo mediante legalismo antes que llamando a la gente a una respuesta llena de gracia». Algunos aducen que el recalcar el deber, la obligación, la responsabilidad o la disciplina no tiene sentido en nuestra cultura presente. Así que evitan predicar sobre el diezmo.[7]

Al leer eso se me ocurrió que esta misma gente no piensa en nada cuando paga los impuestos a las ventas al realizar una compra. Algunos responderían que sencillamente están obedeciendo la ley civil. Es cierto, pero también dejan el diez o el quince por ciento como propina cuando comen en algún restaurante, y ninguna ley dice que hay que hacerlo. La mayoría de ellos se sentiría que le están robando a la mesera si no dejaran propina, y es así. Curiosamente, sin embargo, no sienten nada parecido en cuanto a robarle a Dios.

## BUENA MAYORDOMÍA

Esta clase de razonamiento no se halla entre los nuevos pastores o laicos apostólicos. Todos ellos concuerdan en que si usted no da el diezmo ¡debe confesarlo como pecado! Están muy conscientes de la necesidad de ser buenos mayordomos. La mayordomía es un estilo de vida, e incluye mucho más que dinero. Sin embargo, el noventa y cinco por ciento de las veces en que se menciona «mayordomía» en las iglesias, se refiere específicamente a la mayordomía del dinero.

George Barna dice:

> Claramente hay un beneficio tangible al hacer hincapié en las enseñanzas bíblicas sobre el dinero, la mayordomía y las responsabilidades en la iglesia. Hay

también un beneficio de concentradas dosis de sabiduría respecto a la mayordomía: Predicar una serie sobre mayordomía tiene un efecto mucho mayor y más predecible que predicar mensajes de mayordomía desconectados, remotos en tiempo, salpicados todo el año.[8]

El pastor Bob Russell de la nueva iglesia de tipo apostólico Southeast Christian en Louisville, Kentucky, halló que necesitaba examinar sus propias actitudes en cuanto a predicar sobre la mayordomía. Lo hizo público escribiendo un artículo al que tituló: «¿Por qué no me retractaré ya más en cuanto a predicar sobre el dinero». Admitió que se había cohibido en cuanto a predicar sobre el dinero porque no quería ofender a personas influyentes de la congregación. En sus propias palabras: «La razón por la que no he predicado sobre la mayordomía era cobardía; quería agradar a las personas más de lo que quería agradar a Dios». Después de que se arrepintió y empezó a hacerlo, dice: «La gente en realidad quiere oír lo que la Biblia dice respecto al dinero, porque es un asunto tan cerca del corazón y un asunto muy divisivo en la familia».[9]

Russell concordaría con George Barna en que es mejor predicar una serie. Dice: «En los últimos tres o cuatro años he usado el mes de enero para enseñar una serie de sermones sobre el dinero: darlo, ganarlo, gastarlo y ahorrarlo. Al hablar consistentemente respecto a la manera inescapable en que el dinero afecta nuestras vidas, con menor probabilidad seré visto como que estoy levantando fondos».[10]

¿Ha dado resultados este cambio? En 1998 la Iglesia Southeast Christian tenía más de diez mil personas en asistencia y se mudaron a un flamante centro de adoración con capacidad para nueve mil cien personas, en un lote de más de ciencuenta hectáreas. ¡El paquete costó ochenta millones de dólares! Esto parece ser un historial envidiable para uno que no se dedica a levantar fondos.

## LOS PASTORES PONEN EL EJEMPLO

Los nuevos pastores apostólicos no solo enseñan fuertemente sobre la generosidad de dar, sino que ellos mismos y sus familias por lo general lo modelan. La mayoría de ellos sigue el consejo de Dan Reiland:

> Esto parece ser básico, pero usted no puede esperar que Dios bendiga sus esfuerzos para dirigir a su congregación a comprometerse financieramente si usted mismo y el núcleo de sus líderes no dan el diezmo con dedicación. La consagración del personal de liderazgo a dar el diezmo y a dar la ofrenda servirá como modelo para su gente, y le permitirá proclamar la verdad de Dios con integridad.[11]

Esto por lo general no se hace en secreto. Con la debida humildad muchos nuevos pastores apostólicos han hallado que necesitan comunicar a la congregación sus hábitos personales en cuanto a dar, tanto en palabra como en hecho.

Gerry Giddings de las Iglesias y Ministerios Antioch dice: «Cuente que usted está dando personalmente, y hágalo. Los pastores guían por el ejemplo. Si para usted dar no es lo suficientemente importante , no será lo suficientemente importante para su congregación».[12]

George Barna concuerda: «La iglesia típicamente se beneficia al proveer intencionalmente para la congregación claras indicaciones de que sus líderes espirituales *creen* en la mayordomía y *practican* los mismos principios que enseñan a la congregación».[13]

No hay reglas fijas respecto a cómo un pastor debe revelar los detalles de sus hábitos personales en cuanto a las ofrendas. El rey David dio los detalles cuando dio para la construcción del templo: «Además de esto, por cuanto tengo mi afecto en la casa de mi Dios, yo guardo en mi tesoro particular oro y plata que, además de todas las cosas que he preparado para la casa del santuario, he dado para la casa de mi Dios: tres mil talentos de oro, de oro de Ofir, y siete mil talentos de plata refinada para cubrir las paredes de las casas» (1 Crónicas 29.3,4). Al margen mi Biblia dice que esto equivalía ¡a 3,28 mil millones de dólares! El pueblo siguió el ejemplo de David y también dio generosamente (véase v. 6).

### EL DIEZMO GRADUADO

Personalmente llegué a estar profundamente agradecido a Ray Ortlund en el tiempo en que fue mi pastor en la Iglesia Congregacional Lake Avenue en Pasadena, California. En un sermón memorable en 1976 dijo: «Nunca lo he hecho antes, pero percibo que Dios quiere que les diga cuánto da mi familia como ofrenda. Anne y yo damos el veinticinco por ciento de todos los ingresos que recibimos». Esto cambió mi vida.

Desde que nos casamos, mi esposa Doris y yo habíamos dado fielmente el diezmo de nuestros ingresos. Antes de esa predicación de Ray Ortlund me sentía bastante bien porque por lo general dábamos entre el 10,8 y el 11 % cada año. Cuando Ortlund dijo el 25 % el Señor inmediatamente nos habló claramente en cuanto a graduarnos del diezmo. Desde entonces, cada año que nuestras entradas han subido, nosotros hemos elevado *el porcentaje*. No percibo que Dios me esté diciendo que debo revelar el porcentaje que damos ahora, pero sí diré que dejamos ya hace tiempo atrás el veinticinco por ciento. A decir verdad, ya ni siquiera podemos deducirlo en nuestra declaración de impuestos porque ya hemos sobrepasado el límite fijado por el Departamento de Rentas Internas. ¿Nos ha hecho daño? No; ahora tenemos más dinero para gastar a discreción del que jamás pensamos que tendríamos o que pensaríamos que nos merecíamos.

## AXIOMA 2: DAR ES PROVECHOSO

Algunas páginas atrás mencioné a John Osteen diciendo: «La iglesia es una buena inversión de su dinero». Al decir esto él tenía varias cosas en mente, una de las cuales era que invertir su dinero en la obra de Dios no solo será provechoso para el Reino de Dios, sino que también será provechoso para usted y su familia. Él enseña que los dadores generosos regularmente crecen en la escala económica.

Esta clase de enseñanza levanta banderas rojas en la mente de muchos líderes cristianos porque puede abrir la puerta para que la gente dé por motivos equivocados. El motivo errado frecuentemente se dice: «Dar para recibir». Para poner esto en perspectiva, el Axioma 1 debe *preceder* al Axioma 2. En otras palabras, el motivo primordial para dar es obedecer la voluntad del Señor. Una vez que acordamos hacer eso, Dios nos da algunas promesas más bien asombrosas.

Una enseñanza común en las nuevas iglesias apostólicas es que usted no puede dar más que Dios. La enseñanza de Jesucristo en Lucas 6.38 se toma literalmente: «Dad, y se os dará; medida buena, apretada, remecida y rebosando darán en vuestro regazo; porque con la misma medida con que medís, os volverán a medir».

Samuel Taylor amplía más esto:

> Cuando Jesús dice «dad» en Lucas 6.38 quiere decir dar de nuestro noventa por ciento. El diez por ciento que es el diezmo ya es del Señor. No podemos «dar» de algo que no nos pertenece. Este «dar» de nuestro noventa por ciento activa un poder sobrenatural que rendirá rédito. De esto podemos de nuevo «dar» y por consiguiente perpetuar un ciclo de «dar» y «recibir». Mientras menos usamos en nosotros mismos, ¡más tendremos a disposición para dar! Mientras más demos, más recibiremos. Dar llegará a ser un estilo de vida.[14]

## ¿QUÉ HAY DE LA «TEOLOGÍA DE LA PROSPERIDAD»?

Algunos tal vez descarten la enseñanza de Samuel Taylor rotulándola como «teología de la prosperidad». En las mentes de algunos líderes cristianos la teología de la prosperidad raya en ser una lista de herejías peligrosas. Opino que esto ocurrió debido a que algunos de los que primero abogaron por la teología de la prosperidad, particularmente del Movimiento Palabra de Fe, tendían a modelar la «prosperidad» como *opulencia* de una manera más bien desagradable. Algunos predicadores de alta visibilidad, muchos de ellos criados en casas muy por debajo de ingresos medios, empezaron a practicar Lucas 6.38, y escogieron exhibir su prosperidad resultante mediante símbolos públicos de su situación, tales como automóviles Lincoln, relojes Rolex, trajes de seda cortados a la medida, oficinas con mobiliario extravagante, habitaciones de lujo en hoteles y cosas similares.

A mi modo de ver, el Movimiento Palabra de Fe le ha hecho un servicio al Reino de Dios al llamar nuestra atención al papel dinámico de la fe en la vida cristiana cotidiana. Fue necesario porque muchos de nosotros habíamos caído en la rutina de una noción de la fe diluida y relativamente sin poder. Algunos de los primeros que abogaban por esto, sin embargo, tendieron a ir a los extremos, tales como declarar que conducir un Rolls Royce era una declaración teológica.

Ir a los extremos mientras que a la vez se recalca una verdad cristiana medio olvidada no es raro. Los primeros calvinistas fueron a los extremos respecto a la soberanía de Dios, aduciendo una doble predestinación, lo que amenazó desarrollarse en un dualismo cristiano. Los primeros sanadores de fe fueron a los extremos tales como rehusando tomar medicinas o ir a ver a un médico. Los primeros que abogaron por la santidad fueron a los extremos y enseñaban una teología de completa erradicación. En todas estas corrientes, generaciones posteriores invariablemente gravitaron hacia una posición más moderada y más bíblica. Cuando todo se ha dicho y hecho, ahora estamos agradecidos de que haya más énfasis del que solía haber sobre la soberanía de Dios, respecto a orar por los enfermos o por la santidad personal.

Algo similar está ocurriendo con las generaciones posteriores de los que abogan por la Palabra de Fe. Por ejemplo, Samuel Taylor reconoce que uno de sus mentores fue Kenneth Copeland, un líder de primera generación de Palabra de Fe. Así es como Taylor define la prosperidad:

> Para mí la prosperidad sencillamente significa tener más de lo que requiero para mí mismo. Demasiado a menudo hemos oído este refrán: «Estoy contento en la vida, apenas necesito para mis necesidades básicas, y las necesidades de mi familia; nada más, nada menos». Pienso que esto es una declaración egoísta. Es como

> decir: «No me importan las necesidades de los demás en tanto y en cuanto tenga lo suficiente para mí mismo». Si tenemos solo lo suficiente para nosotros mismos, entonces nunca tendremos suficiente dinero para el Reino de Dios o para otras personas.[15]

## RECIPROCIDAD CON DIOS

Los investigadores Dean Hoge, Charles Zeck, Patrick McNamara y Michael Donahue hallaron que los miembros de las iglesias que enseñaban lo que ellos llamaron «reciprocidad con Dios» (es decir: «la teología de la prosperidad»), exhibían, en efecto, un nivel más alto de ofrendas que los de otras iglesias. También hallaron que los líderes de iglesias tradicionales habían desarrollado fuertes convicciones teológicas contra tal cosa. Dicen:

> La cuestión teológica de la reciprocidad con Dios es a la vez crucial y sensitiva. Pastores y teólogos de todas las clase tienen fuertes opiniones al respecto. *Por nuestra investigación hemos concluido que la gente de la iglesia que cree que Dios reciprocará sus ofrendas monetarias tienden a dar más a sus iglesias.* De aquí que hay una aguda tentación para los líderes de iglesias que necesitan sostén financiero a predicar sobre cómo Dios recompensa a los dadores, aun cuando esto es una bofetada directa contra prohibiciones teológicas largamente sostenidas por las denominaciones (énfasis mío).[16]

Aun cuando algunos nuevos líderes apostólicos son más intrépidos en este asunto que otros, muy pocos considerarían una «aguda tentación» predicar una interpretación literal de Lucas 6.38 y declarar a su gente que los dadores generosos pueden esperar de Dios recompensas financieras. Este axioma, de que dar es provechoso, explica hasta un punto significativo la respuesta a la pregunta: «¿De dónde sale todo ese dinero en las nuevas iglesias apostólicas?»

## CONCILIO DE MAYORDOMÍA ANTIOCH

Concluiré esta sección proveyendo un ejemplo concreto de una de las más prominentes redes apostólicas, las Iglesias y Ministerios Antioch. Al apóstol John Kelly cree fuertemente en el deseo de Dios de aumentar la riqueza de los cristianos y de las iglesias cristianas. Dice:

> Para mantener nuestra integridad financiera y ayudar a otras iglesias en asuntos financieros, hemos creado el Concilio de mayordomía Antioch (ASC, por sus siglas en inglés). El ASC provee servicios financieros para individuos en los siguientes aspectos: contabilidad, presupuestos, impuestos, fondos mutualistas, planeamiento financiero, hipotecas, fondos en fideicomiso, pensiones, fondos de jubilación, certificados de depósitos y seguros.[17]

Para ilustrar, estas son algunas citas del folleto informativo del Concilio de mayordomía Antioch:

- Tal vez usted sea como muchos que viven de cheque de pago a cheque de pago sin ningún plan o actividad financiera aparte de apenas tratar de salir adelante.
- Dios quiere que usted tenga libertad financiera para que pueda ponerlo a Él como primero en su vida y sea sensible a su voz, listo para seguirlo cuando sea, y a donde sea que Él le dirija. Si este es el plan de Dios, ¿por qué muchos cristianos viven en esclavitud financiera?
- Libertad financiera quiere decir tener lo suficiente para proveer adecuadamente para su familia y dar generosa y alegremente para la obra de Dios.
- Como al sembrar buena semilla en tierra fértil, su tarea como mayordomo es buscar el mayor rédito posible por amor al Reino de Dios. Usted no puede evaluar la buena mayordomía por la cantidad de sus ofrendas, sino por cuán sabiamente invierte sus recursos.
- ¿Alguna vez se ha sentido como que está en un molino

de ruedas financiero dando vueltas sin fin? Usted trabaja duro, sin embargo cada vez se rezaga más. Su cuenta de cheques parece que tiene algún agujero.
- En el ASC nos encantará ofrecerle un plan para sus inversiones que con mayor probabilidad le producirán dinero.
- Proveemos principios de mayordomía consistentes y basados en la Biblia, respecto al diezmo, ofrendas y buenos conceptos financieros reforzados mediante seminarios informativos, ministerio del púlpito y planes prácticos individuales.[18]

## AXIOMA 3: DAR RESPONDE A UNA VISIÓN

Para recordar, los Axiomas 1 y 2 se enseñan; los axiomas 3 y 4, por otro lado, se *imparten,* no se *adoctrinan.* Cuando digo que «dar responde a una visión», es la visión que el pastor principal imparte a la congregación lo que produce los fondos abundantes.

### EL APRIETO DE LOS PROGRAMAS DENOMINACIONALES

La alternativa tradicional de dar según la respuesta de la gente a una visión, es dar para respaldar un programa. Especialmente entre la generación de la posguerra, dar a los programas denominacionales tales como el «programa de beneficencia» o a los «programas misioneros» está perdiendo atractivo.

John y Sylvia Ronsvalle estudiaron los patrones de dar en veintinueve denominaciones de corriente tradicional y evangélica durante el período de 1968 a 1993. Informan: «Las tendencias de dar un porcentaje de los ingresos están cayendo tanto en las iglesias evangélicas como en las protestantes de corriente tradicional, aun cuando los evangélicos continúan dando una tasa más alta que las denominaciones de corriente tradicional».[19]

Los Ronsvalle hallaron que en todas las denominaciones

casi todo los ingresos disponibles se usan para mantener las operaciones presentes, no para el avance. Añaden:

> Aun cuando muchas iglesias evangélicas han continuado añadiendo miembros desde fines de la decada del sesenta, si esa tasa de membresía se estancara, las indicaciones son que las iglesias evangélicas enfrentarían crisis denominacionales de fondos similares a las que se han publicado tan abiertamente en cuanto a las denominaciones de corriente tradicional.[20]

Esta crisis en los fondos de las denominaciones tradicionales se relaciona directamente a la cuestión de visión o la falta de ella. Los Ronsvalle dicen:

> Parece no haber la menor duda de que las iglesias de hoy no tienen una fuerte visión alrededor de la cual concentrar sus ofrendas financieras. En la encuesta del Proyecto Mayordomía, el ochenta y uno por ciento de los pastores y el noventa y cuatro por ciento de los oficiales regionales, concordaron: «Las congregaciones no tienen una clara visión global que rete a sus miembros a mejorar su mayordomía».[21]

## LA FUERTE APELACIÓN DE LA VISIÓN DE LA IGLESIA LOCAL

¿Por qué es que muchas iglesias tradicionales carecen de esta visión global? Una razón principal es que insisten en usar principios democráticos para gobernar sus iglesias. Al analizar el estilo de liderazgo de los nuevos pastores apostólicos, en el capítulo cuatro inserté la sección: «¿Qué le pasó a la democracia?» La respuesta es que, en este día y época, la democracia, si se la aplica estrictamente, puede resultar ser una forma disfuncional de gobierno de la iglesia para el crecimiento y expansión agresiva. Puede funcionar bien para el mantenimiento, pero para casi nada más.

El estudio sobre las ofrendas en la iglesia realizado por Dean Hoge, Charles Zeck, Patrick McNamara y Michael Donahue incluyó a las Asambleas de Dios, Bautistas del Sur, la Iglesia Luterana Evangélica de los Estados Unidos y católicos romanos. Cuatro de sus hipótesis iniciales del trabajo quedaron sin respaldo mediante la investigación subsecuente, una de las cuales tenía que ver con los procedimientos democráticos. Dicen:

> Al principiar creíamos que los procedimientos democráticos estimulaban las ofrendas. Esta premisa se basaba en el hecho de que las parroquias católicas son menos democráticas y tienen un nivel más bajo de ofrendas. Algunos escritores católicos han aducido que el adoptar procesos más democráticos en el gobierno de la parroquia estimularía a que suban las ofrendas. Nuestro estudio halló que el gobierno es solamente un factor secundario. Lo que es crucial es la confianza en el liderazgo, en quién en realidad tiene el poder en la congregación, sea el clero o líderes laicos.[23]

Los principales ejemplos de los investigadores surgieron de la observación de que los niveles de ofrendas en las iglesias Asambleas de Dios eran notablemente más altos que en las otras tres. Entonces dijeron:

> Las congregaciones de las Asambleas de Dios no son muy democráticas. Aun cuando tienen como proforma la elección de oficiales laicos, el clero influye grandemente en la selección de candidatos para los cargos. Los ministros gobiernan las iglesias, y todo el mundo acepta esta situación como apropiada. Sin embargo el nivel de ofrendas es alto.[24]

¿Cuál es el problema con la democracia? El problema es que el fraguar una visión dinámica es reemplazado con programas Pablum, llanos y sencillos, del mínimo denominador común, para la iglesia. Entre los feligreses, especialmente los de la generación de la posguerra, la motivación para dar para respaldar tales programas es virtualmente inexistente. Cualquier motivación que queda para dar emerge mayormente de un sentido de obligación para proveer mantenimiento mínimo, *status quo*, de la institución.

## EL PAPEL CRUCIAL DE LOS PASTORES

En las nuevas iglesias apostólicas, como ya he dicho una vez tras otra, un elevado nivel de confianza se pone en el liderazgo del pastor principal. Se espera que el papel del pastor es fraguar la visión para la iglesia y asumir la responsabilidad personal por las finanzas para implementar la visión. La responsabilidad financiera no es delegada a un comité de finanzas o un administrador de negocios, como es el caso frecuente en las iglesias tradicionales. Un pastor tradicional que conozco acostumbra que todos los informes financieros y apelaciones por dinero sean presentados por los laicos, mientras él permanece en el trasfondo. La iglesia, como es de suponerse, sufre de escasez financiera crónica.

Una de las más fuertes apelaciones de la visión para promover el dar procede de George Barna. Dice:

> La gente gravita hacia una visión apremiante del mañana. Una razón por la que muchas iglesias batalla para levantar fondos es que sus líderes no han fraguado eficientemente una visión para el futuro. Robert Schuller de la Catedral de Cristal en Garden Grove sembró su iglesia en el sur de California y la guió de cero a gigantesca. Entonces se convirtió en el más conocido predicador por televisión en los Estados Unidos. Concibió la catedral de vidrio en donde se reúne su iglesia. En el curso de su ministerio de cuatro décadas ha levantando más de quinientos millones de dólares. ¿El secreto? «Para levantar dinero, uno tiene que tener una visión audaz. Tiene que ser dramática y emocionante. Nadie tiene problemas de dinero; solo problemas con ideas».[25]

Una parte importante de los programas de preparación

para los nuevos pastores apostólicos, en contraste con los seminarios tradicionales, son cursos completos en sus escuelas de ministerio respecto a cómo concebir una visión. No se deja al azar. Aun cuando George Barna no especifica a las nuevas iglesias apostólicas, refleja acertadamente su mentalidad cuando dice:

> La visión motiva a la gente a la acción. La gente que desarrolla un inalterable sentido de dedicación a un ministerio con más frecuencia son los que han quedado expuestos a la visión de Dios para el ministerio de la iglesia. Cuando los líderes de la iglesia están impulsados por una visión, ministran por lo general con un mayor grado de profundidad espiritual y profundidad de convicción. Tal enfoque e intensidad es atractivo para la mayoría de los donantes.[26]

Gerry Giddings, nuevo pastor apostólico, da este consejo a sus colegas que quieren elevar al máximo sus ofrendas: «Proclame la visión que hay detrás de la ofrenda. ¿Cómo contribuirá esta ofrenda a cumplir la visión y la misión de la iglesia o de la red? Si no hay visión y declaración de misión de su iglesia: ¡prepare una! Consígala de Dios y escríbala, y corra con ella».[27]

## EL PASTOR CONOCE LAS OVEJAS

La mayoría de pastores tradicionales adoptan explícitamente la norma de nunca mirar el historial de ofrendas de sus feligreses. Aducen que si saben cuánto dan, pueden verse tentados, incluso inadvertidamente, a mostrar favoritismo para los dadores más generosos. Les gusta mencionar la historia de Cristo de la ofrenda de la viuda para respaldar su posición. En sus mentes algunas veces los que menos dan pueden ser los más fieles a los ojos de Dios.

Esta es la preocupación que John y Sylvia Ronsvalle descubrieron en su investigación:

> Aun cuando más de las tres cuartas partes del número de pastores y oficiales regionales que respondieron a

> la encuesta del Proyecto Mayordomía concuerda en que «el conocimiento del pastor respecto a lo que cada miembro individual da a la iglesia puede ser una herramienta útil para evaluar la salud espiritual de ese miembro como individuo», más de las tres cuartas partes de su número también concuerdan en que «la mayoría de los miembros de la iglesia no quieren que el pastor sepa cuánto contribuye cada miembro de la iglesia en forma individual». Ese conocimiento les puede dar una herramienta espiritual, pero no es algo que esté a la disposición de la mayoría de los pastores.[29]

Los nuevos pastores apostólicos por lo general no piensan de esa manera. Me preparé en la mentalidad tradicional de un seminario, y daba por sentado que tenía razón, hasta que mi amigo John Wimber rompió el molde. Estaba hablando con John poco después de que él había fundado la Vineyard Christian Fellowship en Anaheim, que se hallaba en camino a convertirse en una megaiglesia.

John dijo:

—Si alguien en mi iglesia viene a decirme alguna sugerencia respecto a la dirección de la iglesia, lo primero que hago es examinar su historial de ofrendas.

—¿Por qué? —le dije, y el replicó.

—Para mí es muy importante saber dónde está su *corazón* antes de saber cuánto peso conceder a su sugerencia. ¿Cómo puedo saber dónde está su corazón? Jesús dijo que donde está tu *tesoro*, allí también está tu corazón.

A John Wimber se le une la mayoría de los nuevos pastores apostólicos para concluir que dar para una causa es una medida bíblica de la dedicación a esa causa. En sus mentes la cantidad, por supuesto, es proporcional al nivel de ingresos de los miembros de su iglesia. ¿Cómo saben su nivel de ingresos? Es sencillo. Un buen pastor conoce a sus ovejas.

## PRUEBA TORNASOL PARA EL LIDERAZGO

Hace poco desayunaba con tres nuevos pastores apostólicos de megaiglesias de varias partes del país. Les pregunté en cuanto a tener acceso al historial de ofrendas de sus miembros, y todos ellos me dijeron que lo tenían. Se quedaron mirándome como diciendo: «¿Por qué tienes que preguntar algo tan obvio?» Pasé a preguntarles cómo usaban dicha información.

- Dos de los tres recibían copias impresas cada lunes de los que habían dado generosamente el día anterior. Uno pedía una lista de los que habían dado mil dólares o más, y otro de los que habían dado dos mil quinientos dólares o más. Estos individuos recibían atención especial.
- Uno la usaba para consejería. Si los registros parecían indicar que un individuo o familia no estaba dando el diezmo, el pastor los llamaba y hablaba con ellos al respecto. Cuando le pregunté «¿por qué?», el pastor dijo: «Porque están bajo maldición [refiriéndose a Malaquías 3.9], y mi trabajo como pastor es ayudar a romper cualquier maldición que pueda pesar sobre mi gente».
- Todos la usaban como prueba tornasol para el liderazgo laico en la iglesia. Los individuos que no son generosos en sus ofrendas y diezmos quedaban descalificados para cargos de liderazgo. Cada uno de ellos dijo que todos los demás nuevos pastores apostólicos que conocen concuerdan en este punto.
- Uno la usaba para dar reconocimiento y homenajear a los donantes más generosos. Todos los años la iglesia celebra un banquete especial para su «Ejército de Gedeones», es decir, sus trescientos donantes más generosos.

## CONTRIBUCIONES PARA LOS MINISTERIOS PARAECLESIÁSTICOS

Este último asunto, el reconocimiento de los donantes más generosos, es un recordatorio de la cuestión importante de los donativos para las organizaciones paraeclesiásticas. Oí a un pastor de una megaiglesia tradicional reprender fuertemente a sus miembros por ser generosos con los ministerios paraeclesiásticos y a la vez ser mezquinos con su iglesia local. Esta era una de aquellas iglesias que no le permitía al pastor inspeccionar su historial de ofrendas.

¿Por qué es que muchos miembros de iglesias son más generosos con ministerios paraeclesiásticos que con sus propias iglesias? Hay dos razones principales:

1. *Los ministerios paraeclesiásticos tienen una visión enfocada en una tarea vital específica.* George Barna dice: «La distribución de fondos entre este tipo de ministerios a menudo indican los aspectos del ministerio que estos donantes creen que su iglesia no atiende adecuadamente. Muchos de estos que dan donativos para los grupos paraeclesiásticos darían su dinero a su iglesia si creyeran que ella está haciendo un buen trabajo en algún ministerio similar».[30]
2. *Los líderes paraeclesiásticos reconocen y homenajean a sus socios financieros más significativos en el ministerio.* Por años he dirigido un ministerio paraeclesiástico. Veo una fotocopia de cada cheque que llega para sostener la obra, y pido bendiciones para cada donante, sea su donativo grande o pequeño. Sin embargo, presto atención especial a los que dan sumas más grandes. Anoto sus nombres y les llamo personalmente por teléfono. Les decimos: «¿Cómo podemos orar por usted?» El retoño es que cada uno sabe que yo, como presidente, sé su nombre y aprecio el papel crucial que tienen en nuestro ministerio. No los doy por sentado. Oí que la pareja que fundó uno de los ministerios paraeclesiásticos más grandes de los Estados Unidos pasa personalmente una semana al año en un lugar de veraneo de lujo, ¡homenajeando a los que donan un millón de dólares!

El problema es que muy pocos pastores dan esta clase de atención a sus donantes. Esto afloró en una investigación hecha por George Barna, y dice:

> En la iglesia local [nuestra cultura de alto contacto] se traduce en los corazones de los donantes el saber que cuentan como individuos, no solo como fuentes anónimas de dinero que facilitan la conducción de la actividad digna del ministerio. La mayoría de los donantes en la iglesia desean accesibilidad a los tronos de poder dentro de ella; empezando con el del pastor principal, pero no limitada a este. El poder conversar con los que toman las decisiones claves y líderes del ministerio ... es una gran cosa a ojos del donante.[31]

### ¿CUÁN PRIVADA DEBE SER LA OFRENDA?

Tan solo como pensamiento en conclusión, ¿por qué debe la ofrenda ser más privada que otros aspectos de la vida? Casi todo pastor experimentado ha asesorado a los miembros de su iglesia respecto a la adicción de substancias químicas, la lujuria, la homosexualidad, las mentiras y otros asuntos personales. John y Sylvia Ronsvalle llegan al mismo meollo del asunto de una manera convincente:

> La cuestión de que el pastor sepa o no lo que la gente da, es controversial, tanto a nivel laico y ministerial. Algunos pastores no quieren saberlo porque, dicen, temen que eso influirá en la manera en que tratan con sus feligreses. En un taller del Proyecto Mayordomía, un pastor retó a un colega en este punto: «¿Piensas que puedes tratar equitativamente a tus feligreses cuando te cuentan algunas de sus aberraciones personales? ¿Por qué, entonces, la información sobre sus prácticas en cuanto a las ofrendas va a influirte de manera fuera de razón?[32]

## DAR ES ALEGRÍA

Casi todos los predicadores que conozco, tanto tradicionales como nuevos pastores apostólicos, frecuentemente citan el comentario de Pablo: «Dios ama al dador alegre» (2 Corintios 9.7). Pocos, sin embargo, pueden pasar a afirmar que en sus iglesias dar es divertido. En la mayoría de las iglesias, dar es casi tan emocionante como cepillarse los dientes por la mañana o tener que soportar el embotellamiento en la autopista.

Este axioma es otro que se imparte. Si al pastor le encanta dar y muestra esa característica a su gente en alguna manera, eso llega a ser contagioso. Una de mis experiencias más memorables en la iglesia fue la primera vez que asistí a un culto dominical en el Templo Bíblico Portland, en Portland, Oregon, ahora llamada Iglesia Bíblica City. Las cosas marchaban bien. Pensé que el culto fue emocionante y edificante.

Entonces llegó el momento en que el pastor Frank Damazio dijo, con voz entusiasta: «Hermanos: ¡Es tiempo de que demos al Señor nuestros diezmos y ofrendas!» No pude creer los gritos de alegría, aplausos y silbidos que brotaron de la congregación cuando él dijo eso. Todo el mundo se sentía entusiasmado de poder dar dinero. Fue el punto más alto de la reunión hasta ese momento. Como era de esperarse, cuando el ruido finalmente cesó, y se había recogido la ofrenda, los platos estaban llenos a rebosar.

Eso fue una primera experiencia para mí, pero lo mismo, evidentemente, está ocurriendo en muchas otras iglesias. LaMar Boschman ha visto lo suficiente como para considerarlo una tendencia. Dice: «En realidad he disfrutado de una tendencia que he visto en varias iglesias recientemente. Cuando se anuncia la ofrenda, la congregación estalla en aplausos, simbolizando su gozo al adorar al Señor mediante las ofrendas».[33]

Dan Reilan cuenta de una experiencia nada usual en un culto en una iglesia en África a donde había sido invitado a predicar. Dice:

> Cuando llegó el momento de la ofrenda descubrí que la parte más importante del culto no era el predicador estadounidense invitado, sino la celebración de dar ofrendas a Dios. La ofrenda duró por lo menos una hora. En todo este festival de adoración y ofrendas, los ujieres se quedaron al frente y contaban la ofrenda se-

gún iba llegando. ¿Todavía no es suficiente? Sencillamente pasaban los platos de nuevo, hasta que tenían lo que necesitaban.[34]

## EL PODER DE LOS TESTIMONIOS PERSONALES

Muchas nuevas iglesias apostólicas han descubierto que una buena manera de aumentar la alegría para dar es presentar testimonios de dadores que tienen buenas razones para estar alegres. Bob Russell lo hace así en su iglesia Southeast Christian de diez mil miembros en Louisville, Kentucky, y dice: «Los anunciantes saben que nada es más poderoso que un testimonio personal. Nosotros los usamos tan frecuentemente como podemos».[35]

Mi libro favorito que trata de la nueva perspectiva apostólica en cuanto a dar es *Giving and Receiving* [Dar y recibir] de Morris Cerullo. Su capítulo final, «Dadores de hoy» contiene veinticinco testimonios personales de dadores alegres. Quiero incluir el del Sr. y la Sra. Donald Wilsie:

> Conocimos por primera vez al Dr. Cerullo hace treinta y cinco años en Casper, Wyoming, donde él pastoreaba una iglesia antes de que Donald quedara inválido como resultado de un accidente automovilístico. Morris nos pidió que diéramos trescientos dólares y Donald prometió hacerlo. En los meses y años que siguieron perdimos el contacto con el ministerio del Dr. Cerullo y por treinta años no cumplimos con la promesa. Dos meses antes del Seminario de Socios en Chicago, en 1992, algunos amigos muy queridos nos enviaron información en cuanto al Dr. Cerullo.
>
> Nuestra situación financiera era terrible. No teníamos dinero, pero Dios nos proveyó los fondos para asistir al seminario, y llevamos con nosotros los trescientos dólares para finalmente cumplir nuestra promesa. Estábamos dando todo lo que teníamos.
>
> Increíblemente nuestro pequeño negocio empezó a crecer rápidamente. Había tenido un saldo de cero, pero en siete semanas teníamos un saldo de doscientos

mil dólares.

Donald también se curó de su diabetes. Había estado tomando medicina por años, pero pudo dejar de tomarla. Donald sabía que Dios lo había sanado.

Tres meses después de la reunión en Chicago pusimos diecisiete mil dólares en la ofrenda. Habíamos pasado de poder cumplir a duras penas una promesa de trescientos dólares atrasada por veintiocho años, a poder contribuir con diecisiete mil dólares ... Dios nos ha bendecido con nuevos vehículos para ambos. También compramos una casa nueva, aun cuando la oferta que les hicimos a los vendedores era ridícula.[36]

## ES EL MOMENTO DE LA OFRENDA. ¡ALELUYA!

Hubiera querido que usted estuviera conmigo hace unos meses cuando asistí a un culto en la Iglesia Kingdom Faith en Horsham, Inglaterra. Mis experiencias previas en Inglaterra habían sido en iglesias que parecían caracterizarse por una actitud lóbrega en cuanto a las finanzas. La pobreza parecía equipararse a la piedad en algunas de ellas. Ahora estaba en una de las nuevas iglesias apostólicas de más alto perfil en Inglaterra, en donde mil quinientos miembros se congregan semanalmente en una bodega de almacenamiento renovada.

La adoración fue de ritmo ascendente. Estaba la «adoración enchufada» en realidad, como ya he descrito anteriormente. La alta alabanza había invitado la presencia del Espíritu Santo, y Él había aceptado la invitación. Entonces llegó el momento para que el pastor Colin Urquhart anunciara la ofrenda.

La congregación estaba de pie. Las palabras relampaguearon en las pantallas al frente de la iglesia, y mil quinientas personas las leyeron al unísono, con el volumen e intensidad creciendo con cada verso. Esto es lo que gritaban a voz en cuello:

Al dar la ofrenda hoy, estamos creyendo en Dios por:
Trabajos o mejores trabajos
Aumentos y bonos
Beneficios

Ventas y comisiones
Arreglos
Herencias y legados
Intereses e ingresos
Rebajas y devoluciones de dinero
Cheques en el correo
Regalos y sorpresas
Hallazgos de dinero
Cuentas pagadas
Deudas canceladas
Regalías recibidas
Es el momento de la ofrenda. ¡Aleluya!

Cuando concluímos, usted casi pensaría que el equipo británico de fútbol había ganado la Copa Mundial. La congregación vitoreaba y aplaudía como si estuviera desbocada. ¡La ofrenda fue asombrosa!

Es comprensible por qué en la iglesia Kingdom Faith dicen: «¿Dinero? ¡No es problema!»

# Notas

## Capítulo 1

1- Mark A. Shibley, *Resurgent Evangelicalism in the United States* [Evangelicalismo resurgente en los Estados Unidos], University of South Carolina Press, Columbia, S.C., 1996, pp.108-109.

2- Véase Win Arn, Carroll Nyquist y Charles Arn, *Who Cares About Love?* [¿A quién le importa el amor?], Church Growth Press, Pasadena, Calif., 1986.

3- Pablo Deiros, *Protestantismo en América Latina*, Editorial Caribe, Nashville, 1997, p. 49.

4- George Barna, «Current Trends Impacting Ministry» [Tendencias corrientes que impactan el ministerio], hojas sueltas no publicadas repartidas en un seminario y escritas el 25 de enero de 1996, p. 1.

5- Donald E. Miller, *Reinventing American Protestantism* [Redescubramos el protestantismo estadounidense], University of California Press, Berkely, CA, 1997, p. 18.

6- Dean R. Hoge y David A. Roozen, «Some Sociological Conclusions About Church Trends», *Understanding Church Growth and Decline 1950-1978* [Comprendamos el crecimiento y declinación de la iglesia 1950-1978], Dean R. Hoge y David A. Roozen, eds., The Pilgrim Press, Nueva York, 1979, p. 327.

7- Thomas Reeves, *The Empty Church: The Suicide of Liberal Christianity* [La iglesia vacía: Suicidio del cristianismo liberal], The Free Press, Nueva York, 1996, p. 31.

8- John Ellas, *Clear Choices for Churches* [Alternativas claras para iglesias], Center for Church Growth, Houston, TX, 1994, p. 6.

9- Michael Donahue y Peter L. Beson, «Belief Style, Congregational Climate, and Program Quality», *Church and Denominational Growth: What Does (and Does Not) Cause Growth and Decline,* [«Estilo de creencia, clima congregacional y calidad de programa», La iglesia y el crecimiento denominacional: Lo que produce (y no produce) crecimiento y declinación], David A. Roozen y C. Kirk Hadaway, eds., Abingdon Press, Nashville, 1993, p. 231.

10- Daniel V. A. Olson, «Congregational Growth and Decline in Indiana Among Five Mainline Denominations» [«Crecimiento y declinación congregacional en Indiana entre cinco denominaciones de corriente tradicional»], Roozen y Hadaway, eds., *Church and Denominational Growth*, p. 219.

11- Richard Hudnut, *Church Growth Is Not the Point* [El crecimiento de la iglesia no es la cuestión], HarperCollins, Nueva York, 1975, pp. ix, xi.

12- Reeves, *The Empty Church* [La iglesia vacía], p. 200.

13- Dean R. Hoge, Benton Johnson y Donald A. Luidens, *Vanishing Bou-ries: The Religions of Mailine Protestant Baby Boomers* [Fronteras qu

parecen: La religión de los hijos de la posguerra de los protestantes de corriente tradicional], Westminster/John Knox Press, Louisville, KY, 1994, p. 185.
14- Hadaway y Roozen, *Rerouting the Protestant Mainstream* [Cambio de ruta a la corriente principal protestante], pp. 76-77.
15- *Ibid.*, p. 76.
16- *Ibid.*, p. 100.
17- *Ibid.*, pp. 79,80.
18- *Ibid.*, p. 61
19- *Ibid.*, p. 118.
20- Lyle E. Schaller, Leadership Network [Red de Liderazgo] *Forum Files* [Archivos del foro], noviembre de 1994, p. 1.
21- Miller, *Reinventing American Protestantism* [Redescubramos el protestantismo estadounidense], p. 17.
22- Lyle E. Schallerr, *The New Reformation* [La nueva reforma], Abingdon Press, Nashville, 1995, p. 15.
23- *Ibid.*, p. 17.
24- *Ibid.*, p. 53.
25- Hadaway y Roozen, *Rerouting the Protestant Mainstream* [Cambio de ruta a la corriente principal protestante], p. 19.
26- Lyle E. Schaller, *21 Bridges to the 21st Century* [21 puentes al siglo XXI], Abingdon Press, Nashville, 1994, p. 137.
27- Véase Kent Hunter, «The coming of the post-denominational age», *The Church Doctor Report* [«La llegada de la era post-denominacional», Informe del doctor de iglesias], invierno de 1997, p. 1.

## Capítulo 2

1- La Editorial Vida publicó el libro bajo el título *Avance del pentecostalismo*; sin embargo, una traducción literal del original en inglés sería: ¡Cuidado! Ahí vienen los pentecostales. Nota del Editor.
2- Lyle E. Schaller, *The New Reformation: Tomorrow Arrived Yesterday* [La nueva reforma: El mañana llegó ayer], Abingdon Press, Nashville, 1955, p. 13.
3- Donald E. Miller, *Reinventing American Protestantism* [Redescubramos el protestantismo estadounidense], University of California Press, Berkely, CA, 1997, p. 11.
4- Correspondencia personal de Joseph C. Wongsak, 15 de diciembre de 1994.
5- Dan Simpson, «Why Not Call It Neo-Denominationalism?» [«¿Por qué no llamarlo neo-denominacionalismo], *Ministry Advantage*, julio-agosto de 1996, p. 5.
6- Miller, *Reinventing American Protestantism*, p. 1.
7- Charles Trueheart, «The Next Church», [«La próxima iglesia»], *Atlantic Monthly*, agosto de 1996, p. 37.
8- Frederick O. Burklin, «The New Apostolic Church», *Dynamic Religious*

*Movements* [«La Nueva Iglesia Apostólica», Movimientos religiosos dinámicos], David J. Hesslegrave, ed., Baker Book House, Grand Rapids, MI, 1978, p. 68.
9- Harvey Cox, *Fire from Heaven* [Fuego del cielo], Addison-Wesley Publishing Co., Reading, MA, 1995, p. 246.
10- Charles Nienkirchen, «Conflicting Views of the Past», *Charismatic Christianity as a Global Culture* [«Nociones conflictivas del pasado», Cristianismo carismático como cultura global], Karla Poewe, ed., University of South Carolina Press, Columbia, S.C, 1994, p. 119.
11- George G. Hunter III, correspondencia personal con el autor, 12 de abril de 1996.
12- David Martin, «Wesley's World Revolution», [«Revolución en el mundo de Wesley»], *The National Review,* 31 de diciembre de 1995, p. 26.
13- Wilbert Shenk, «Toward a Global Church History» [Hacia una historia global de la iglesia], *International Bulletin of Missionary Research,* abril de 1996, p. 50.
14- Miller,*Reinventing American Protestantism* [Redescubramos el protestantismo estadounidense], p. 20.
15- George G. Hunter III, en *Leadership Network Forum*, sin fecha pero franqueado en 1996.
16- Elmer L. Towns, «Understanding the Cycles of Church Renewal» [Comprendamos los ciclos de renovación de la iglesia], *Ministry Advantage*, julio-agosto de 1996, p. 3.
17- Véase C. Peter Wagner, ed. *The New Apostolic Churches*, Regal Books, Ventura, CA, 1997, pp. 18-25.
18- Adaptado por C. Peter Wagner de una escala originalmente diseñada por Hans Schnabel y publicada en la carta circular informativa *ENDSEARCH* de junio de 1993. Usado con permiso.

## Capítulo 3

1- Pat Williams, *Go for the Magic* [Persigue lo mágico], Thomas Nelson, Nashville, 1995, p. 17.
2- *Ibid.*
3- *Ibid.*, p. 22.
4- Kerry Thorpe, *Doing Thing Differently: Changing the Heart of the Church* [Hagamos las cosas en forma diferente: Cambiemos el corazón de la iglesia], Grove Books Limited, Cambridge, Inglaterra, 1997, p. 9.
5- *Ibid.*, p. 10.
6- *Ibid.*, p. 11.
7- Williams, *Go for the Magic* [Persigue lo mágico], p. 88.
8- Citado por George Barna, *Turning the Vision into Action* [Cómo poner la visión en acción], Regal Books, Ventura, CA, 1996, p. 17.
9- Michael Regele, «Sacrificing Sacred Cows» [Sacrificio de vacas sagradas], *Viewpoint,* otoño de 1994, p. 1.

10- Concilio General de las Asambleas de Dios, *Informe Bienal 1993-1995*, p. 12.
11- Ralph Neighbour, *Where Do We Go From Here?* [¿A dónde vamos desde aquí?], Touch Publications, Houston, TX, 1990, p. 92.
12- Lyle E. Schaller, «Is There a Future for Denominations?» [¿Hay un futuro para las denominaciones?] *Forum Files* (Red de liderazgo), noviembre de 1994, p. 1.
13- Ronald Vallet y Charles Zech, *The Mainline Church's Funding Crisis* [La crisis de fondos en las iglesias de corriente tradicional], Eerdmans Publishing House, Grand Rapids, 1995, p. 66.
14- *Ibid.*, p. 8.
15- Dean Kelley *Why Conservative Churches Are Growing* [Por qué las iglesias conservadoras están creciendo], Mercer University Press, Macon, GA, 1986, p. 45.
16- *Ibid.*, p. 78.
17- *Ibid.*, p. 121.
18- Thomas C. Oden, *Requiem: A Lament in Three Movements* [Requiem: Lamento en tres movimientos], Abingdon Press, Nashville, 1995, pp. 44,45.
19- *Ibid.*, p. 47.
20- Benton Johnson, Dean R. Hoge y Donald A. Luidens, «Mainline Churches: The Real Reason for Decline» [«Iglesias de corriente tradicional: La razón real para su declinación»], *First Things: A Monthly Journal of Religion and Public Life*, marzo de 1993, p. 15.
21- Donald E. Miller, *Reinventing American Protestantism*, University of California Press, Berkely, CA, 1997, p. 121.
22- Mark A. Shibley, *Resurgent Evangelicalism in the United States* [Evangelicalismo resurgente en los Estados Unidos], University of South Carolina Press, Columbia, SC, 1996, p. 135.
23- *Ibid.*, p. 136.
24- Miller, *Reinventing American Protestantism*, p. 154.
25- *Ibid.*, p. 79.
26- *Ibid.*
27- John y Sylvia Ronsale, *Behind the Glass Windows: Money Dynamics in the Church* [Detrás de la vitrina: Dinámica del dinero en la iglesia], Baker Books, Grand Rapids, 1996, p. 61.
28- «How Schuller Shaped Your Ministry» [«Cómo Schuller moldeó su ministerio»], entrevista en la revista *Leadership*, primavera de 1997, p. 14.
29- Lyle E. Schaller, *Tattered Trust* [Confianza en jirones], Abindgon Press, Nashville, 1996, p. 43.
30- Colin Hastings, *The New Organization* [La nueva organización], McGraw-Hill, Londres, Inglaterra, 1993, p. 3.
31- *Ibid.*, p. xvi.
32- *ibid.*
33- *Ibid.*, p. 87.
34- Schaller, *Tattered Trust* [Confianza en jirones], p. 42
35- *Ibid.*, p. 59

36- Tony Campolo, *Can Mainline Denominations Make a Comeback?* [¿Pueden las denominaciones de corriente tradicional lograr un retorno?], Judson Press, Valley Forge, PA, 1995, p. 163.
37- Barna, *Turning the Vision into Action* [Cómo poner la visión en acción], p. 75.
38- Roberts Liardon, «Extremists, Radicals and Non-Conformists: Please Be One!» [«Extremistas, radicales y no conformistas: ¡Por favor sea uno!»], *Spirit Life International*, verano de 1996, p. 2.
39- «Up and Comers: Fifty evangelical leaders 40 and under» [«Jóvenes y prometedores: Cincuenta líderes evangélicos de cuarenta años o menos»], *Christianity Today*, 11 de noviembre de 1996, pp. 20-30.
40- Wolfgang Simson, *British Church Growth Digest*, primavera de 1996, p. 3.

## Capítulo 4

1- Véase Elmer Towns, C. Peter Wagner y Thom S. Rainer, *The Everychurch Guide to Growth* [Guía de crecimiento para toda iglesia], Broadman & Holman Publishers, Nashville, 1998, p. 91.
2- John Eckhardt, correspondencia personal con el autor, diciembre de 1995.
3- Ted Haggard, *The Life Giving Church* [La iglesia que da vida], Regal Books, Ventura, CA, 1998, p. 1 de la introducción.
4- Lyle E. Schaller, «You Can't Believe Everything You Hear About Church Growth» [«Usted no puede creer todo lo que oye sobre el crecimiento de la iglesia»], *Leadership*, (invierno de 1997), 48.
5- Frank Damazio, *Effective Keys to Successful Leadership* [Claves eficaces para el liderazgo exitoso], Bible Temple Publishing, Portland, Oregon, 1993, p.114.
6- Donald E. Miller, *Reinventing American Protestantism* [Redescubramos el protestantismo estadounidense], University of California Press, Berkely, CA, 1997, p. 138.
7- Rick Warren, *The Purpose Driven Church* [La iglesia impulsada con propósito], Zondervan Publishing House, Grand Rapids, 1995, p. 377.
8- James Emery White, *Rethinking the Church* [Pensemos de nuevo en la iglesia], Baker Books, Grand Rapids, 1997, p. 100.
9- Warren, *The Purpose Driven Church* [Le iglesia impulsada con propósito], p. 378.
10- Mensaje predicado en Evangel Temple, en San José, California, el 13 de diciembre de 1995.
11- Dick Iverson, *Team Ministry* [Ministerio de equipo], Bible Temple Publishing, Portland, Oregon, 1984, p. 19.
12- Damazio, *Effective Keys to Successful Leadership* [Claves eficaces para el liderazgo exitoso], p. xiii.
13- *Ibid.*, pp. 15,16.

14- George Barna, *The Second Coming of the Church* [La Segunda Venida de la iglesia], Word Publishing, Nashville, 1998, p. 201.
15- Frank Damazio, *The Vanguard Leader* [El líder de vanguardia], Bible Temple Publishing, Portland, Oregon, 1994, p. 282.
16- *Ibid.*, p. 309.
17- *Ibid.*, p. 290.
18- George Barna, *Turning the Vision into Action* [Cómo poner la visión en acción], Regal Books, Ventura, CA, 1996, pp. 148,149.
19- John Kelly, «Words from a Father» [«Palabras de un padre»], *The Networker*, abril de 1997, p. 3.

## Capítulo 5

1- E. von Eicken, H. Linder, «Apostle», *The New International Dictionary of New Testament Theology, Vol. 1* [«Apóstol», Nuevo diccionario internacional de teología del Nuevo Testamento], Colin Brown, ed., Zondervan Publishing House, Grand Rapids, 1975, p. 127.
2- C. Peter Wagner, *Your Spiritual Gifts Can Help Your Church Grow* [Sus dones espirituales pueden ayudar a su iglesia a crecer], Regal Books, Ventura, CA, 1979, ed. rev., 1994, p. 231.
3- *Ibid.*, p. 233.
4- David Cannistraci, *Apostles and the Emerging Apostolic Movement* [Apóstoles y el emergente movimiento apostólico] anteriormente *The Gift of Apostle* [El don de apóstol], Regal Books, Ventura, CA, 1996, p. 29.
5- Bill Hamon, *Apostles, Prophets and the Coming Moves of God* [Apóstoles, profetas y los movimientos divinos venideros], Destiny Image, Shippensburg, PA, 1997, p. 124.
6- John Eckhardt, *The Ministry Anointing of the Apostle* [La unción ministerial del apóstol], Crusaders Publications, Chicago, 1993, p. 40
7- George Batson, *World Pentecost* [Mundo pentecostal], otoño de 1996, p. 16.
8- Reinhold Ulonska, *Ibid.*, p. 17.
9- Felipe S. Ferrez, *Ibid.*, p. 18.
10- Reglamento interno del Concilio General de las Asambleas de Dios, revisado el 10 de agosto de 1993.
11- Carlis L. Moody, *World Pentecost*, otoño de 1996, p. 18.
12- Hamon, *Apostles, Prophets and the Coming Moves of God*, p. 31.
13- John Eckhardt, *50 Truths Concerning Apostolic Ministry* [50 verdades en cuanto al ministerio apostólico], Crusaders Ministries, Chicago, 1994, p. 8.
14- Cannistraci, *Apostles and the Emerging Apostolic Movement* [Apóstoles y el emergente movimiento apostólico], p. 79.
15- Hamon, *Apostles, Prophets and the Coming Moves of God*, p. 221.
16- John Kelly en un paquete informativo de las Iglesias y Ministerios Antioch.
17- Hamon, Apostles, Prophets and the Coming Moves of God, p.73,74.
18- Max Weber, *The Theory of Social and Economic Organization* [Teoría de

la organización social y económica], The Free Press, Nueva York, 1947, pp. 358,359.
19- Max Weber, *The Theory of Social and Economic Organization* [Teoría de la organización social y económica], The Free Press, Nueva York, 1947, pp. 358,359.
20- *Ibid.*, p. 8
21- Hamon, *Apostles, Prophets and the Coming Moves of God*, p. 32.
22- *Ibid.*, p. 164.
23- Laurence J. Peter, *The Peter Principle* [El principiode Pedro], Bantam Books, Nueva York, 1969, p. 7.
24- Eckhardt, *The Ministry Anointing of the Apostle*, pp. 40,41.
25- Lyle E. Schaller, *Tattered Trust* [Confianza en jirones], Abingdon Press, Nashville, 1996, p. 44.
26- *Ibid.*, p. 45.
27- John Wimber, «Leaving but Not Quitting» [«Salir pero no darse por vencido»], *Equipping the Saints*, 3[er] trimestre 1996, p. 23.
28- John Wimber, «Leaving but Not Quitting» [«Salir pero no darse por vencido»], *Equipping the Saints*, 3[er] trimestre 1996, p. 23.
29- Hamon, *Apostles, Prophets and the Coming Moves of God*, pp. 216,217.
30- Leo Lawson, «The New Apostolic Paradigm and Morning Star International Churches» [El nuevo paradigma apostólico y las iglesias Morning Star International], tesis en Maestría, Escuela de Misiones Mundiales, Seminario Teológico Fuller, diciembre de 1997, p. 38.
31- *Ibid.*, p. 41.
32- Paul Daniel, «His People Christian Ministries», *The New Apostolic Churches* [«Ministerios Cristianos His People», Las nuevas iglesias apostólicas], C. Peter Wagner, ed., Regal Books, Ventura, CA, 1998, p. 237.
33- Cannistraci, *Apostles and the Emerging Apostolic Movement*, p. 130.
34- Hamon, *Apostles, Prophets and the Coming Moves of God*, p. 40.
35- y Coombs, *Apostles Today* [Los apóstoles hoy], Sovereign World, Tunbridge, Kent, Inglaterra, 1996, pp. 212,213.
36- Cannistraci, *Apostles and the Emerging Apostolic Movement*, pp. 151, 152.

## Capítulo 6

1- Greg Dickow, «Fulfilling Our God-Given Destiny» [Como cumplir el destino que Dios nos ha dado], folleto promocional de la Asociación Life Changers, 1998.
2- David Cannistraci, *Apostles and the Emerging Apostolic Movement* [Apóstoles y el emergente movimiento apostólico] anteriormente *The Gift of Apostle* [El don de apóstol], Regal Books, Ventura, CA, 1996, p. 190.
3- Roberts Liardon, «From Pastor Roberts», *The High Life: Embassy Christian Center's News Source* [«Del pastor Roberts», Vida alta: Fuente de noticias del Centro Embassy Christian], enero de 1997, p. 3.

4- Greg Dickow, «A New Breed of Leaders» [«Una nueva generación de líderes»], folleto promocional de la asociación Life Changers, 1998.
5- Cannistraci, *Apostles and the Emerging Apostolic Movement*, p. 190.
6- Michael Regele, «Sacrificing Some Sacred Cows» [«Sacrifiquemos unas cuantas vacas sagradas»], *Viewpoint*, otoño de 1994, p. 1.
7- *ibid.*
8- Donald E. Miller, *Reinventing American Protestantism* [Redescubramos el protestantismo estadounidense], University of California Press, Berkely, CA, 1997, p. 32.
9- Dick Iverson, «Ministers Fellowship International», *The New Apostolic Churches* [Las nuevas iglesias apostólicas], C. Peter Wagner, ed., Regal Books, Ventura, CA, 1998, p. 176.
10- John Kelly, «Benefits of Involvement» [«Los beneficios de la participación»], folleto informativo de las Iglesias y Ministerios Antioch, n.f.
11- *Ibid.*
12- Miller, *Reinventing American Protestantism*, p. 181.
13- *Ibid.*, p. 26.
14- Margaret M. Poloma, *The Assemblies of God at the Crossroads* [Las Asambleas de Dios en la encrucijada], University of Tennessee Press, Knoxville, TN, 1989, p. 94.
15- *Ibid.*
16- Harold R. Eberle, *The Complete Wineskin* [El odre completo], Winepress Publishing, Yakima, WA, 1993, p. 74.
17- *Ibid.*
18- *Ibid.*, p. 76.
19- John Wimber, «The Vineyard Movement: Steering a Course Between Chaos & Tradicional Denominationalism» [«Estableciendo un curso entre el caos y el denominacionalismo tradicional»], *Vineyard Reflections*, octubre, noviembre y diciembre de 1993, p. 1.
20- Asociación de iglesias Vineyard-USA, «The AVC-USA Columbus Accords», [«Acuerdos Columbus de la AVC-USA], tercer borrador, 27 de abril de 1998, p. 2.
21- A. W. Tozer, *Wingspread* [Alas abiertas], Christian Publications, Harrisburg, PA, 1943, p. 130.
22- *Ibid.*, pp. 104, 105.
23- «C&M Alliance Converts do Denominational Status» [«La Alianza Cristiana y Misionera se convierte a status denominacional»], *Eternity*, agosto de 1974, p. 8.
24- Lyle Schaller, *21 Bridges to the 21st Century* [21 puentes al siglo XXI], Abingdon Press, Nashville, TN, 1994, pp. 139,140.
25- Brenda E. Brasher, «Calvary Chapel and the Megachurch Phenomenom» [La Capilla Calvario y el fenómeno de la megaiglesia»], monografía presentada en la reunión anual de la Sociedad para el Estudio Científico de la Religión, Washington, D.C., 6-8 de noviembre de 1992, p. 4.
26- *Ibid.*, p. 23.
27- *Ibid.*, pp. 23,24.

28- *Ibid.*, pp. 17,18.
29- Miller, *Reinventing American Protestantism*, pp. 50,51.
30- Brasher, «Calvary Chapel and the Megachurch Phenomenom», p. 27.
31- Paul Daniel, «His People Christian Ministries», *The New Apostolic Churches*, C. Peter Wagner, ed., Regal Books, Ventura, CA, 1998, p. 237.
32- Larry Kreider, *House to House* [Casa por casa], House to House Publications, Ephrata, PA, 1995, ed. rev., 1998, p. 189.
33- Don Atking, «Our Ever-Emerging Wineskin», *The Networker* 2, Nº 1, 1998, p. 4.
34- David Dartledge, «The Apostolic Revolution in the Assemblies of God in Australia» [La revolución apostólica en las Asambleas de Dios en Australia»], ensayo de circulación privada, 1988, p. 1
35- *Ibid.*, p. 2.
36- *Ibid.*
37- *Ibid.*, p. 5.
38- *Ibid.*, p. 7.

## Capítulo 7

1- George Hunter III, «The Rationale for a Culturally Relevant Worship Service» [«Razones para un culto de adoración culturalmente relevante»], *Journal of the American Society for Church Growth* 7, 1996, p. 131.
2- Barry Liesch, *The New Worship* [La nueva adoración], Baker Book House, Grand Rapids, 1996, p. 13.
3- LaMar Boschman, *A Heart of Worship* [Corazón para la adoración], Creation Housc, Orlando, FL, 1994, p. 22
4- Sally Morgenthaler, *Worship Evangelism* [Evangelización de adoración], Zondervan Publishing House, Grand Rapids, 1995, p. 47.
5- Bruce Leafblad, *Music, Worship and the Ministry of the Church* [La música, la adoración y el ministerio de la iglesia], Western Conservative Baptist Seminary, Portland, OR, 1978, p. 21.
6- Donald Hustad, *Jubilate!* [¡Jubileo!], Hope Publishing Co., Carol Streamn, IL, p. 64.
7- Hunter, «The Rationale for a Culturally Relevant Worship Service» [«Razones para un culto de adoración culturalmente relevante»], pp. 132,133.
8- *Ibid.*, p. 133.
9- Tim Wright, *A Community of Joy* [Una comunidad de gozo], Abingdon Press, Nashville, 1994, pp. 16,17.
10- La Mar Boschman (paráfrasis de una conferencia dictada en el Simposio Nacional de Iglesias Postdenominacionales en el Seminario Teológico Fuller, Pasadena, California, 21 al 23 de mayo de 1996).
11- Gary McIntosh, «Worship and Church Growth» [«Adoración y crecimiento de la iglesia»], *Journal of the American Society of Church Growth* 7, 1996), p. 1.
12- Donald E. Miller, *Reinventing American Protestantism* [Redescubramos

el protestantismo estadounidense], University of California Press, Berkely, CA, 1997, p. 81.
13- Véase, por ejemplo, *Putting and End to Worship Wars* [Pongamos fin a las guerras de adoración] por Elmer Towns, Broadman & Holman Publishers, Nashville, 1997.
14- William M. Easum y Thomas G. Bandy, *Growing Spiritual Reedwoods* [Cómo cultivar pinos espirituales], Abingdon Press, Nashville, 1997, p. 62.
15- *Ibid.*, p. 69.
16- LaMar Boschman, «Worship Distinctives in New-Paradigm Churches» [«Distintivos de adoración en las iglesias de nuevo paradigma»], *Ministry Advantage*, julio-agosto de 1996, p. 6
17- Liesch, *The New Worship*, p. 123.
18- Easum y Bandy, *Growing Spiritual Reedwoods*, p. 70.
19- Wright, *A Community of Joy*, p. 68.
20- Liesch, *The New Worship*, p. 21.
21- William M. Easum, *Dancing with Dinosaurs* [Bailar con dinosaurios], Abingdon Press, Nashville, 1993, p. 88.
22- *Ibid.*, p. 87.
23- Wright, *A Community of Joy*, p. 60.
24- *Ibid.*, p. 73.
25- Easum, *Dancing with Dinosaurs*, p. 85.
26- Easum y Bandy, *Growing Spiritual Reedwoods*, p. 96.
27- Wright, *A Community of Joy*, p. 61.
28- Ron Kenoly y Dick Bernal, *Lifting Him Up* [Así lo exaltamos], Creation House, Orlando, FL, 1995, p. 23.
29- Boschman, «Worship Distinctives in New-Paradigm Churches», p. 7.
30- Lyle Schaller, entrevista en *Worship Leader*, 1995, n.p.
31- Robert H. Schuller, *Your Church Has a Fantastic Future* [Su iglesia tiene un futuro fantástico], Regal Books, Ventura, CA, 1986, p. 97.
32- *Ibid.*, p. 99.
33- Wright, *A Community of Joy*, p. 23.
34- George Barna, *Marketing the Church* [El mercadeo de la iglesia], NavPress, Colorado Springs, 1988, p. 12.
35- Sally Morgenthaler, *Worship Evangelism*, p. 46.

## Capítulo 8

1- Rick Warren, *The Purpose Driven Church* [La iglesia impulsada por un propósito], Zondervan Publishing House, Grand Rapids, 1995, p. 43.
2- Notas de un sermón predicado por Joseph C. Wogsak en abril de 1996.
3- Warren, *The Purpose Driven Church*, p. 16.
4- Mike Berk y Paul Pretiz, *Spontaneous Combustion: Grass-Roots Christianity, Latin American Style* [Combustión espontánea: Cristianismo autóctono, al estilo latinoamericano], William Carey Library, Pasadena, CA, 1996, pp. 63, 64.
5- C. Kirk Hadaway y David A Roozen, *Rerouting the Protestant Mainstream*

[Cambio de ruta a la corriente principal protestante], Abingdon Press, Nasville, 1955, p. 61.

6- John y Sylvia Ronsvalle, «The End of Benevolence: Alarming Trends in Church Giving» [«El fin de la benevolencia: Tendencias alarmantes en las ofrendas de la iglesia»], *Christian Century,* 23 de octubre de 1996, p. 1010.

7- Lyle E. Schaller, «The Call to Mission» [El llamado a las misiones»], *The Parish Paper*, abril de 1996, p. 2.

8- George G. Hunter III, *Church for the Unchurched* [Iglesia para los que no asisten a la iglesia], Abingdon Press, Nashville, 1996, p. 1.

9- Donald E. Miller, «Evangelism Within New-Paradigm Churches» [«Evangelización en las iglesias de nuevo paradigma»], *Ministry Advantage*, septiembre-octubre de 1996, p. 8.

10- Sally Morgenthaler, *Worship Evangelism*, Zondervan Publishing House, Grand Rapids, 1995, p. 78.

11- Robert H. Schuller, *Your Church Has a Fantastic Future* [Su iglesia tiene un futuro fantástico], Regal Books, Ventura, CA, 1986, p. 72.

12- *Journal for the Scientific Study of Religion* [Revista para el estudio científico de la religión], 36, Nº 1, 1997.

13- James H. Feeney, *Church Planting by the Team Method* [La siembra de iglesias mediante el método de equipo], Abbott Lopp Christian center, Ancorage, AK, 1988, p. 97.

14- Jonathan Chao, «China's Cross» [«La cruz de China»], *Christianity Today,* 13 de noviembre de 1995, p. 49.

15- Donald E. Miller, *Reinventing American Protestantism*, University of California Press, Berkely, CA, 1997, p. 109.

16- Steven Sjogren, *Servant Warfare* [Guerra de siervos], Servant Publications, Ann Arbor, MI, 1996, pp. 82,83.

17- *Ibid.*, pp. 83,84.

18- John Wimber, «The Kingdom of God and Social Justice» [«El reino de Dios y la justicia social»], *Equipping the Saints*, 4to trimestre de 1995-1er trimestre de 1996, p.5.

19- Robert T. Coote, «Good News, Bad News: North American Protestant Overseas Personnel Statistics in Twenty-Five-Year Perspective» [Buenas noticias, malas noticias: Estadísticas de personal protestante norteamericano en el extranjero en una perspectiva de veinticinco años»], *International Bulletin of Missionary Research,* enero de 1995, p. 11.

20- John Leith, *Crisis in the Church* [Crisis en la iglesia], Westminster John Knox, Louisville, KY, 1997), pp. 3,4.

21- Coote, «Good News, Bad News», pp. 11,12.

22- John Eckhardt, «An Apostolic Movement Across Cultures» [«Un movimiento apostólico que cruza culturas»], *Ministry Advantage*, julio-agosto de 1996, p. 8.

23- John Kelly (conferencia dictada en el Simposio Nacional sobre la Iglesia Posdenominacional, Seminario Teológico Fuller, Pasadena, CA, 21-23 de mayo de 1996.

24- John Eckhardt, (conferencia dictada en el Simposio Nacional sobre la

Iglesia Posdenominacional, Seminario Teológico Fuller, Pasadena, CA, 21-23 de mayo de 1996).
25- John Eckhardt, «Crusaders Church and International Ministries of Prophetic and Apostolic Churches», *The New Apostolic Churches* [«Las iglesias Crusaders y los ministerios internacionales de las iglesias proféticas y apostólicas», Las nuevas iglesias apostólicas»], C. Peter Wagner, ed., Regal Books, Ventura, CA, p. 54.

## Capítulo 9

1- Lyle Schaller, *The Senior Minister* [El pastor principal], Abingdon Press, Nashville, 1988, p. 84.
2- Regie McNeal: «Apostolic Leadership: An Emerging Paradigm» [«Liderazgo apostólico: Un paradigma emergente»], *Ministry Advantage* 6, Nº 6, p. 4.
3- Jim Rutz, *The Open Church* [La iglesia abierta], The Seed Sowers, Auburn, ME, 1992, p. 2.
4- Greg Ogden, (de una conferencia dictada en el Simposio Nacional de Iglesias Postdenominacionales en el Seminario Teológico Fuller, Pasadena, California, 21-23 de mayo de 1996).
5- Bill Hamon, *Apostles, Prophets and the Coming Moves of God* [Apóstoles, profetas y los movimientos divinos venideros], Destiny Image, Shippensburg, PA, 1997, p. 12.
6- Ogden (Simposio Postdenominacional).
7- Carl F. George, *Prepare Your Church for the Future* [Prepare su iglesia para el futuro], Flemiing H. Revell, Grand Rapids., 1991, p. 155.
8- John Eckhardt en correspondencia personal con el autor, marzo de 1996.
9- Bill Hamon, «Determining True Ministers by the 10 M's» [«Cómo determinar los ministros verdaderos mediantes las 10 Ms»], hoja suelta de conferencia, n.f.
9- Donald F. Miller, «Postdenominational Christianity in the Twenty-First Century» [«Cristianismo postdenominacional en el siglo XXI»], *The Annals of the American Academy of Political and Social Science*, julio de 1998, p. 197.
10- Ralph Moore, «Equipping Ministry in Search of a Model» [«Ministerio de capacitación en busca un modelo»], *What Shape Tomorrow?*, Straight Tree Publications, Kaneohe, HI, 1995, p. 155.
11- McNeal: «Apostolic Leadership» [«Liderazgo apostólico], p. 4.
12- John. H. Lieth, *Crisis in the Church: The Plight of Theological Education* [Crisis en la iglesia: El aprieto de la educación teológica], Westminster John Knox, Louisville, KY, 1997, p. 10.
13- *Ibid.*
14- Thomas C. Oden, *Requiem: A Lament in Three Movements* [Requiem: Lamento en tres movimientos], Abingdon Press, Nashville, 1995, p. 37.
15- *Ibid.*
16- Kenneth M. Meyer, «The M. J. Murdock Charitable Trust Review of Graduate Theological Education in the Pacific Northwest» [«Revisión de la

educación superior en el noroeste del Pacífico auspiciado por el Fondo de Benevolencia M. J. Murdock»], *Faculty Dialogue*, primavera-verano de 1994, p. 179.
17- *ibid.*
18- Robert W. Patterson, «Why Evangelicals Have the Biggest Seminaries: And Why They Are in Crisis?» [¿Por qué los evangélicos tienen los seminarios más grandes, y por qué están en crisis?»], *Christianity Today*, 12 de enero de 1988, p. 50.
19- Véase Ted Haggard, *Primary Purpose* [Propósito primordial], Creation House, Orlando, FL, 1995, pp. 105-118.
20- John y Sylvia Ronsvalle, *Behind the Stained Glass Windows* [Detrás de los vitrales de las catedrales], Baker Books, Grand Rapids, 1996, p. 156.

## Capítulo 10

1- *Los Angeles Times*, 9 de marzo de 1996, sección B, p. 4
2- *Charisma*, marzo de 1997, p. 25.
3- Mike Berg y Paul Pretiz, *Spontaneous Combustion: Grass-Roots Christianity, Latin American Style* [Combustión espontánea: Cristianismo autóctono, al estilo latinoamericano], William Carey Library, Pasadena, CA, 1996, p. 187.
4- Samuel A. Taylor, *Biblical Finances* [Finanzas bíblicas], Eternal Light Ministries, Bangalore, India, 1994, pp. 30,31
5- *Los Angeles Times*, 9 de marzo de 1996, sección B, p. 4
6- *ibid.*
7- John y Sylvia Ronsvalle, *Behind the Stained Glass Windows* [Detrás de los vitrales de las catedrales], Baker Books, Grand Rapids, 1996, pp. 188,189.
8- George Barna, *How to Increase Giving in Your Church* [Cómo aumentar las ofrendas en su iglesia], Regal Books, Ventura, CA, 1997, p. 93.
9- Bob Russell, «Taming Money Fears: Why I No Longer Back Away from Preaching About Money», [«Domando los temores monetarios: ¿Por qué no me retractaré ya más en cuanto a predicar sobre el dinero»], *Leadership*, primavera de 1996, pp. 95,96.
10- *Ibid.*, p. 96.
11- Dan Reiland, «Four Steps to Increasing Your Tithes and Offerings» [«Cuatro pasos para aumentar sus diezmos y ofrendas»], *The Pastor's Coach*, Injoy, mayo de 1996, p. 1.
12- Gerry Giddings, «Maximizing the Offering» [«Cómo aumentar al máximo las ofrendas»], *The Networker*, abril de 1997, p. 10.
13- Barna, *How to Increase Giving in Your Church* [Cómo aumentar las ofrendas en su iglesia], p. 152.
14- Taylor, *Biblical Finances*, p. 33.
15- *Ibid.*, p. 9.
16- Dean R. Hoge, Charles E. Zech, Patrick McNamara, y Michael J. Donahue, «Who Gives to the Church and Why» [«¿Quién da a la iglesia y por qué?»], *Christian Century*, 4 de diciembre de 1996, p. 1196.

17- John Kelly, «Antioch Churches and Ministries» [«Iglesias y ministerios Antioch»], *The New Apostolic Churches* [Las nuevas iglesias apostólicas], C. Peter Wagner, ed., Regal Books, Ventura, CA, 1998, p. 38.
18- Concilio de mayordomía Antioch, 7018 Baker Blvd., Richland Hills, TX 76118; Fax 817-595-8884.
19- Ronsvalle, *Behind the Stained Glass Windows*, p. 52.
20- *Ibid.*, pp. 52,53.
21- *Ibid.*, p. 53.
22- Hoge, et. al., «Who Gives to the Church and Why», p. 1194.
23- *ibid.*
24- Barna, *How to Increase Giving in Your Church*, p. 110.
25- *Ibid.*, pp. 110,111.
26- Giddings, «Maximizing the Offering», p. 10.
27- Ronsvalle, *Behind the Stained Glass Windows*, p. 133.
28- Barna, *How to Increase Giving in Your Church*, p. 115
29- *Ibid.*, p. 34.
30- Ronsvalle, *Behind the Stained Glass Windows*, pp. 133, 134.
31 LaMar Boschman, *A Heart of Worship* [Un corazón de adoración], Creation House, Orlando, FL, 1994, p. 50.
32- Reiland, «Four Steps to Increasing Your Tithes and Offerings», p.1.
32- Russell, «Taming Money Fears» [«Domemos los temores monetarios»], p. 96.
33- Morris Cerullo, *Giving and Receiving* [Dar y recibir], Battle Books, Robertsbridge, Inglaterra, 1995, pp. 166,167.